民国诗学论著丛刊

叶嘉莹 主编
陈斐 执行主编

中國文學批評通論

傅庚生 著

文化藝術出版社
Culture and Art Publishing House

图书在版编目（CIP）数据

中国文学批评通论 / 傅庚生著．— 北京：
文化艺术出版社，2017.8
（民国诗学论著丛刊 / 叶嘉莹主编）
ISBN 978-7-5039-6265-3

Ⅰ．①中… Ⅱ．①傅… Ⅲ．①中国文学—文学评论 Ⅳ．
①I206

中国版本图书馆 CIP 数据核字（2017）第041328号

中国文学批评通论
（民国诗学论著丛刊）

主　　编　叶嘉莹
执行主编　陈　斐
著　　者　傅庚生
丛书统筹　陶　玮
责任编辑　胡　晋　韩路民
封面设计　李　猛
版式设计　顾　紫
出版发行　文化艺术出版社
地　　址　北京市东城区东四八条52号　（100700）
网　　址　www.caaph.com
电子邮箱　s@caaph.com
电　　话　（010）84057666（总编室）84057667（办公室）
　　　　　（010）84057691—84057699（发行部）
传　　真　（010）84057660（总编室）84057670（办公室）
　　　　　（010）84057690（发行部）
经　　销　新华书店
印　　刷　国英印务有限公司
版　　次　2018年1月第1版
印　　次　2021年3月第2次印刷
印　　张　10.25
字　　数　188千字
开　　本　880毫米×1230毫米　1/32
书　　号　ISBN 978-7-5039-6265-3
定　　价　48.00元

整理说明

一、本丛刊抱着“发潜德之幽光，启来哲以通途”的宗旨，主要选刊民国时期（1912—1949）成书的、学术价值或普及价值较高的、与诗词曲等广义的古典诗歌相关的论著。少数与诗歌密切相关的文学理论、文学批评、文学史著作，或成书于晚清的有价值的此类著作，以及同时期相关的汉学著作，亦适当收录。诗话、词话及新诗研究论著等，因为已有相关大型文献资料集出版或列入出版计划，故暂且不予收录。

二、本丛刊秉持开放包容的态度，期望较为全面地呈现民国诗学研究的多元气象；按照撰著内容和体例，大致分为“史论编”“法度编”“选注编”等编，分辑滚动推出，每编每辑十种左右；优先选刊1949年以后没有点校、整理过的著作，以节约出版资源。

三、每部拟刊论著，我们都约请相关专家进行整理，并在前面撰写一篇“导读”，介绍该著的作者生平、成书经过、学术背景、主要观点、诗学价值、社会影响等，以引导读者更好地理解原著。

四、整理时，以原著内容最全、文字最精的版本为底本，参校其他版本（如手稿本、期刊连载版等）和相关书籍，修订原版讹误，参照古籍整理规范出校勘记。校勘一般只校是非，不校异同。凡底本“误脱衍倒”者，皆据他本或他书订正，并出校记。引文与所引著作之通行本文字不同者，只要文意顺畅，亦读得通，一般不改动原文、不出校记。显著的版刻错误，如笔画讹误、不见字书者，或“日曰”“末未”“己已巳”“戊戌戍”混同之类，如果根据上下文足以断定是非，一律径改，不出校记。注文中的魏妥玛注音，统一改为现代汉语拼音，但不出校记。为避烦琐，校记中征引他书，仅注明书名及页码，卷末另附“本次整理参考文献”，详列作者、书名、出版社、出版年等信息。

五、原版为繁体竖排，现统一改为简体横排，并参照最新版国标《标点符号用法》及古籍整理规范加以新式标点。繁体字、异体字一般改为规范的简体字；容易引起误解的人名、地名用字，通假字或民国时期特有的虚词（如“底”）等，则保留原貌。因版式改动，原版行文中提到的“右文”“如左”“左表”等，统改为“上文”“如下”“下表”等。

六、一些论著提到的外国人名、地名、书名等，译法与今日或有不同，为保存原貌，不作改动。个别论著的极少数提法，或有一定时代局限性，为保存原貌，亦不作删改，望读者鉴之。

七、我们的整理目标是争取形成可以传世的、雅俗共赏的“新定本”，但古人云：“校书如扫落叶，旋扫旋生。”尽管我们僶勉从事，或疏漏在所难免，恳请方家赐正。

总序

1912年清帝逊位至1949年中华人民共和国成立，一般称为民国时期。这一时期，虽然政局不稳、战乱频仍、民生凋敝，但思想、学术、文化却自由活跃、异彩纷呈。主编过“中国现代学术经典”丛书的刘梦溪先生认为：“中国现代学术在后‘五四’时期所创造的实绩，使我们相信，那是清中叶乾嘉之后中国学术的又一个繁盛期和高峰期。而当时的一批大师巨子……得之于时代的赐予，在学术观念上有机会吸收西方的新方法，这是乾嘉诸老所不具备的，所以可说是空前。而在传统学问的累积方面，也就是家学渊源和国学根底，后来者怕是无法与他们相比肩了。”[1]

的确，民国学人撰写的学术论著，虽然限于物质条件和学科发展水平，有些知识需要更新，有些观点有待商榷，有些论述还要深化……但仍然接续、充盈着中国固有学术的人文义脉和精魂，更具有为国家民族谋求出路、积极参与当前文化建设的现实关怀，更具有贯通古今、融会中西、打通文史哲、将创

[1] 刘梦溪:《中国现代学术要略》，生活·读书·新知三联书店2008年版，第123—124页。

作和研究相结合的开阔视野和博通气象，更具有“文章千古事，得失寸心知”（杜甫《偶题》）的传世期许和实事求是、惜墨如金的朴茂之风。这在人文学术研究显现出“技术化”“边缘化”“碎片化”“泡沫化”等不良倾向的今天，颇有借鉴意义。而且，那时的不少论著奠定了后续研究的基本框架，不管就论析之精辟还是与史实之契合而言，都具有较高的学术价值。《中国诗学》主编蒋寅先生即深有感触地说：“最近为撰写关于本世纪中国诗学研究史的论文，我读了一批民国年间的学术著作。我很惊异，在半个世纪前，我们的前辈已将某些领域（比如汉魏六朝诗歌）的研究做到那么深的境地。虽然著作不太多，却很充实。相比之下，80年代以来的研究，实际的成果积累与文献的数量远不成比例。满目充斥的商业性写作和哗众取宠的、投机取巧的著作，就不必谈了，即使是真诚的研究——姑且称之研究吧，也存在着极其庸滥的情形。从浅的层次说，是无规则操作，无视他人的研究，自说自话，造成大量的低层次重复。从深层次说，是完全缺乏知识积累的基本学术理念……许多论著不是要研究问题，增加知识，而是没有问题，卖弄常识。”[1]

陈寅恪先生曾将佛学刺激、影响下新儒学之产生、传衍看作秦以后思想史上的一“大事因缘”[2]。近代以来的大事因缘，

[1] 蒋寅：《热闹过后的审视》，载《文学评论》1996年第5期。

[2] 参见陈寅恪《冯友兰中国哲学史下册审查报告》，《金明馆丛稿二编》，生活·读书·新知三联书店2015年版，第282页。

无疑是在西学的刺激、影响下发展本土学术。中国传统学术需要外来学说、理论的刺激与拓展，既是谁也阻挡不了的必然趋势，也是时代惠赐的绝佳良机。中华民族一向不善于推理思辨，更看重文学的实用价值、追求纵情直观的欣赏。中国语文亦单体独文、组词成句时颇富颠倒错综之美。而且，古代书写、版刻相对比较困难，文人往往集评论者、研究者、作者、读者等多重身份于一体，彼此间具有“共同的阅读背景、表达习惯、思维方式、感受联想”[1]等等。凡此种种，决定了“中国文学批评的特色乃是印象的而不是思辨的，是直觉的而不是理论的，是诗歌的而不是散文的，是重点式的而不是整体式的”[2]。反映在著述形态中，便是多从经验、印象出发，以诗话、序跋、评点、笔记、札记等相对零碎的形式呈现，带有笼统性和随意性，缺乏实证性和系统性。近代以来，不少有识之士如梁启超、王国维等先生，在西学的熏沐、刺激下憬然而醒，积极汲取西方理论和方法，为中国传统学术研究开辟出一片崭新的天地。胡适、傅斯年等民国学人沿着他们的足迹，在“救亡图存”的时代旋律鼓动下，掀起蓬蓬勃勃的“新文化运动”，更加全面地引入西方理论、观念、方法、话语等，按照各自的理解和方式应用在“整理国故”实践中，在西学的参照下重建起现代学术。此后中国学术的发展，大体是在他们奠定的基础上拓展、深化。

[1] 叶嘉莹:《王国维及其文学批评》，北京大学出版社2014年版，第118页。
[2] 同上书，第111页。

民国学人的开辟、奠基之功，可谓大矣！

中华民族素来以“承百代之流而会乎当今之变”（郭象注《庄子·天运》语）的观点看待历史和当下的关系。[1]我们生逢今日之世，接续传统、回应西学，实为需要承担的一体两面之重任，缺一不可：对自己的文化传统没有继承，就没有东西和别人交流，永远趴在地上拾人遗穗，甚或没有鉴别力，将“洋垃圾”当“珍宝”供奉；而故步自封、无视西学，又会错失时代赋予我们的创新良机，治学难以“预流”。[2]相对而言，经历了百余年欧风美雨的冲刷和众所周知的劫难之后，如何接续传统越来越成了问题。特别是改革开放以来，学术界和出版界携手，大量译介西方人文社会科学理论著作和海外汉学研究论著，如影响颇大的“汉译世界学术名著”和“海外中国研究”丛书等，皆有数百种之多。这些论著的译介，于本土人文学术研究开拓视域、更新方法等功不可没，但同时，学界也仿佛患了“失语症”，出现一味模仿海外汉学风格的不良倾向。“只要西方思想

[1] 参见刘家和《史学在中国传统学术中的地位》，《史学、经学与思想：在世界史背景下对于中国古代历史文化的思考》，北京师范大学出版社2005年版，第88页。

[2] 这里借用陈寅恪先生的说法。陈先生治学，有强烈的“预流”意识，在《陈垣敦煌劫余录序》一文中他说：“一时代之学术，必有其新材料与新问题。取用此材料，以研求问题，则为此时代学术之新潮流。治学之士，得预于此潮流者，谓之预流（借用佛教初果之名）。其未得预者，谓之未入流。此古今学术史之通义，非彼闭门造车之徒，所能同喻者也。”（陈寅恪：《金明馆丛稿二编》，第266页。）

稍有风吹草动（主要还是从美国转贩的）”，便有人“兴风作浪一番，而且立即用之于中国书的解读上面”[1]。这种模仿或套用，不仅体现在研究方法和论题选择上，有时甚或反映在价值取向和情感认同中。有学者将这称为“汉学心态”，提到文化上的“自我殖民化”的高度予以批判。[2] 在此背景下，自言“一生受的教育都是西方文化影响下的‘新学’教育”的费孝通先生，晚年阅读陈寅恪、梁漱溟、钱穆等前辈的著作，敏锐思考和回应信息交流愈来愈便捷的全球化时代民族文化转型的挑战，提出了“文化自觉”这个获得广泛共鸣的议题，呼吁当下最紧迫的是培养“能够把有深厚中国文化根底的老一代学者的学术遗产继承下来的队伍”[3]。学术是文化的核心，“学术自觉”是“文化自觉”的应有之义和关键所在。近年哲学界“中国哲学合法性”、文学界“传统文论的现代转化”、美术界“构建中国美术观”等讨论颇热的话题，皆可看作本土“学术自觉”的表征，共同汇聚成“构建中国特色哲学社会科学”这一时代命题。[4] 站在这样的角度考虑问题，民国学人的论著无疑可以给我们带来

[1] 余英时：《怎样读中国书》，《余英时文集》第8卷，广西师范大学出版社2014年版，第395页。

[2] 参见包伟民《走出“汉学心态”：中国古代历史研究方法论刍议》（载《中国社会科学评价》2015年第3期）、顾明栋《汉学与汉学主义：中国研究之批判》（载《南京大学学报》2010年第1期）等文。

[3] 费孝通：《关于“文化自觉”的一些自白》，载《学术研究》2003年第7期。

[4] 参见习近平《在哲学社会科学工作座谈会上的讲话》，载《人民日报》2016年5月19日。

丰富的启示。

民国时期是中国社会从传统到现代的转型期，中西思想文化、旧学新知碰撞、交融发生的“化合”反应，远比我们想象的要复杂得多：既有固守传统观念、家数者，也有采用新观念、新方法者，还有似新却旧、似旧还新、新旧间杂者……只不过长期以来，在“西学东渐”的大背景下，我们对这段学术史的梳理、回顾往往彰显、肯定的是那些和西学类似的论著及面相。然而，在构建中国特色哲学社会科学、提升理论创新能力成为时代命题的崭新历史条件下，恰恰是那些被遮蔽的论著及面相，更具有参考价值。因为治学如积薪，以对西学的理解、借用而言，我们已后来居上，倒是这些论著在古今中西的通观视域中，坚守民族文化本位立场，汲取西方学术优长，进而促进优秀传统文化创造性转化和创新性发展的尝试和努力，长期以来被以“保守”“落后”的判词给予了冷眼、否定，今天值得换一种眼光、花点工夫好好提炼、总结，因为这正是我们构建中华自身学术体系的可能萌蘖。诗学研究因为与创作体验、母语特性、民族心理、文化基因等关系更为密切，这方面的借鉴意义显得尤其迫切、突出。

我们欣喜地看到，最近几年，喜欢欣赏、创作诗词的朋友在逐渐增多，中小学加大了诗词教学比重，《中共中央关于繁荣发展社会主义文艺的意见（2015年10月3日）》亦强调“做好古籍整理、经典出版、义理阐释、社会普及工作”，加强对中华诗词出版物的扶持。[1] 全社会越来越意识到诗词之于陶冶情操、净化风气、传承中华优秀文化基因的重要性。不过，我们也要清醒地认识诗词传承面临的严峻形势。毋庸讳言，当下诗词氛围已十分稀薄，能够切理餍心、鞭辟入里地解说诗词或将诗词写得地道的人非常罕见。大多数从事诗学研究的学者已不再创作，现行评价、考核体系要求于他们的，不过是从外部审视、抽绎出种种文学史知识，这很难说能触及中华诗词的真血脉、真精魂。在此情势下，与其组织人马"炮制"一些隔靴搔痒、搬来搬去的"新著"，不如将传统文化氛围还很浓郁、诗词仍以"活态"传承着的民国时期诞生的有价值的论著重新整理出版：一方面，使饱含着先辈心血的精金美玉不至于湮没在历史的尘埃中；另一方面，也使当下喜欢诗词的朋友得识门径，由此解悟。这里特别需要说明的是，任何艺术都有一定的规则、法度，中华诗词的欣赏、创作亦然。初学者尤其需要通过深入浅出、简明扼要的入门书籍指引，掌握规则、法度。然而，又没有万能之法，"在丰富生动的创作实践中，任何'法'都会有失灵的时候；面对浩如烟海的作品，任何'法'都会有反例存在"[2]。由"法"达到对"法"的超越，进而"以无法为法"（纪昀《唐人试律说·序》），"行乎其所不得不行，止乎其所不得不止。

[1] 参见《中共中央关于繁荣发展社会主义文艺的意见（2015年10月3日）》，载《人民日报》2015年10月20日。

[2] 陈斐：《南宋唐诗选本与诗学考论》，大象出版社2013年版，第208页。

无用法之迹，而法自行乎其中”（李锳《诗法易简录》），才是中华诗词欣赏、创作的向上之路，希望大家于此措意焉。

近年来，随着逐渐升温的“国学热”“民国热”，诸家出版社纷纷重版民国国学研究著作，陆续推出了不少丛书，如东方出版社的“民国学术经典文库”、江苏文艺出版社的“北斗丛书”、吉林人民出版社的“大师国学馆”、岳麓书社的“民国学术文化名著”、知识产权出版社的“民国文丛”、中国社会科学出版社的“民国学术经典丛书”等。这些丛书虽然也涉及了诗学论著，但往往是王国维《人间词话》、龙榆生《中国韵文史》、吴梅《词学通论》等少数几部。其实，还有很多具有较高学术价值或普及价值的民国诗学论著，1949年以后从来没有点校重版过。最近几年出版的“民国时期文学研究丛书”“民国诗歌史著集成”“民国诗词作法丛书”“民国诗词学文献珍本整理与研究”等丛刊，虽然较为集中地收录了民国诗学研究某一体式或某一领域的论著，但或影印或繁体重排，都没有校勘记，且大多不零售，定价普遍较高，虽有功学界，然不便普及。有鉴于此，我们拟选编整理一套兼顾学术性和普及性的诗学专题文献库——“民国诗学论著丛刊”，以推动中华诗词的研究、创作和普及。

我们这次整理“民国诗学论著丛刊”，抱着“发潜德之幽光，启来哲以通途”的宗旨，在扎实、详细的书目调查的基础上，主要选刊民国时期成书的与诗、词、曲等广义的古典诗歌相关的论著。在理论、观念、方法、话语乃至撰著形态、体例等方面，则秉持开放包容的态度，古今中西兼收并蓄，以较为全面地呈现民国诗学研究的多元气象和立体景观。在实际操作中，大致按照撰著内容和体例，分为“史论编”“法度编”“选注编”等编，分辑滚动推出。“史论编”主要选刊诗学史论著作，如梁昆《宋诗派别论》、宛敏灏《二晏及其词》等；“法度编”主要选刊谈论、介绍诗词创作法度、门径的书籍，如顾佛影《填词百法》、顾实《诗法捷要》等；“选注编”重刊有价值的诗歌选本或注本，重要者加以校注、赏析。当然，这只是大致的分类。民国学人往往能够将创作和研究相结合，他们撰写的不少史论著作亦有介绍作法的内容，不少讲解法度的书籍亦会涉及史论，我们不过根据内容偏重及著作题名权宜区分罢了。诗话、词话及新诗研究论著等，因为已有“民国诗话丛编”“中国新文学大系”“民国文学珍稀文献集成”等大型文献资料集出版或列入出版计划，故暂且不予收录。

每部拟刊的论著，我们都约请在该领域有专门研究的功底扎实、学风谨严的中青年学者进行整理，并在前面撰写“导读”，以引导读者更好地理解原著。整理时，我们征询专家意见，制定了详密的工作细则，既改繁体竖排为简体横排，又参照古籍整理规范出严格的校勘记，争取形成可以传世的、雅俗共赏的“新定本”。版式、用纸、装帧等方面，则发扬讲究细节、精益求精的“工匠精神”，以提高阅读率为标的，处处流露着为读者考虑的温情。这些看似小事，实则关乎民族文化的传承和国民素养的提升。资深出版人、中华书局原副总编辑程毅中先生就曾指出，在商业利益的驱动下，现在很多出版社和书店都喜欢出版、销售大部头、豪华版的书，这些书定价高，消耗的纸浆和能源也多，但手里拿不动，不便于阅读和随身携带，对阅读率有负面影响。[1]我们充分考虑到了读者朋友在节奏紧张、时间零碎的现代社会里的阅读需求，所收论著都是内容丰实、装帧便携的“贵金属”，人们在地铁上、候车时、临睡前、旅途之中、工作之余、休闲之刻……都可以顺手翻上几页，随时接受中华诗词的浸润，从而切切实实地提高国民的图书阅读率，为接续诗词命脉、传承中华优秀文化基因、营建“书香社会”略尽绵薄。

总之，精到稀见的选目、中肯解颐的导读、专业严谨的整理、美观大方的装帧，是我们的“民国诗学论著丛刊”为坊间类似丛书不可替代的鲜明特色及核心竞争力所在。感谢文化艺术出版社杨斌、郝庆军、陶玮等领导与编辑们的大力支持，让我们酝酿多年的设想从内容到形式都能得到近乎理想的实现。从会议结束后的偶遇交谈到正式签订出版合同，不到一周时间，这种一拍即合的灵犀相通亦堪称一段佳话。感谢众多专家、学者的耐心指导和辛勤耕耘！ 正是共同的发扬、传承中华诗词的

[1] 参见李小龙《丹铅绚烂焕文章——程毅中编审访谈录》，载《文艺研究》2017年第1期。

责任感和使命感让我们走到了一起，“正其谊不谋其利，明其道不计其功”（《汉书·董仲舒传》）。希望越来越多的读者喜欢这套丛刊，由此领略中华诗词之美；希望越来越多的学者为我们出谋划策或加入我们的整理团队，一起呵护好这项功德无量的出版工程，让千载不磨之诗心在我们和后辈的生命中得到生生不已的感发！

葉嘉瑩 陈斐

2016年10月28日草稿

2016年11月1日修订

导读

傅庚生的《中国文学批评通论》是中国现代文学批评论著中颇为独特的一部著作。在古今过渡、中西交汇的时代背景下，他引入西方的一些文学批评理念，同时根植古代文论的沃土，对中国古代文学批评的各类材料分理论专题进行论述，开辟中国文学批评的横向研究途径，是文学批评研究中由“史”转“论”的开端。本书从“文学”和“文学批评”两条线索出发，对它们进行准确定义和定位，并对诗学研究有深刻见解，因此具有非常重要的文论价值和意义。

一、勤学多思的学术经历

傅庚生（1910—1984），号肖岩。祖籍山东省蓬莱县，生于辽宁省辽阳县。傅庚生生活的年代，正是中国大变革时期，历经晚清、民国、新中国，政治上由动荡走向康宁，文化上正处于新旧交替之际，传统文化影响仍深，而白话文运动逐渐兴起，西方文化已强势介入，这也正是各种学术思潮大裂变、大融合的时代。

傅庚生在《中国文学批评通论》一书的《自序》中说："余悔在晚学，仰乏师承，自维谫陋，就正无方。如彼储布帛者，不能成褐襦，辄师布帛经纬纵横上下错综之意，以自悟纫缀之法。虽云钻研疏凿，尽其利害；只以冥搜暗索，勤而少功。先缕而后针者，殆不免夫！"这不仅是谦词，也看出傅庚生在求学及学术钻研过程中颇多苦意，其曲折的学术经历也令人颇为感慨。傅庚生祖上逃荒从山东到辽宁，到祖父时方始读书，父亲曾被官派外国留学，归国后教书育人，对傅庚生应该有良好的启蒙作用。傅庚生在初中时期，对古诗词的格律做法颇感兴趣，也为其一生的学术研究奠定了良好的基础。1926年转入东北大学国文系预科，期间醉心于文艺创作，并和同学编写印制文学刊物《夜航》。1927年升入东北大学哲学系，1930年又转入法政大学经济学系，之后萌生悔意，又于1931年夏在东北大学国文系复学，这段时间他在各类报刊发表多篇小说、杂文，在不同学科中徘徊，最终回归挚爱的文学。但时势弄人，九一八事变后举家逃往北京，幸而在北京大学中文系做了寄读生，并于1932年参加转学考试，转入北京大学中文系三年级，读书期间萌生从文学创作转向中国古典文学研究的想法，1934年毕业后在弘达学院做专任教员。傅庚生先有创作基础，再转入学术研究，在研究方面更注重学术与创作的关系，因而研究视角与专攻学术的学者有所不同。1939年到1941年，傅庚生在东北协会工作，当时协会内备有《古今图书集成》，他借工作便利阅读了大量古籍，为学术研究奠定了坚实的基础。1941年任东北大学副教授，正式走上学术研究的道路。

1943年，经余冠英介绍，开明书店出版了傅庚生的第一本学术专著《中国文学欣赏举隅》，陆侃如为此书写序言，这也是深受读者喜爱的一部著作。此书从书名上看似乎仅限于文学欣赏，但实质却早已超越，傅庚生在欣赏古代名著的同时，注重对古代文学的创作特征进行归纳总结，力图做出框架式的梳理。1946年，傅庚生的《中国文学批评通论》由商务印书馆出版，书中重点内容是对文学内涵加以明确，分成感情、想象、思想、形式四个部分加以论述，这与《中国文学欣赏举隅》的欣赏方法一脉相承。“傅先生的《中国文学批评通论》，一定程度上是在其《中国文学欣赏举隅》基础上的进一步升华，更具有理论建构意识。两部著述堪称是‘互为表里’之作。”[1]由欣赏而上升为批评，由此可见后者与前者的联系，而且开辟了古代文论横向研究的途径，令人耳目一新。傅庚生在《自序》中谈及编写此书的经历，“余以独学无友，孤陋寡闻，补拙以勤，逢书辄读。终一编后，必掩卷而思，以领悟其大旨，既反覆以致意，盖会心者，每每而在。纂言者钩玄，记事者提要，参此证彼，连类以观，寖觉胸中若有欲言。今撮有关文论者，撰为此编，以通今古之邮，而治棼丝之绪”，由此可见傅庚生勤奋

[1] 文怀沙:《善以古诗人之心为心的学者——傅庚生先生〈中国文学欣赏举隅〉新序》，傅庚生《中国文学欣赏举隅》，北京出版社2003年版，第11页。

多思，不断积累，书中引用的古人著作材料宽博广泛，既有文学批评的专著名篇，也有难得一见的诗文论集，还有与文学批评相关的古人书信中的片言只语，甚至有历史、哲学、科技、医学、杂家等书籍中的论述材料，占有材料之丰富，令人叹为观止。最为关键的是，他能在对材料悟旨会心后进行提炼，成一家之言，编撰成这部汇通古今的著作。在《自序》结尾引用了《文心雕龙·序志》中的一段话，特别提到“弥纶群言”，虽然是强调难度，但我们仍可感受到傅庚生与刘勰一样，在自谦的同时又潜隐着自信。

在20世纪40年代，傅庚生离开东北大学后，又先后在四川金堂铭贤学院、华西大学、北京大学、东北中正大学、东北女子文理学院等学校任教。直到1948年4月受聘于西北大学，从此才稳定下来，直至逝世。新中国成立后出版《杜甫诗论》《杜诗散绎》《杜诗析疑》等著作，成为著名的杜甫研究专家。傅庚生在一生的研究历程中注重创新，不走他人的熟门熟路，而且注重细节，从小处入手悟出普遍法则，这使得他的研究与众不同，从而开创了新的研究途径。傅庚生提倡“君子之学”，对古人宽容理解，在谈诗论文中体味古人的良苦用心，在文学批评态度方面雍容大度，显示出学术大家的气派风范。

二、体大虑周的内容框架

《中国文学批评通论》分为上、中、下三编，其《自序》说："上编绪论四章，以为源头。旨多浅显，辞务简明，滥觞而已。中编本论四章，乃其主流。…… 下编结论三章，是其尾闾。"看似分源头、主流、尾闾三段，其实并非如此简单。上编四章，论述的是概念及概貌问题，这是最基本和原初的问题，是展开论述的基础。因文学批评是以文学作为研究对象的，所以要对文学批评进行通论，内中必然隐含两条线索，一条是文学的线索，另一条是批评的线索。因此弄清文学和文学批评的概念是展开论述最基本的前提，此书第一、第二两章即是对这两个概念进行解释。第三章谈及创作与批评，实际上是谈文学与文学批评的关系，是对前两章的延伸解读。第四章是对文学批评史的简要梳理，这是概貌式的介绍。中编四章，依据傅庚生对文学所下的定义而提取出四点内涵，即感情、想象、思想、形式，分列为四个专题展开论述，这是依附于文学内涵的"内生式批评"，是文学线索影响的结果，这也是文学批评严格遵从于文学作品并自然而然生发出来的文本式分析，因此傅庚生认为是主流，是文学批评最重要的也是内容最丰富的部分。下编三章，是以批评家为主体的结合外在因素评判文学作品的"外在式批评"，这是批评线索影响的结果，如第九章涉及时代、个性、地域等因素对文学的影响，第十章涉及诸多文学内外因素的影响与协调，以及如何确定审美评判标准，第十一章涉及对文学进行评判的文质观及文章工具论、文学变革论、文化影响论等诸多问题与现象，等等。

第一章解释文学概念，在列举分析历代文学概念变迁的情况后，得出结论："文学者，抒写作者之感情、思想，起之以想象，振之以辞藻与声律（形式），以诉诸读者之感情而资存在之文字也。"这个定义里提及的文学内涵四要素，为中编正式分类展开论述打下基础。第二章给出文学批评概念："文学批评者，凭依吾人对于文学作品品鉴之结果，而予之以定评，并说明文学之所以为卓尔者，实具某种要素，俾以促进读者之理解力并激发其欣赏力者也。"进而解析文学批评中的品鉴，认为"品鉴实兼情知二者之用"，并且"首重情而次重知，则应以欣赏为本，而以品评为末也"。而且提倡"临文必敬""论古必恕"，表现出从容豁达的文学批评观。第三章论述创作与批评的关系，认为两者有相契合之处，"创作与欣赏其揆一也"，"创作与欣赏之体性，既稍异浅深而同迹；创作与欣赏之能力，亦互为表里而相师"。但两者也各有特性和轨迹，如创作者有时可凭灵感创作而不理会批评者的意见，仍能获得成功；而批评者不应徇俗，不要受时尚创作所诱导和控制，要寻求真正之批评之"法"，同时要避免"文人相轻""贱同贵古"等不良倾向的影响。第四章中国文学批评史略，实际上是对文学批评作一个纵向梳理，因与众多文学批评史的写作方法一致，所以只是给读者一个浓缩版的简略概貌，提点各时代最为突出的批评观点与特征。

第五章感情论，指出“感情为文学之泉源”，并列举与感情相关的诸多文学论题进行论述，如以“诗言志”和“兴观群怨”为代表的文学感情抒发渠道，文学感情的真与假，文学感情的气质风格，“为情而造文”与“为文而造情”，文学感情的显与藏，文学感情之悲喜风格等。特别强调感情对于文学的先决作用，“文辞，末也，感情，本也，将齐其末，必揣其本”，将感情视为文辞之本。第六章想象论，指出“艺术所凭依者为创造的想象”，将创造性想象看作使文学走向成功的高妙手段与法宝。又将创造性的想象分为分想和联想，将它们视为左膀右臂，两者之中，又以联想为优。在具体论述中谈及诸多与想象相关的话题，诸如神思、境界、比兴、风骨、幻想、夸饰、灵感、高妙、格调、别裁等。第七章思想论，针对古代文论中盛行的“宗经”与“文以载道”“尚用”等论点，提出不同意见，特别是对古文家提出批评：“文章有道，文之道也。离文而求道，其得之矣，不得复谓纯美之文；况其未得，何劳假藉？甚矣古文家之多蔽也。”但并不是完全否定思想的作用，“缘情之文宜并重思想之谊”，将思想列为文学中一要素，但其地位不应高于感情，强调文学自身的审美价值。第八章形式论，从汉语文学最基本的字形字音出发，讨论文学的形式之美，如双声叠韵、辞采宫商、四声八病、神理格律、骈散行文、文体变革等。把形式看作情感的延伸，对文学形式之美予以赞颂，“因情以生文，则言中有物；用偶以为体，则交错成姿。彬彬文质，盛极一时”；但又反对完全偏重于形式的误区，“惜其末流，务为繁苛，偏重形式，睽绝情思”。总的来说，傅庚生将文学四要素的关系总结为：感情为君，思想为臣，想象为佐，形式为使。

第九章个性时地与文学创作，从作者个性、时代、地域等方面谈及对文学的影响，“人生而各具不同之个性，发为文章亦各具不同之风格”，“人秉个性以为文，又不能不受时地环境之消息也”，提出志于文者，要发挥其个性，认识时代，运用环境，才能有所作为。第十章文学之表里与真善美，指出文学存在表里不一的状况，如历代文士常有道德品行方面的污点，因此要建立一套更高的审美标准，这就是真善美的统一。“文学以‘美’为极诣，与科学之‘真’、伦理之‘善’，若无与也”，“真善而美，至矣尽矣，蔑以加矣，艺术臻此，叹观止矣”，这就对文学批评提出了更高的标准和要求。第十一章中国文学之文质观，从内容和形式的关系出发，认为两者应该相辅相成。“夫重文者轻质，重质者轻文，无质则流失其源，无文则行而不远”，且认为文学革命后，“文则已脱却过去死的形式之桎梏，质则已充以今时美的情思为题材”，文学矫正时弊，将有更大的发展。

三、特立标新的理论价值

傅庚生独特的学术成长经历，使他的学术思维和视角与众不同。他从热衷于文学创作，到致力于结合创作经验去欣赏古代文学作品，再到将欣赏心得凝炼成批评理论，使他的《中国文学批评通论》从新的理论角度得到升华。

（一）批评视野下的文学定义——解剖要素研究

对于“文学”这个概念，中国古代不同时代都有不同的理解，上古文史哲不分，后来的“文笔之分”与“古文运动”，都在很大程度上更改了文学的边界。古今中外也有诸多关于文学概念的表述，各有侧重，难以统一。“文学”的范畴和边界，从古至今都在变化之中，如近来兴起的“非虚构小说”，文学与历史、文学与新闻文体的边界在哪里？也激起一些讨论。中国古代“文”的概念与今天的“文学”概念差距很大，现在有些文消亡了，有些文被纳入其他学科门类，有些文进入应用写作范畴，淡出纯文学圈，而像小说、戏剧等过去被边缘化的文体又占据文学主流位置，文学世界可谓天翻地覆。如何从现代的角度给文学下定义，以涵盖古代文学中最本质的东西，这本身就是个难题。傅庚生对文学所下的定义是一种解剖式的要素定义，将文学分解成四种要素，分别进行描述，从而组成文学的完整涵义。这是一种用批评眼光来审视文学所得出的结果，文学的四要素，同时是批评所由介入的四个方面，由此文学与文学批评在同一平台上得以统一，方便全书的总体论述。学界普遍注意到本书所受的西方影响，“在这个时期，还有一些学者在西学思想的影响下为中国古代文论的学科化展开探究，其中又以傅庚生的《中国文学批评通论》对西学的高扬为最。傅庚生以20世纪前期在中国影响甚大的美国文艺理论家文切斯特的文学思想为框架，将中国古代文学批评的有关内容安插进去，划分为情感、想象、思想、形式四个方面来分析、论述”。[1] 其实近现代以后的文学观念受西方影响非常深，像傅庚生所提出的文学四点内涵，都是用现代术语来表述，符合西方文论思想，这是用现代理念去解释古代问题，从文学发展与时俱进的角度看，本身无可厚非，但不太符合传统学术的研究习惯。但傅庚生并非生搬硬套外来理论，他自称外文不好才转而研究古典文学，也并未在文中直接引用文切斯特或其他西方文论家的观点，他所受的西方影响应该是潜移默化而来。最为关键的是，傅庚生更大程度上是在古代文论的沃土中寻找归纳文学概念的。在第一章给文学下定义之前，他先列举了历代对文学概念的表述，然后站在中西文化交汇的时代制高点上，再对文学下定义，寻求一个较有概括力和普遍意义的文学定义，“近世欧西文化输入中国，文学之义界又为之一变。缘远西论文注重内容，而中国侈谈形式，文化综合之结果，吾侪对于文学之观念，尤趋

[1] 曹顺庆:《南橘北枳》，中央编译出版社2014年版，第349页。

于精密”。下定义之后，还有一小段“昔日论文者之意见偶同今解举例”，举刘勰《文心雕龙》中的表述，认为“于文学之要素，盖四举其三矣”；又举白居易《与元九书》中的表述，认为“‘根情苗言，华声实义’，揭示文学上感情、思想、形式三要素也”。由此可见，傅庚生在下定义的过程中，是非常严谨，有据可依，尽量还原古人论述原貌的。傅庚生在西方学术观念影响下给文学所下的定义，直到今天仍有参考价值，是中西合璧的学术新型成果，也为中国古代文学批评在理论上找到了切实可依的现代研究路径。

（二）由“史”转“论”的横向模式——文史区分研究

傅庚生的《中国文学批评通论》最为人所称道的，就是从创新的角度开辟出一种对中国古代文学批评的横向研究模式。其实，人们仅看到这种研究模式的新颖之处，将之与纵向的文学批评史研究并列，或只作为其补充，却未能从根本上认识到这是一种摆脱历史研究模式，回归文学研究模式，超越纵向研究的更具文学本体意识的研究。

近代以来，随着西方思潮的涌入，学者们对文学有了新的认识，并且产生总结中国古代文学历程的冲动，在中外学者的推动下，现代意义上的中国文学史应运而生。20世纪之后，中国文学批评史也正是在这种思潮背景下自然而然地出现了。这种以史为纲的研究方法体现出一种纵向的研究思维，它的优点在于能纵览文学批评的发展轨迹，缺点在于理论归类与提升不足，文学理论的凝练度和概括性势必受到影响。其实，不管中国文学史或是中国文学批评史，都是从历史的角度或用历史的方法去研究文学，从严格意义上看是文学与历史两个学科的综合，属于跨学科领域，因为偏向于文学一般划入文学范畴，但受历史学科影响是毋庸置疑的。中国历史的涉及面非常宽广，而现代意义上的中国历史学科重点在于研究国家社会变迁的状况及产生重大影响的事件，对一些细节性、边缘性的材料无暇顾及，这些历史材料则融入各个学科门类，如中国历史可细分出中国政治史、中国经济史、中国文化史、中国科技史等，中国文化史又可细分出中国文学史、中国美术史、中国绘画史等，中国科技史又可细分出中国医学史、中国建筑史、中国水利史等。历史研究方法的影响无处不在，但仅有纵向式的历史研究是不够的，如光有中国经济史的对历代经济现象的纵览与评析，而没有横向的经济学理论作更深层次的归纳与总结，就不能够支撑起经济学这个学科体系，而学科重点正是后者。从这个意义上看，横向的理论研究比纵向的历史研究更具核心本体价值。

中国现当代的文学批评以史学的纵向研究为主，“在20世纪前半期，中国古代文论研究的几部奠基著作，郭著上卷之‘以问题为纲’，朱著之以批评家为纲，罗著融编年体、纪事本末体、纪传体之‘综合体’，方著之‘以史的线索为经，以横推各家义蕴为纬’，它们可以说各有特点。但这些特点却是在一个共同的框架内竞妍，那就是它们都是以传统的史传结合的方式来勾画各时期文学理论批评的发展轮廓，并对重要的文学批评家、批评著作进行评介”[1]。傅庚生的横向研究在主流学者眼中只是一个另类，虽肯定其价值，但也颇多诟病。直到当代，古代文论研究渐突出“论”的地位，此书的理论价值与开山之功才清晰地呈现在人们面前。“古代文学理论研究从‘史’到‘论’的转变，是一个大的方向。中国古代文论，过去多作‘史’的研究。四十年代，傅庚生的《中国文学批评通论》注意于对中国古代文学批评的横向研究和现代理论分析，之后就相当沉寂。”[2]中国文学批评在纵向研究方面已取得较大成果，但横向研究依然不足，《中国文学批评通论》更展现出筚路蓝缕的理论贡献价值。

傅庚生对于纵向式的中国文学批评史研究颇有看法，他在称赞文学批评纵向研究“其业云劳，厥功至伟”的同时，也指出“独惜对于文学批评之原理与问题短于发抒，间有旁及之者，又不免格于体例，或则简阔其言辞，或则枘凿其篇目，不能予人以明确之概念与因依之准则。研核评论学之往迹，群智竞明夫一端；形成文学史之附庸，无缘蔚萃乎大国”，于是他“董理

[1] 蒋述卓等:《二十世纪中国古代文论学术研究史》，北京大学出版社2005年版，第60页。

[2] 陈伯海:《由“史”向“论”的转折》，复旦大学出版社编《精彩回放——复旦大学出版社建社二十周年书评集》，复旦大学出版社 2001年版，第77页。

文思，别标体制，将纳殊途于同轨，冶今古于一炉。斟酌众说，商榷利病，缕析而贯持之”，独创一种横向的以理论为基础的研究途径，为文学批评开创一片新天地。正是傅庚生的创新研究，将文史研究方法区分开来，使中国文学批评跳出历史研究的樊篱，摆脱对中国文学史乃至中国历史的附庸地位，回归文学研究的本体途径，突出文学理论的研究价值，让文学批评脱胎换骨，走上独立发展的道路，对文学学科体系的构建功不可没。

（三）“情君理臣论”——文哲辨析研究

傅庚生将文学四要素的作用地位表述为“感情为君，思想为臣，想象为佐，形式为使”，予其很形象准确的定位。其中“感情为君，思想为臣”可总结为“情君理臣论”，将文学中的情理两要素以君臣作喻分出高下，正可谓石破天惊之论。

众所周知，文学作为一门审美的艺术，既具有情感美，也具有哲理美，这两者不可或缺，但若要将它们分个高低，恐怕大多数人会赞成思想高于感情。且不说古代深入人心的“文以载道”之说，即便是今人在进行语文教育时，写作讲究立意，阅读讲究提炼中心思想，这些若能展现极具哲理意义的人生观、世界观、价值观为最佳，若只能表达通常的情感则次之，看“思想感情”这个惯用语就知道思想在感情之前，断不能颠倒，孰轻孰重一目了然。再看今天的言情小说流于通俗，被置于末流，是不能与挖掘高深的人生社会哲理意义的严肃小说相比的。这一切似乎都在暗示，在文学的现实世界中，“理”是高于“情”的。傅庚生的“情君理臣论”逆其道而行之，正中文学理论认识方面的时弊。

其实，傅庚生的情君理臣论应该是有个预设前提的，即要在文学的范围内用文学的视角去探讨文学的问题，情与理孰轻孰重，这涉及文学与哲学的分野问题。哲学被冠以社会科学之王的美名，其对理性的追求是首屈一指的，而文学与哲学最大的不同，在于其偏于感性的形象思维与哲学的偏于理性的抽象思维不一样。上古文史哲不分，文学成熟得最晚，先秦时代文章概念还未成形，文学除诗歌之外，只能寄居在诸子著作与历史著作之中，而诸子之书本质上是哲学著作，因具有一定的文学性才被纳入文学研究的范畴。文学受哲学影响颇深，它的发展也是一个从哲学、历史脱胎独立的过程，在早期诸子著作中，我们仍能触摸到文学性的感情特质。诸子中的《庄子》《孟子》被公认为文学性最强的作品，《庄子》的文学性主要表现在形象上，其中的比喻、寓言、神话故事比比皆是，形象性是文学的本质属性之一，正所谓“一切景语皆情语”，形象所制造出来的景，正孕育着充分的情，因此感情也得到了渲泄，文学性的语言得以流淌。《孟子》的文学性主要表现在“气”上，气势雄浑，排比层出，咄咄逼人，“我善养吾浩然之气”，孟子的气为感情和道德的力量所灌注，文学性也在情感的洪涛下得以展现。由此可见，蓬勃的感情既是文学性在诸子著作中得以保存的表征，也是文学与哲学最终分野的关键。在哲学世界里，理重于情；在文学世界里，情重于理。傅庚生对此看得极为清楚，并一语中的："文学之四要素中，以'感情'一目为其冠冕。感情奔放而乏理智以约束之者，虽不得谓为文学之极诣，然终不失其为文学创作也。若只能表达思想而不具诉诸感情之力，则属于哲学科学之范围，已不得谓为文学。然思想背后之理智恒为最高文学创作之檃栝，故思想在文学上之地位为感情之亚也。"从中可知，感情是文学独立的标志性因素，以感情为基础的文章，不管这感情的表达状况如何，皆可纳入文学研究的范畴，若文章只有思想理性而排斥感情表达，则可归入哲学范畴。当然，彻底令文学与哲学划清界限，并将"情"与"理"完全隔绝对立是不可能的，也无此必要，因此傅庚生也看到思想在文学中的地位，将其纳为文学四要素之一，成为"感情之亚"，然后用情君理臣的比喻来表述它们各自在文学中的地位。在当今文学的世界中，感情判断的是"是不是文学作品"的问题，思想判断的是"文学作品好不好"的问题，感情处于文学主体属性判断的君位，思想处于在情感前提下进行辅助以使文学更趋于高尚的臣位。"感情奔放之文学创作，不能达美之极诣，必藉理智之思想约束而辅导之，始克竟全功"，在傅庚生看来，情理相融如君臣融洽，才能使文学达完美境界。

其实，文学的发展是一个不断纯化的过程，其标志正是情感因素不断加强并成为纯文学的判断核心。古代"文"的概念很大，今天的“文学”概念相对要小很多，在发展过程中，感情因素薄弱并偏于抽象理论的道学、理学、心学之类的文章归入哲学领域，本着历史实录的叙事精神并排斥用虚构想象的方法进行情感叙事的史传归入历史领域，研究性的非感情纯理论文章归于各类科学论文，一些非情感用事的实用文章也列入应用写作范畴，这些都逐步脱离纯文学领域，文学之“纯”正是情感因素在发挥作用。即便今天仍有大量的议论文保留在文学领域之中，我们仍可看到，这些文学性的议论文并不是纯粹说理，而是将说理放在情感的背景下，去感悟人情世故，体现人文关怀。

人们对文学世界中情理二者的轻重程度分辨不清，也有历史原因。古代高举文学感情旗帜的论述并非没有，如陆机所提到的“诗缘情”观点，但这种论调遭受学术界普遍质疑，因为人们将其与更早、更权威的“诗言志”的观点相对立。其实，诗既缘情，亦言志，两者互不冲突。“‘情—物—志’，这是一个顺序链，志并不是天生就有的，而是情在感物之后所形成的结晶。由此可知，情与志，一个先天，一个后天，是两个不同的概念，但又是两个相关的概念，因为情产生了志，情处于志的上一层级，志是情的一种继承，所以两者是一致的。”[1]弄清情与志顺承统一的关系，就能明白为什么“诗言志”的观点

[1] 潘华:《〈文心雕龙〉“风骨”之内涵》，载《文艺研究》2016第8期。

非但没有使诗歌重理轻情，反而开创了中国诗歌重在抒情的总体倾向。

“文以载道”这句话，一般会被理解为对道的解释与承载是文的最高、最终任务，从而将道这个思想理性占优的概念压在情之上。如果将此理解照搬入文学，则会造成一定的偏差。首先，要明白文以载道这个概念提出的背景及文的内涵。在古文运动中，韩愈提出“修其辞以明其道”（《争臣论》），柳宗元继而提出“文以明道”的主张（《答韦中立论师道书》），后来北宋理学家周敦颐进一步明确“文以载道”的观点（《通书·文辞》）。需要注意的是，古代“文”的概念与现代“文学”的概念大不相同，韩愈、柳宗元、周敦颐等人所谈及的“文”，并不是当今纯文学的概念。古文运动号召复古，所学之古文主要是先秦两汉的诸子散文及历史散文，这些文本身属于哲学、历史范畴，对道进行追求理所当然，而周敦颐本身作为理学家，其著述多为哲学著作，当然也看重道。所以，他们对文的论述并不是纯粹从文学的角度去考虑的，这个文是文史哲混同的产物。其次，傅庚生说：“形式，文学之外表也，感情与思想则文学之内容也。”柳宗元提出文以明道，主要是针对以辞为工的形式主义进行纠偏，形式主义不仅妨碍思想的求索，也不利于感情的真实表达，所以思想之道与感情并无实质性的对立冲突。也就是说，文以载道反对的是形式而不是感情，文可以载道并不影响文可以达情。第三，感情较道更具有恒定性，正所谓“道可道，非常道”，人们对道的探索永远在路上。时代、种族、文化背景、宗教信仰以及价值观不同的人，对道的理解都各不相同，如古代的正统之道在今天可能会变成封建糟粕，而且没有绝对的真理，不同条件下所谓真理的内涵也会发生变化。当代文学理论常将文学视为人学，是对人性进行揭示的科学。在文学世界中，最大的人性就是情感，不管古今中外，人情是相通的，人们可通过文字沟通心曲，跟对道的理解各异不同，情在文学中起着更为重要的统一作用。而且哲学才以道作为自己的终极追求目标，文学也不能越俎代庖，替哲学完成其最根本的任务。因此，文学与哲学的学科侧重点是不一样的，在文学中述情比明道、载道更为重要。

（四）创作批评相通论——批评地位研究

傅庚生将书名定为“通论”，此“通”字内涵丰富，至少有三重涵义，一是文学原理之通，二是古今中外之通，三是创作批评之通。对创作与批评的关系有通盘认识，这是傅庚生在理论上的独特贡献。傅庚生从文学创作走向文学批评，其独特视角是其他学者少有的。而中国古代的文学批评，其实都是为创作提供经验总结的，这些批评家欣赏者，很多本身就是创作的参与者，认清创作与批评的关系，对于重新审视文学批评的地位和作用有着重要意义。

1. 创作批评地位论——双峰并峙

《自序》开篇就谈及批评与创作的关系：“文学之事，本一主于情思，乃研究与创作，判如两途。虽异趋同归，非才之雄者不能兼赴已。良由创作者以情为君，以思为臣；研究者以思为主，以情为副。”首先看到文学创作与研究两者的殊途，差异很大，而且恰巧相对，在情与思及轻与重两方面形成相反相成之势。两者相提并论，隐含两者地位相当之意。虽然异趋，却能同归，可根据它们的相契程度判断高下：“兼长者上材，通其二而擅其一者可以语上，长于此而取资于彼者乃得其中，区别迎拒者为偏，两失其可者为下耳。”两方面都擅长则是最佳的，虽然这是才之雄者方可能完成的事，但批评与创作相通已经成为可能。

一般来说，创作在前，批评在后，创作有较大的自由创新余地，批评则必以创作为研究对象，容易给人造成文学批评是文学创作附庸的错觉。文学创作者一旦成名成家，可谓独领风骚，光耀千古，其作品不但被批评家当范本进行总结研究，更是受到历代读者的会心颂扬。而文学批评因为偏重于高深的理论总结，更因研究而自成圈子，非专业研究者不会踏入，因此受关注程度较低。在许多人的意识当中，文学创作是主流是源泉，文学批评是末流，甚至是可有可无之事。傅庚生作为文学批评家，不甘自我鄙薄，努力为文学批评正名：“批评家在文学工作上，倚其特殊之天才与情理兼至之素养，据有屹然独立之地位，不为创作之附庸。伟大之批评家与批评杰作，视伟大之作家与文学杰作，固无逊色也。”文学批评之所以有此地位，并非批评家自封，而是可在批评中洞察时势，引领读者，对文学有极大的促进作用，“批评家之职守在就创作以窥其时之奇正，导引读者以明通变之方者，不可自矜创获，遂以所明之理亘百世而莫移也”。由此在傅庚生的论证下，文学批评获得了与文学创作相当的地位，双峰并峙，使人们重新看待其重要价值。

2. 创作批评影响论——各擅胜场

文学创作与批评是相互影响的，这也是它们相通的重要表现之一。一般来说，批评对于创作有指正和导引的作用，往往通过总结出来的法来规范创作，影响稍大，“批评之原理虽出于文学创作之本身，然以其为综合与理想之标准，取法乎上，可以控引创作于前进之途；又以其为科学与理智之知识，允执厥中，可以纠正创作上偏陂之失”。但傅庚生也清楚地看到“文无定法”，通过对历代关于“法之有无”的观点的分析，指出创作过程中不一定要念及法的规范，往往不受约束，率性而为，这也是文学创作自由抒发、创新不断的一种表现。因此傅庚生也警示道：“文学批评者，其职分仍在助人对于文学作品之了解与欣赏，不宜直视为创作之圭臬。”另一方面，创作也会对批评产生影响，特别是创作形成一定风气后，可能对批评产生压力，影响批评的倾向与评价结果，傅庚生认为此时批评“不宜徇俗，失其中平也”。总的来看，创作与批评时时都处在相互影响的过程中，但同时又会保持独立性，以维持各自的原则，在磨合与抵触过程中各擅胜场。因此，两者在相通过程中又带有相互约束的品性，使文学朝更健康的方向发展。

3. 创作批评态度论 —— 宽容和谐

创作与批评在相通过程中，用一种什么态度看待对方，这是两者共存相处的模式问题。在文学发展史上，存在许多不良态度，如创作者鄙视批评者，认为“不善创作者，不可妄事批评也”。傅庚生指出：“批评家不必皆为文学家，亦犹文学家不必皆为批评家也。”对此观点展开批驳。另一方面，批评者也有“文人相轻”“贱同贵古”的不良倾向，造成对创作者的伤害。傅庚生认为：“文学批评不可止于本身为目的，必期与文学创作保持切挚之接触，冀观摩渐进，不罔不殆；评骘有依，不泥不妄也。”在两者存在冲突的情况下，傅庚生着意主张采取宽容和谐的态度，“为创作者进言，冀能以理智控制其感情，以成就作品之伟大；为批评者进言，冀能以客观辅导其主观，以杜绝批评之偏私”。双方既然在情理侧重方面存在尖锐差异，就应该从情理互补的方面入手，相互协调，客观看待对方，创造一种和谐共存共进的局面。

傅庚生站在时代制高点，重估文学批评的学术价值，并建立起学科体系。他从文学定义中细分出具体要素，为文学批评在内容上找到了具体落脚点；在批评方法上进行文史区分，寻找到更具文学本体理论意义的研究方法；在内涵上进行文哲辨析，使文学与文学批评更具独立学科意义；打通各类文学理论问题，为文学批评奠定了与文学创作双峰并峙的地位。

四、通达精深的诗学意义

傅庚生的《中国文学批评通论》虽是从文学的总体角度论述，但在古代文论中，诗文评占有绝大部分比例，许多原理都可通用到诗歌领域，因此诗学价值颇高，对诗歌欣赏也有不少有益的启示及帮助。

诗歌是文学中最核心的组成部分，傅庚生在考察先秦文学观念时发现："孔子论'文'，多指典籍而言，合于邢氏'博学'一义，'文学'亦犹'文'耳；独于论'诗'辄似合于邢氏'文章'一义，亦差近于今世之所云文学也。"在上古时代，纯粹文学观念还处在文史哲不分家的朦胧期时，《诗经》就已为纯文学保留了一席之地，不管时代观念怎样变迁，诗歌从未脱离文学范畴，并且是最正宗的部分。古人论诗，从某种意义上看也可认为是通论文学，不仅因为诗歌在文学中的比重大，更因为诗歌在本质上就是最纯粹的文学。对于其他各类文体，由于古今观念差异巨大，它们在文学概念范畴中或进或出，早已是沧海桑田。因此，欣赏诗歌是古代文学批评中最有恒定文学意义的事了。

傅庚生对诗歌推崇备至，认为是文学中最高等级之种类，是"艺文之帅"。其论述精彩绝伦："艺文之品类，当推诗歌为最上；文学之革新，亦以诗歌为最难。昔人以炊米为饭喻文，酿黍为酒喻诗，甚为贴切，既以状诗之醇美醉人，亦以见其难能而可贵也。缘诗之文字以少寓多，情思以多炼少，又必资以辞采声音之美，发自风格情韵之真，其为精纯，冠绝艺术。肆蓄功力者可以为文人，未必可以为诗人，所谓‘诗有别才别趣’也。至于其形其质，几乎历代皆有显著之迁变；其昌其蹶，虽有高才，不能违时以废兴。举凡《风》《雅》、乐府、古诗、近体，至于词、曲，方其盛时，天下趋之若骛，创作者莫不殚精而毕虑，其发达自必登峰而造极。流传最广，感人独深，百世千秋，不可磨灭，宜其为艺文之帅也。而其时既逝，奇才莫追，创者既工，而因者难巧矣。”从诗歌以少寓多的特征出发，赞其风情之真，辞采之美，冠绝艺术，而诗人在文人之上，诗歌文体变幻奇巧，代代创新，使读者在醇美醉人的诗境中流连忘返。

傅庚生在考证“文”字本义和引申义时，得出结论：“是饰藻杂采为文之本义，而组字成章为其引申义也。”由此可见，“文”字最根本的初始意义就带有审美意味。审美是文学的本质特征，也是诗歌欣赏的必由途径，“故历代创作者，多殚其一生之精力于文学之形式，而衡文者亦多注目于此”。词藻、修辞、意象、音律等，构成了诗歌审美的一幅幅图景，当然还需和内容结合起来才有完整的审美意义。傅庚生还主张将美与真、善结合起来，“文学固艺术中之一种，由美的情绪所组成。然纯美之中，必渟蓄真善之性，真善之里必孳生纯美之表”，欣赏诗歌若能结合“知人论世”，从作品之美再挖掘作者真善之性，则能从更深的层次体会涵泳。

傅庚生认为文学批评有两个层次，一是求索原理，二是品鉴作品。对于一般读者来说，主要是品鉴作品这个层次。“吾人于披阅文学作品时，耸动感情，以契作者在心之志”，这就提示在欣赏诗歌等文学作品时，应该首先寻找与作者感情的共鸣点，以此为基础，再细致分析作者为实现情感表达而用的种种技巧，这样就能把握住欣赏作品的关键。中国诗歌以抒情诗为主，这契合“文学以感情为冠冕”的特征，千古以来的读者也是将诗歌的情感欣赏作为最高境界。诗歌里有一种美是无须讲究技巧的，无招胜有招，这就是情感美，诗仙李白的“清水出芙蓉，天然去雕饰”，就是对这种出自天然的情感美的精辟解说。如“仰天大笑出门去，我辈岂是蓬蒿人”，诗如大白话，但情感奔放纵横，让人心神向往。诗歌里也有一种美是可以不讲理的，这就是“无理而妙”，领会了傅庚生的情君理臣论，就可知诗歌里情是可以超越理而存在的，甚至可以无理，将理作为一种反衬的对象。如诗圣杜甫的“露从今夜白，月是故乡明”，正是通过违反理的逻辑而达到展现情之极致的目的。宋代诗歌欲摆脱唐诗的影响，在理学的指导下，完成了诗歌向理性的转化。但宋诗并不是板着脸孔讲理，而是追求一种“理趣”，这所谓趣，其实就是情的另一种表现方式。即便宋诗并未放弃情感的熏染，并且在宋代仍占据主流地位，但在后人眼中，仍然敌不过饱含感情的宋词。被称为“诗余”的宋词，带着“词为艳科”的卑微出身印迹，最终以感情俘获了后代读者的心，以宋代最佳文体的形象登上荣誉高台，不得不说是诗歌鉴赏以情感为胜的明证。

在诗歌的发展历程中也有一种情况，由于情感沉溺于浓艳的辞藻里而沦为靡靡之音。出现这种情况并不是因为追求情感不对，而是因为内涵与方式出了问题。其一是因为“伪情”或“情辞不配”，傅庚生指出：“情余于辞，则有绕梁之音；辞余于情，每同嚼蜡之味。彼文辞不衷于情或为文而造情者，中无有也，其能久乎？”真情流露方为诗之贵者，伪情导致情感失真，令人厌恶，而文辞不中，不能准确达情，读之亦使人难受。“诗人之赋清以则，辞人之赋丽以淫”，诗人与辞人同样写赋，但由于情感内涵不同，其表现效果则天差地别。其二是因为“情理不济”，傅庚生提出“感情为君，思想为臣”，在重视感情的同时，并不否定思想的作用，作为臣的思想是可以辅助感情的。思想的高尚有利于过滤一些低俗的情感，使诗歌朝正能量的方向发展。“诗言志”在述情的同时也体现出古代诗人的思想意趣，使诗歌更具风骨之力。

傅庚生将想象列为文学四要素之一，可见其对想象的重视，“艺术所凭依者为创造的想象，缘创造乃系予平常之材料以不平常之综合，而此综合作用则惟创造的想象能效其伎也”。在诗歌欣赏中，想象是各类理论和技巧的生成剂和催化剂，有化平凡为神奇的效用。形象性是文学的基本特征之一，诗歌正是通过形象解读这个世界，想象无疑打开了形象创造之门。从比兴到意境的创造，从“妙悟说”到“无理而妙”，从“别裁别趣”到“具眼具耳”理论，从“言有尽而意无穷”到“神韵说”，许多诗歌基本理论无不强调想象的功效。而诗歌中的比喻、通感、拟人、夸饰、排比、对偶、借代、顶真等修辞技巧，无不潜藏着想象的轨迹。“欣赏者亦须凭藉情感与想象，由作品中寻味其意境；方其领略此种意境时，欣赏之中已寓创造”，体悟作者的想象路径，才能欣赏到美的画面，犹如打开一扇艺术的天窗，这是诗歌欣赏的一个重要部分。傅庚生强调想象是创造性的想象，更关注新造的诗歌形象所带来的美感。他还将想象分成分想和联想两类，“至于分想作用之独擅其用，则或由内情抉择外景而剪裁之，或就繁复之情感中摅其一端而表出之，亦能自成意境”。而他更看重联想的作用，“且创作倚分想而辟意境者盖少，藉联想以达情思者为多”。从直接的分想到跨类转折性的联想，甚至到无理而妙的联想，诗歌意境一重高过一重。傅庚生深谙想象创造的奇效，也将这一欣赏法宝传达给了诗歌欣赏者。

“故知创作与欣赏皆必取资于学识经验技巧与规律。”对于诗歌欣赏者来说，在学习了基本技巧之后，尝试进行诗歌创作，以体味创作之艰辛与味道，则可以通达上层，至少也应该“通其二而擅其一”，精于欣赏并从作者创作的角度体悟思考。若能达到“通”的境界，创作、欣赏相辅相成，欣赏便能更有效也更有滋味。另外，“傅先生关于文学鉴赏的著名主张是，欣赏文学作品要有‘水磨功夫’，即要有韧性的仔细的长期的咀嚼与品味”。[1]在欣赏的过程中，细读文本，不读出滋味绝不罢休，深切地与作者的情感灵魂磨合，打通两者的隔阂，这样才能融入作品的奇妙世界中。

《中国文学批评通论》一书主要有以下几个版本：商务印书馆1946年1月重庆初版，商务印书馆1947年8月上海初版；另有翻印本数种，如台湾华正书局1974年8月和1975年3月版，台湾经氏出版社1976年2月版，台湾盘庚出版社1978年版，文听阁图书有限公司2011年影印本，另有香港托名商务印书馆（不署出版年月）本一种等。原书多用骈句、典故，以上版本错讹很多。本次校订以商务印书馆1947年版为底本。

潘　华

2017年6月

[1] 赵俊贤:《傅庚生教授：著名的古典文学鉴赏家》，《学府流年》，西北大学出版社2011年版，第6页。

目录

下编·结论

自序

文学之事，本一主于情思，乃研究与创作，判如两途。虽异趋同归，非才之雄者不能兼赴已。良由创作者以情为君，以思为臣；研究者以思为主，以情为副。前者以因情喻志之时多，寖至养移其体，辄以遐弃诠理之篇；后者以慎思明辨之事繁，渐乃居移其气，或以久韬援情之笔。才有偏长，各行其所是；功能独到，两益而相成。若“各以所长，相轻所短”，同相毁之李、何，并揭其隐慝也；或“倍其偏枯，担薪去半”，等亡羊之臧、谷，两忘其显司矣。

人必宜有“争也君子”之操，而不可效“固哉高叟”之行。论道惟严，取人当恕。从事批评者须知创作由于感兴，非循规蹈矩而以为脱繁之文。批评之原理乃自创作中紬绎而出者，虽能摄经纬而辨精粗，独未可范围天才作家之创格。尤不宜自居于指导或裁判之地位，责人之必律己以从我也。从事创作者须知批评之学能以理智控驭感情，就旁观揆度当局，以匡救作家之偏陂，掎摭文体之利病。而其职分尤在辅导读者以了解文学，别有存在之价值。不宜直视为创作之附庸，或指为痴人说梦，以鄙夷批评者之论列也。

有志于文学创作者，首必求能多了解他人之作品，继之以摹仿，终之以创作。创作之前，必纵以访文学之源流，横以参文学之理论，技巧备而基础坚，遂能达其情思以杼柚成章矣。有志于文学研究者，首亦必多了解文学之创作，继之以征实，终之以研究。研究之后，能溯以求文学之正变，深以掘文学之蕴藏，眼力高而心得积，乃可倚其情知以权衡阐论也。研究者能并及摹仿与创作，则心知甘苦而识见愈明；创作者能不废征实与研究，则才兼情知而心手愈敏。兼长者上材，通其二而擅其一者可以语上，长于此而取资于彼者乃得其中，区别迎拒者为偏，两失其可者为下耳。

余悔在晚学，仰乏师承，自维谫陋，就正无方。如彼储布帛者，不能成裼襦，辄师布帛经纬纵横上下错综之意，以自悟纫缀之法。虽云钻研疏凿，尽其利害；只以冥搜暗索，勤而少功。先绥而后针者，殆不免夫！间尝谓自东汉以降，著作之士多已不由立一家言之子书，而流传诗文别集。重创作而轻述纂，宜若可喜；裂篇章而失纲纪，不无可忧。既虑学者罕有遍读丁部之暇，而涉猎者不能因篇章面目以进求作者之底蕴，为尤堪虞也。故治此学者，宜由博返约：博者，见识群经子史，泛观各家别集，连类并及，不局一隅之谓；约者，领会一家之指，贯通诸家之谊，横察奇正，纵窥流变之谓。然而剪刈卮言，别裁伪体，非终身以之者，谈何容易？能深研一集，渐及数家，尚友古人，心印神交，代之立言者，已足多矣。然旷观今昔，各家评注研究之编，明训诂、勤校勘、辨真赝者，恒得十之七八；妙解情理、心识文体者，不过十之二三；尚友古人者，百不得一二焉。是以难值知音之叹，古今若出一口也。不宁惟是，《诗品》《文心》《史通》《通义》，皆已备一家之言，毛举条目，昭告指归矣。而习之者不求甚解，宁尔采撷，终昧立言之本意。或道听途说，信口轻诋，不达作者之深致者，间尚不免，学者所宜深省也。余以独学无友，孤陋寡闻，补拙以勤，逢书辄读。终一编后，必掩卷而思，以领悟其大旨，既反覆以致意，盖会心者，每每而在。纂言者钩玄，记事者提要，参此证彼，连类以观，寖觉胸中若有欲言。今撮有关文论者，撰为此编，以通今古之邮，而治棼丝之绪。千虑一得，华稠而实稀。盖存其当者而缺其疑，何敢以剿袭为富，讦言欺世矣。

今时我国从事研究文学批评者，多搜集历代文评资料，编纂为史。可以就觇文学评论递嬗之轨辙，及其与文学流变轸軳之迹象。其业云劳，厥功至伟。独惜对于文学批评之原理与问题，短于发抒，间有旁及之者，又不免格于体例，或则简阔其言辞，或则枘凿其篇目，不能予人以明确之概念与因依之准则。研核评论学之往迹，群智竟明夫一端；形成文学史之附庸，无缘蔚萃乎大国。因以董理文思，别标体制，将纳殊途于同轨，冶今古于一炉。斟酌众说，商榷利病，缕析而贯持之。以供学文者品鉴之资，而为批评史跨踔之辅焉。

章实斋云："理之初见，毋论智愚与贤不肖，不甚远也；再思之，则恍惚而不可恃矣；三思之，则眩惑而若夺之矣。非再三之力，转不如初也。初见，立乎其外，故神全；再三，则入乎其中，而身已从其旋折也。必尽其旋折，而后复得初见之至境焉。故学问不可以惮烦也。然当身从旋折之际，神无初见之全，必时时忆其初见，以为恍惚眩惑之指南焉，庶几哉有以复其初也。”文论一道，固愈演而愈进，后来者居上；亦有初见之理，亘古今而不移者。昔人或不过为滥觞之说，枝节之辞；而能一语破的者，亦班班可稽。今时学贵以专，区分门类，方当条理终始，振其端倪。时彦隆今蔑古，不免有遗珠之恨焉。刘子玄云：“盖珍裘以众腋成温，广厦以群材合构。自古探穴藏山之士，怀铅握椠之客，何尝不征求异说，采摭群言，然后能成一家，传诸不朽。观夫丘明受经立传，广包诸国，盖当时有《周志》《晋乘》《郑书》《楚杌》等篇，遂乃聚而编之，混成一录。向使专凭《鲁策》，独询孔氏，何以能殚见洽闻若斯之博也。”文评一事，固因文以明法，与时地相推敚；亦有指向之针，通华夷而莫缪者。国人或不过为隅反之言，疑似之论；其能鞭辟近里者，亦头头是道。迩来梯航大通，人文综合，允宜斟酌损益，祈互发明。学者抑己傍人，得无兴忘本之戚欤？果能诠证古今，沟通中外，辄见道之所由，若合符节。即降志以求，盍视昔人之见如未梓之材，为初造之境，而采之以成其广厦之用，守之以复其神全之初乎！此通论之所为作也。

本书共分三编。上编绪论四章，以为源头。旨多浅显，辞务简明，滥觞而已。中编本论四章，乃其主流。昔人说辞，已荟萃菁英而罗布其间，创说而可取者尽采之，阶沿而能补苴者偶及之，因袭而无新意者靳不复录。贯穿今古，深达厥思，虽求合符，不强援系。惧为前说所囿，毕虑而别出鉴裁；制其矜奇之心，虚怀而折衷文理。虽为横的论述，于前说渊源所自与影响所及之处，偶亦连类后先，藉以推其原而挹其委。虽为结撰之体，值前说未甚透辟或悖溢理实之时，辄复断以己意，庶以明其贯而畅其枝。殆未尝令有一意含糊，一语妄加者矣。下编结论三章，是其尾闾。取资前人，而自抒所见，析文学创作内外在之因素与衡量之标准，文质之相须与德言之归一。彰往察来，肆其扣盘扪烛之愚；通诠兼采，倡为环中辐辏之议。敝帚自珍，物情贵我，遂视己之寸木高于岑楼，文之痼疾轻于癣疥也。知难周洽，待质时贤。文体、故实之论，暨作者年代生平，咸未入纂，以无关宏旨而旁求甚易，权重去轻，以节文也。各章未能细分节目，非囫囵吞枣，苟以成篇；由通论之体，割裂多不适宜也。未能语体行文，非勇效昔言，自文其陋；缘征引既多，一律以便论列耳。卑卑实无甚高论，悱悱亦不敢漫可；恐持论之堕于虚玄，戒衡文之猎夫影响。将贡刍议于来学，非献芹曝于方家矣。引据前人之说，必略其无关系者而撮其要；参综各章之旨，必录其互发明者而汰其复，渫污留沈，披沙拣金。幸勿似买菜求益，遽让其文约不丰也。

《文心雕龙·序志》云："夫铨序一文为易，弥纶群言为难。

虽复轻采毛发，深极骨髓，或有曲意密源，似近而远，辞所不载，亦不胜数矣。及其品列成文，有同乎旧谈者，非雷同也，势自不可异也；有异乎前论者，非苟异也，理自不可同也。同之与异，不屑古今，擘肌分理，唯务折衷。按辔文雅之场，环络藻绘之府，亦几乎备矣。但言不尽意，圣人所难；识在瓶管，何能矩矱？茫茫前代，既洗予闻；眇眇来世，倘尘彼观也。”余不自揣其材力，草创兹编，“弥纶群言”，能无疏失？“折衷”为比次众说必由之路，“同异”则撰述一编难远之嫌。求其瑕颣，盖寓目而已多矣；期在明哲，惟识弹之不吝焉。

上编

绪论

第一章

文学之义界

"文"之本义与引申义——先秦时文学之观念——两汉"文学"与"文章"之分——六朝"文笔"之辨与文质兼重——文学观念之进步——唐宋复古与文学观念之漫漶——"明道"与"载道"——人文之发展与文学之认识——近世文学之义界——文学之四要素与文学定义——昔日论文者之意见偶同今解举例

《易·系辞传》云:"道有变动,故曰爻;爻有等,故曰物;物相杂,故曰文;文不当,故吉凶生焉。"《说文解字》云:"文,错画也,象交文。"《释名·释言语》云:"文者,会集众采以成锦绣,会集众字以成词谊,如文绣然也。"《广雅·释诂》云:"文,饰也。"是饰藻杂采为文之本义,而组字成章,为其引申义也。

先秦之时,"文学"一词,涵义极广。《论语·学而篇》云:"子曰:'弟子入则孝,出则弟,谨而信,泛爱众而亲仁。行有余力，则以学文。’”《公冶长篇》云：“子贡曰：‘夫子之文章，可得而闻也；夫子之言性与天道，不可得而闻也。’”《雍也篇》云：“子曰：‘君子博学于文，约之以礼，亦可以弗畔矣夫。’”《述而篇》云：“子以四教：文、行、忠、信。”凡所称“文”与“文章”，盖指一切经籍言之也。又《先进篇》云：“子曰：‘从我于陈蔡者，皆不及门也。’德行，颜渊、闵子骞、冉伯牛、仲弓；言语，宰我、子贡；政事，冉有、季路；文学，子游、子夏。”邢昺疏云：“若文章博学，则有子游、子夏二人也。”以文章与博学分释“文”“学”二字，析之为两，有增字解经之嫌。其实孔子论文，多指典籍而言，合于邢氏博学一义，文学亦犹文耳；独于论诗辄似合于邢氏文章一义，亦差近于今世之所云文学也。

自兹厥后，诸子争鸣，对于文学之观念，终无二致。《荀子·大略》篇云：“人之于文学也，犹玉之于琢磨也。诗云，‘如切如磋，如琢如磨’，谓学问也。和之璧，井里之厥也，玉人琢之，为天下宝。子贡、季路，故鄙人也，被文学，服礼义，为天下列士。”《墨子·非命》篇云：“子墨子言曰：‘凡出言谈，由文学为之道也，则不可不先立仪法。若言而无仪，譬犹立朝夕于圆钧之上也，则虽有巧工，必不能得正焉。’”《韩非子·六反》篇云：“学道立方，离法之民也，而世尊之曰文学之士。”凡所云文学，仍属概括一切道术言之。

两汉之际，始有意于“文学”与“文章”之分。《史记·儒林传》云：“夫齐鲁之间于文学，自古以来，其天性也。”又云：

"诏书律令下者，明天人分际，通古今之义，文章尔雅，训辞深厚，恩施甚美。小吏浅闻，不能究宣，无以明布谕下。"是"文学"同于学术，而"文章"几于词章也。似此之例甚多，或称"文辞"，略同"文章"，意区于"学"与"文章"，其迹甚显。《汉书》多仍其义，如《张汤传》云："张汤，杜陵人也。父为长安丞，出，汤为儿守舍。还，鼠盗肉，父怒笞汤。汤掘熏，得鼠及余肉，劾鼠掠治，传爰书，讯鞫论报，并取鼠与肉，具狱磔堂下。父见之，视文辞如老狱吏，大惊，遂使书狱。"又云："是时上方乡文学，汤决大狱，欲傅古义，乃请博士弟子治《尚书》《春秋》，补廷尉史。"所云"文辞""文学"，判同《史》迁。而《艺文志》本刘歆《七略》，以《诗赋略》与《六艺略》《诸子略》等并举，析文章、学术为二，亦可以窥见其指趣矣。

惟其时对于文章之内涵，尚无明确之界限。《扬雄传》云："实好古而乐道，其意欲求文章成名于后世。以为经莫大于《易》，故作《太玄》；传莫大于《论语》，作《法言》；史篇莫善于《仓颉》，作《训纂》；箴莫善于《虞箴》，作《州箴》；赋莫深于《离骚》，反而广之；辞莫丽于相如，作四赋。皆斟酌其本，相与放依而驰骋云。"立言垂教，未能脱儒家混同之窠臼，故自《太玄》以下，至于辞赋，仍统称文章也。他如王充《论衡·佚文》篇云："文人宜遵五经、六艺为文，诸子传书为文，造论著说为文，上书奏记为文，文德之操为文。立五文在世，皆当贤也。"亦此类已。

下逮魏晋，所见略同。魏文帝《典论·论文》云："盖文章经国之大业，不朽之盛事。年寿有时而尽，荣乐止乎其身，二者必至之常期，未若文章之无穷。"晋挚虞《文章流别论》云："文章者，所以宣上下之象，明人[1]伦之叙，穷理尽性，以究万物之宜者也。"非其例欤？

嗣则文章日趋于靡敝，濡翰之士，争骛于形式而蔑视其内容，于是文笔之辨起。《南史·颜延之传》云："宋文帝问延之诸子才能。延之曰：'竣得臣笔，测得臣文。'"宋范晔《狱中与甥侄书》亦云："手笔差易，文不拘韵故也。"而《文心雕龙·总术》篇则云："今之常言，有文有笔，以为无韵者笔也，有韵者文也。夫文以足言，理兼《诗》《书》，别目两名，自近代耳。"已著非之之论。然《雕龙》篇次，又隐区文笔二体。盖次第篇目，不妨徇俗而类从；通识论文，未宜偏重而畸轻也。

于时渐知文章偏重形式之弊，乃返察其内容。梁元帝《金楼子·立言篇》云："吟咏风谣，流连哀思谓之文……惟[2]须绮縠纷披，宫徵靡曼，唇吻遒会，情灵摇荡。"既云"绮縠宫徵"，又云"哀思情灵"，文质兼重，迷途知反矣。又以渐知畴日认为文章内涵之无所不包，实属大而无当，不足以餍当世重文相感之心，乃严律其绳尺。《昭明文选序》云："若夫姬公之籍，孔父之书，与日月俱悬，鬼神争奥，孝敬之准式，人伦之

[1] 人　底本脱，据《全晋文》（P.819）补。
[2] 惟　底本作"文"，据《金楼子校笺》（P.966）改。

师友，岂可重以芟夷，加之剪截？老、庄之作，管、孟之流，盖以立意为宗，不以能文为本。今之所撰，又以略诸。…… 至于记事之史，系年之书，所以褒贬是非，纪别同异，方之篇翰，亦已不同。若其赞论之综缉辞采，序述之错比文华，事出于沉思，义归乎翰藻，故与夫篇什，杂而集之。”摒经子史于文学领域之外，取材严而阐论精，视两汉魏晋时对于文学之含混观念已见进步，且能用中而不偏。后世或以为昭明所选，是文而非笔，实出臆断。

章炳麟《国故论衡·文学总略》云：“自晋以降，初有文笔之分。范晔自述其《后汉书》曰：‘文患其事尽于形，情急于藻，义牵其旨，韵移其意。政可类工巧图缋，竟无得也。手笔差易，文不拘韵故也。’《文心雕龙》云：‘今之常言，有文有笔，有韵者文也，无韵者笔也。’然《雕龙》所论列者，艺文之部，一切并包。是则科分文笔，以存时论，故非以此为经界也。昭明太子序《文选》也，其于史籍则云‘不同篇翰’，其于诸子则云‘不以能文为贵’。此为裒次总集，自成一家，体例适然，非不易之定论也。《抱朴子·百家篇》曰，‘狭见之徒，区区执一……惑诗赋琐碎之文，而忽子论深美之言。真伪颠倒，玉石混淆，同广乐于桑间，均龙章于素质’，斯可以箴矣。且沉思孰若庄周、荀卿，翰藻孰若《吕氏》《淮南》？总集不摭九流之篇，格于科律，固不应为之辞。诚以文笔区分，《文选》所集，无韵者猥众，宁独诸子？若云文贵其彣邪，未知贾生《过秦》，魏文《典论》，同在诸子，何以独堪入录？有韵文中，既录汉祖大风之曲，即《古诗十九首》亦皆入选，而汉晋乐府，反有慭遗。是其于韵文也，亦不以节奏低昂为主；独取文采斐然，足耀观览，又失韵文之本矣。是故昭明之说，本无以自立者也。"章氏既主凡以文字著于竹帛者统谓之文，论其法式者谓之文学，故斥昭明之说为跋疐。至于刘勰之分文笔为姑存时论，萧统之别去取，乃体例适然，则自有见。

洎唐宋古文家昌言复古，文章之义界又复漫漶。韩愈《进学解》云："沉浸浓郁，含英咀华，作为文章，其书满家。上规姚姒，浑浑无涯；《周诰》《殷盘》，佶屈聱牙；《春秋》谨严，《左氏》浮夸；《易》奇而法，《诗》正而葩；下逮《庄》《骚》，太史所录；子云、相如，同工异曲。先生之于文，可谓闳其中而肆其外矣。"柳宗元《答韦中立论师道书》云："本之《书》以求其质，本之《诗》以求其恒，本之《礼》以求其宜，本之《春秋》以求其断，本之《易》以求其动：此吾所以取道之原也。参之谷梁氏以厉其气，参之《孟》《荀》以畅其支，参之《庄》《老》以肆其端，参之《国语》以博其趣，参之《离骚》以致其幽，参之太史公以著其洁：此吾所以旁推交通，而以之为文也。"韩之所"规"与所"闳"，柳之所"本"与所"参"，皆准一切典籍为文章以型范，而文与学重归于混淆。欧阳修《代人上王枢密求先集序书》云："甚矣言之难行也！事信矣，须文；文至矣，又系其所恃之大小，以见其行远不远也。《书》载尧舜，《诗》载商周，《易》载九圣，《春秋》载文武之法，荀孟二家载《诗》《书》《易》《春秋》者，楚之辞载《风》《雅》，汉之徒各载其时主声名文物之盛以为辞。后之学者，荡然无所载，则其言之不纯信，其传之不久远，势使然也。”曾巩《王平甫文集序》云：“博览强记，于书无所不通，其明于是非得失之理为尤详。其文闳富典重，其诗博而深矣。”亦咸以道为根本，以文为枝叶，引绎韩柳之绪余而已。阮元《与友人论古[1]文书》云：“夫势穷者必变，情弊者务新。文家矫厉，每求相胜，其间转变，实在昌黎。昌黎之文，矫《文选》之流弊而已。昭明《选序》，体例甚明，后人读之，苦不加意。《选序》之法，于经、子、史三家不加甄录，为其以[2]立意纪事为本，非沉思翰藻之比也。今之为古文者，以彼所弃，为我所取，立意之外，惟有纪事。是乃子史正流，终与文章有别。千年坠绪，无人敢言，偶一论之，闻者掩耳。非聪颖特达、深思好问如足下者，元未尝少为指画也。”阮氏虽宗骈俪，意辄偏倚。然此书论古文家躏轹文学之樊篱，昭然若发矇矣。

昌黎已著《原道》之篇，柳州每揭明道之论。李汉《韩昌黎集序》云：“文者，贯道之器也。”至宋周敦颐《通书》乃云：“文，所以载道也。”“明道”“贯道”，仍不废文，“载道”则直以文字为工具矣。《二程语录》载：“程颢云：‘忧子弟之轻俊者，

[1] 古　底本脱，据《揅经室集》（P.609）补。
[2] 以　底本脱，据《揅经室集》（P.610）补。

只教以经学念书，不得教作文字。'" 又载程颐语："问：'作文害道否？' 曰：'害也。凡为文，不专意则不工，若专意则志局于此，又安能与天地同其大也？《书》曰："玩物丧志"，为文亦玩物也。'" 文章之事，自宋儒观之，皆"玩好夺志"之亚也。其轻文忌饰之风，与崇隆沉思翰藻者大有径庭矣。顾炎武《日知录》论修辞云："《典》《谟》《爻》《象》，此二帝三王之言也。《论语》《孝经》，此夫子之言也。文章在是，性与天道亦不外乎是。故曰：'有德者，必有言。' 善乎游定夫之言曰：'不能文章，而欲闻性与天道，譬犹筑数仞之墙，而浮埃聚沫以为基，无是理矣。' 后之君子，于下学之初，即谈性道，乃以文章为小技而不必用力。然则夫子不曰 '其旨远，其辞文' 乎，不曰 '言之无文，行而不远' 乎？曾子曰：'出辞气，斯远鄙倍矣。' 尝见今讲学先生从语录入门者，多不善于修辞，或乃反子贡之言以讥之曰：'夫子之言性与天道，可得而闻；夫子之文章，不可得而闻也。'" 此可以正彼崇质灭文者之失，又以明文之不可废也。

宋元以降，谈文事者，或主不划文界，以复先秦之古；或仍严辨文笔，以扬六朝之波。龂龂争议，莫衷一是，要皆不免夫偏与蔽也。考人文之发展，恒若波澜之起伏，春秋之代序，循环递进，而履中为难。就历代对于文学之认识言之，由周秦时广义而涉含混之文学观念，进而为南北朝时狭义而较正确之观念，自属日新之征象，然其过程中曾不免有偏重形式强区文笔之失，几乎舍其本而逐其末。唐宋之世，惩于专骛形式之非，而力主复古，于补敝救偏，未始无功；陵迟至于以文载道，未免降文为附庸，几至求其本而失所主。过与不及，其睽刺于义一也。虽然，变古者类必不同于古而渐进，固也；即复古者亦必有其不悉同于古者存，且于势必藉此为过渡之津梁，理不可少。无文笔之喧豗，不召文质之兼重；无复古之逆施，不启革新之思潮。学者能观其会通，而不拘执于一隅，可与言通变矣。

近世欧西文化输入中国，文学之义界又为之一变。缘远西论文注重内容，而中国侈谈形式，文化综合之结果，吾侪对于文学之观念，尤趋于精密。其所含蕴，可略而言。夫文学之所以能表现作者之人格，批评人生，亘万古而常新者，以其内能达作者之情思，而外有诉诸读者之感情之力也。以文字表达作者之感情，而能唤起读者之同感与同情，斯为文学作品矣。人之感情，恒伴想象而生，亦因想象而大。情感为想象之资材，想象为情感之工具。且藉抽象之词理以达情思者，只能诉诸读者之理智，而不能获情感上之反应，即所谓“能教人而不能动人”也。独寓情思于具体事实之描写而表现之，其感人乃深。此翻移抽象为具体之机杼，端恃作者想象力之发挥。又以作者藉其深挚敏锐之感情以体验人生，辄具卓绝超世之思想，自然寄托于作品之中，志不在训世而恒为改进人生之前驱。思想之背后为理智之活动，往往可以约束奔腾冲激之情感，利导之，锤琢之，疏浚之，而成为真的、美的、有力的情感，然后发为创作，乃臻极诣。而辞藻、声律等形式上之美，亦可内以温慰深曲之衷情，达表现之志；外以吸引读者之心目，为含咀之资。故感情、想象、思想、形式四者，为构成文学之四要素。试综此文学之四要素以拟文学之定义曰：“文学者，抒写作者之感情、思想，起之以想象，振之以辞藻与声律（形式），以诉诸读者之感情而资存在之文字也。”

昔日论文者多矣，或专意摛藻之工拙，或论列文思之正邪，表里兼顾、文质并赅者，求之盖寡。惟陆机《文赋》云：“辞程才以效伎，意司契而为匠，在有无而黾勉，当浅深而不让。”刘勰《文心》云：“夫情动而言形，理发而文见，盖沿隐以至显，因内而符外者也。”乃并才辞意匠、情理言文以为说，较见周审。刘氏又云：“夫才量学文，宜正体制。必以情志为神明，事义为骨髓，辞采为肌肤，宫商为声气。然后品藻玄黄，摛振金玉，献可替否，以裁厥中。斯缀思之恒数也。”情志犹云感情，事义有类思想，辞采宫商则并称形式，于文学之要素，盖四举其三矣。

白居易《与元九书》云：“夫文尚矣，三才各有文。天之文，三光首之；地之文，五材首之；人之文，《六经》首之，就《六经》言，《诗》又首之。何者？圣人感人心而天下和平。感人心者，莫先乎情，莫始乎言，莫切乎声，莫深乎义。《诗》者，根情，苗言，华声，实义。上自圣贤，下至愚骇，微及豚鱼，幽及鬼神，群分而气同，形异而情一，未有声入而不应、情交而不感者。圣人知其然，因其言，经之以六义；缘其声，纬之以五音。音有韵，义有类。韵协则言顺，言顺则声易入；类举则情见，情见则感易交。于是乎孕大含深，贯微洞密，上下通而一气泰，忧乐合而百志熙。二帝三王所以直道而行、垂拱而理者，揭此以为大柄，决此以为大窦也。”其所云情，犹今之为言感情也；其所云义，犹思想也；言，辞藻也，声，声律也。“根情，苗言，华声，实义”，揭示文学上感情、思想、形式三要素也。六义，风、雅、颂、赋、比、兴也。风、雅、颂为诗之类别，可不具论；赋、比、兴为诗之作法，试以今语诠之。赋，纪事抒情直叙之法也；比，运用联想的想象以行文者也；兴，运用创造的想象以成章者也。“类举则情见”，犹云翻移抽象之情思为具体之描写，是申说文学上仍具想象要素也。“声入而应，情交而感”，明谓文学创作有诉诸感情之力也。此文所云与今人之论若合符节，白氏生千余年前，其吐属乃能与今日沆瀣一气，于论文学之义界，可谓为能“揭大柄、决大窦”矣。至于首举“三才”“六经”，而继称“直道”“垂拱”，以言为苗，以义为实，则因其主张“文章合为时而著，歌诗合为事而作”，系一文学尚用论者，乃云然耳，分别以观之可矣。

第二章
文学批评之义界

文学批评之定义 — 品鉴与情知 — 品第甲乙之失 — 批评原理之归纳 — 文学四元素之关系与比较价值 — 四元素之运用 — 理想之文学作品 — 批评之偏见与“六观” — 原理之应用 — 自是吹求与文德

文学批评者，凭依吾人对于文学作品品鉴之结果，而予之以定评，并说明文学之所以为卓尔者，实具某种要素，俾以促进读者之理解力并激发其欣赏力者也。

“品鉴”云者，谓对于文学之欣赏力也。吾人于披阅文学作品时，耸动感情，以契作者在心之志；运用理智，以衡其发言之诗：故品鉴实兼情知二者之用。惟批评之事，方其求索原理、原则时，运其知而敛其情，固属近于科学而远于文学；方其品鉴作品时，首重情而次重知，则应以欣赏为本，而以品评为末也。

钟嵘《诗品》，沿月旦之习，崇品第为先。自云：“昔九品论人，《七略》裁士，校以宾实，诚多未值。至若诗之为技，较尔可知，以类推之，殆均博弈……网罗今古，词文殆集。轻欲辨彰清浊，掎摭利病，凡百二十人，预此宗流者，便称才子。至斯三品升降，差非定制，方申变裁，请寄知者耳。”其论诗以“摇荡性情”为美，故不足于永嘉以后之诗。以为：“永嘉时，贵黄老，稍尚虚谈。于时篇什，理过其辞，淡乎寡味。爰及江表，微波尚传，孙绰、许询、桓、庾诸公，诗皆平典似《道德论》，建安风力尽矣。”陶潜虽以田园为诗材，而去平典之诗未远，遂抑之于中品。又论诗以“宫商四声”为妄，以为“使文多拘忌，伤其真美。余谓文制，本须讽读，不可蹇碍。但令清浊通流，口吻调利，斯为足矣。至平上去入，则余病未能；蜂腰鹤膝，闾里已具”，故亦置沈约于中品。《南史·文学传》云：“嵘尝求誉于沈约，约拒之。及约卒，嵘品古今诗为评，言其优劣云：‘观休文众制，五言最优。齐永明中，相王爱文，王元长等皆宗附约[1]。于时谢朓未遒，江淹才尽，范云名级又微，故称独步。故当辞密于范，意浅于江。’盖追宿憾，以此报约也。”《兰庄诗话》云：“钟嵘品陶潜诗：‘文体省净，殆无长语，笃意真古，辞兴婉惬……古今隐逸诗人之宗也。’可谓知言矣，而置之中品。其上品十一人，如王粲、阮籍辈，顾右于潜耶？论者称嵘洞悉[2]玄理，曲臻雅致，标扬极界，以示法程，自唐而上莫及也。吾独惑于处潜焉。”或讥嵘之无卓识，或载其报宿

[1] 皆宗附约　底本作“皆宗附之”，所指欠明，暂据《南史》（P.1779）改。
[2] 悉　底本作“於”，据《稀见明人诗话十六种》（P.96）改。

憾。盖以第作者之甲乙为舍本逐末，而较各派之短长尤难期平允，乃致斯累也。

葛洪《抱朴子》云：“五味舛而并甘，众色乖而皆丽。近人之情，爱同憎异，贵乎合己，贱于殊途。夫文章之体，尤难详赏。苟以入耳为佳，适心为快，鲜知忘味之九成，《雅》《颂》之风流也。”江淹《杂体诗序》云：“夫楚谣汉风，既非一国，魏制晋造，固亦二体。譬犹蓝朱成采，杂错之变无穷；宫商为音，靡曼之态不极。故蛾眉讵同貌而俱动于魄，芳草宁共气而皆悦于魂，不其然欤？至于世之诸贤，各滞所迷，莫不论甘则忌辛，好丹则非素。岂所谓通方广恕，好远兼爱者哉？乃及公幹、仲宣之论，家有曲直；安仁、士衡之评，人立矫抗。况复殊于此者乎？又贵远贱近，人之常情；重耳轻目，俗之恒蔽。是以邯郸托曲于李奇，士季假论于嗣宗，此其效也。然五言之兴，谅非夐古，但关西邺下，既已罕同；河外江南，颇为异法。故玄黄经纬之辨，金碧浮沉之殊，仆以为亦各具美兼善而已。今作三十首诗，教其文体，虽不足品藻渊流，庶亦无乖商榷云尔。”各凭主观以恣意臧否，既非批评之正轨，则必发现普遍之原理，为品藻之准绳也。吾人既已叩诸创作之本身，藉归纳之方法，紬绎而知文学构成之要素，从而慎察其比较之价值与相互之关系，则评论之原理著。执此客观之标准以衡文，亦可以无大过矣。

文学之四要素中，以“感情”一目为其冠冕。感情奔放而乏理智以约束之者，虽不得谓为文学之极诣，然终不失其为文学创作也。若只能表达思想而不具诉诸感情之力，则属于哲学科学之范围，已不得谓为文学。然思想背后之理智恒为最高文学创作之檃栝，故思想在文学上之地位为感情之亚也。“想象”则与感情相将而生，尤为文学创作表现之管钥，助长感情之萌动，而激荡情感之共鸣，其在文学上之地位，实与思想相伯仲也。“形式”为内容之华叶，文质交互为用，且读者领略作者之情思必藉形式为媒介也。情辞相称者为优，情胜其辞者为中，辞胜其情者抑末已；故形式之于文学，其地位仅次于内容也。《梦溪笔谈》云：“旧说用药有一君、二臣、三佐、五使，其意以为药虽众，主病者专在一物，其他则节级相为用，大略相统制。”今试以之状文学四要素之性能与轻重，可以曰：感情，其君也；思想则奉事感情而运筹帷幄，间亦拾遗补缺，感情之视思想则如人君之驭争臣，敬而远之，故思想为臣也；想象对于感情，辄希指而佞从，忧喜与共以广君之意，感情之视想象则如人君之御媵嫱阉尹，狎而近之，故想象为佐也；形式则如百官各司其职，效忠者褒之，怀贰者锄之，入国者睹百官之良窳，可以窥测朝廷之仁不仁也，是形式为使矣。

萧子显《南齐书·文学传论》云：“文章者，盖情性之风标，神明之律吕也。蕴思含毫，游心内运；放言落纸，气韵天成。莫不禀以生灵，迁乎爱嗜，机见殊门，赏悟纷杂……属文之道，事出神思，感召无象，变化不穷。俱五声之音响，而出言异句；

等万物之情状，而下笔殊形。吟咏规范，本之雅什；流分条散，各以言区……朱蓝共妍，不相祖述。今之文章，作者虽众，总而为论，略有三体：一则启心闲绎，托辞华旷，虽存巧绮，终致迂回。宜登公宴，本非准的，而疏慢阐缓，膏肓之病，典正可采，酷不入情。此体之源，出灵运而成也。次则缉事比类，非对不发，博物可嘉，职成拘制。或全借古语，用申今情，崎岖牵引，直为偶说，唯睹事例，顿失精采。此则傅咸五经，应璩指事，虽不全似，可以类从。次则发唱惊挺，操调险急，雕藻淫艳，倾炫心魄。亦犹五色之有红紫，八音之有郑卫。斯鲍照之遗烈也。三体之外，请试妄谈。若夫委自天机，参之史传，应思悱来，勿先构聚。言尚易了，文憎过意，吐石含金，滋润婉切。杂以风谣，轻唇利吻，不雅不俗，独中胸怀。轮扁斫轮，言之未尽，文人谈士，罕或兼工。非唯认有不周，道实相妨，谈家所习，理胜其辞，就此求文，终然翳夺，故兼之者鲜矣。”所举灵运一体，专擅文辞形式者也；咸璩一体，敷陈事例思想者也；鲍照一体，倾泄浓郁感情者也。各长一事，皆失其全。萧氏之意，则冀见兼工之懿美也。衡文者能准此以度量之，察其感情之真伪、思想之奇正、想象之丰吝与形式之工拙，则评骘之标准云备，而欣赏之基础已奠，余唯学文者自尽其心焉。

文学作品既往往各有所偏，而理想中最上乘之创作，则必兼备诸长。陆机《文赋》云：“体有万殊，物无一量，纷纭挥霍，形难为状。辞程才以效伎，意司契而为匠。在有无而黾勉，当浅深而不让。虽离方而遁圆，期穷形而尽相。”《朱子语类》云：“文字自有一个天生成腔子，古人文学自贴这天生成腔子。”凡所云“穷形尽相”与“天生成腔子”者，即理想之文学最高标准也。然既“离方而遁圆”，则形相何由以穷尽；腔子既属天成，人力何缘以贴附耶？诸待人之悟入，立论者辄不详及之矣。昔人不重评论之学，多不置虑于分析与综合之功夫，恒喜通浑以诠理，令人感捉摸之无从。讨论文字者，或则不求甚解，或则以为可意会而不可以言传；前者失之肤廓，而后者蹈于玄虚，皆不深研之过。今析之为四元素，而明其轻重与关系，执此矩矱，当可以度量榱桷矣。

历代批评文学者，以无普遍之原理可资循守，不免各执其偏而遗其全，是非混淆，取舍不一。《文心雕龙·知音》篇云：“夫篇章杂沓，质文交加，知多偏好，人莫圆该。慷慨者逆声而击节，酝藉者见密而高蹈，浮慧者观绮而跃心，爱奇者闻诡而惊听。会己则嗟讽，异我则沮弃。各执一隅之解，欲拟万端之变，所谓东向而望，不见西墙也。”偏之为害，尽于此数语矣。又云：“是以将阅文情，先标六观，一观位体，二观置辞，三观通变，四观奇正，五观事义，六观宫商。斯术既形，则优劣见矣。”《体性》篇云：“若夫八体屡迁，功以学成，才力居中，肇自血气。气以实志，志以定言，吐纳英华，莫非情性。”是所云一观位体者，注目于文学中之感情元素也。《通变》篇云：“是以规略文统，宜宏大体。先博览以精阅，总纲纪而摄契；然后拓衢路，置关键，长辔远驭，从容按节。凭情以会通，负气以适变，采如宛虹之奋鬐，光若长离之振翼，乃颖脱之文矣。”是所云三观通变者，兼及于文学中之想象元素也。《定势》篇云：“是以绘事图色，文辞尽情；色糅而犬马殊形，情交而雅俗异势。镕范所拟，各有司匠，虽无严郛，难得逾越。然渊乎文者，并总群势。奇正虽反，必兼解以俱通；刚柔虽殊，必随时而适用。”是所云四观奇正者，并涉于文学中之思想元素也。余所云置辞、事义、宫商，则是辞藻与声律，文学中之形式元素也。刘氏之“六观”，今可以四元素约之矣。

“斯术既形，则优劣见”，或乏乎此，不免踧踖。《文赋》云：“普辞条与文律，良余膺之所服。练世情之常尤，识前修之所淑。虽浚发于巧心，或受嗤于拙目。彼琼敷与玉藻，若中原之有菽，同橐籥之罔穷，与天地乎并育。虽纷蔼于此世，嗟不盈于予掬。患挈瓶之屡空，病昌言之难属，故踸踔于短垣，放庸音以足曲。恒遗恨以终篇，岂怀盈而自足？惧蒙尘于叩缶，顾取笑乎鸣玉。”此非谦辞，盖深为所窘已。或有疑单简之批评原理，不足以概括众人之心目者。曹植《与杨德祖书》云：“人各有好尚。兰茝荪蕙之芳，众人所好，而海畔有逐臭之夫；《咸池》《六茎》之发，众人所共乐，而墨翟有非之之论。岂可同哉？”好尚诚因人而殊，然小异终无妨于大同，批评原理之探索，亦取其大同者耳。

今批评之标准既具，又兼重文学之外形与内涵，其于文学创作之欣赏与评论，助益自多。然而文学“其为物也多姿，其为体也屡迁”，若谓擅此简单之原理，已尽赏文衡文之能事，则不可也。此若干原理、原则之于评论，可以正迷惑，祛偏私，供论列之根据，摄权衡之统系，譬将升堂，此其阶除矣；至于“深识鉴奥，欢然内怿”，收满目之琳琅，输交感之忠款，必待入室而后乃可得也。《文史通义·文理》篇云：“文学之佳胜，正贵读者之自得。如饮食甘旨，衣服轻暖，衣且食者之领受，各自知之，而难以告人。如欲告人衣食之道，当指脍炙而令其自尝，可得甘旨，指狐貉而令其自被，可得轻暖，则有是道矣。必吐己之所尝而哺人，以授之甘，搂人之身而置怀，以授之暖，则无是理也……故古人论文，多言读书养气之功，博古通经之要，亲师近友之益，取材求助之方，则其道矣。至于论及文辞工拙，则举隅反三，称情比类。如陆机《文赋》，刘勰《文心雕龙》，钟嵘《诗品》，或偶举精字善句，或品评全篇得失，令观之者，得意文中，会心言外，其于文辞，思过半矣。”语虽稍偏，可发深省。

且文学批评不可止于本身为目的，必期与文学创作保持切挚之接触，冀观摩渐进，不罔不殆；评骘有依，不泥不妄也。缘批评之原理系自创作中细绎而出，归纳其全豹以绳一斑者，不可固步自封，转以讥评创作者之创格而革进也。批评家之职守在就创作以窥其时之奇正，导引读者以明通变之方者，不可自矜创获，遂以所明之理亘百世而莫移也。塘清似鉴，为有源头之活水也；若止水无泉，则清澄能复几日，天光云影，尚可相与徘徊其间乎?

“平理若衡，照辞如镜”，批评者之本分也。然首宜泯自是之心，次宜去吹求之习。持己以谦，临人以恕，方其批评之时，应富建设性与积极性，乃可以辅导文学骎骎而向上也。曹子建云:“世人之著述，不能无病。仆尝好人讥弹其文，有不善者，应时改定。”此创作者应持之态度，亦批评者应有之修养，盖必不坚于自是者乃可以少武断之嫌也。乃又云:“以孔璋之才，不闲于辞赋，而多自谓能与司马长卿同风，譬画虎不成反为狗者也。前有书嘲之，反作论盛道仆赞其文。夫钟期不失听，于今称之;吾亦不能妄叹者，畏后世之嗤余也。”则恐灭知文之名，不恤擿人之短，已存吹求之心，难作持平之论矣。《文史通义・文德》篇云:“凡为古文辞者，必敬以恕。临文必敬，非修德之谓也;论古必恕，非宽容之谓也。敬非修德之谓者，气摄而不纵，纵必不能中节也。恕非宽容之谓者，能为古人设身而处地也。嗟乎! 知德者鲜，知临文之不可无敬恕，则知文德矣。”此节为创作者进言，冀能以理智控制其感情，以成就作品之伟大;为批评者进言，冀能以客观辅导其主观，以杜绝批评之偏私。起子建于九原，当服此论。

在昔之偶涉笔于文事者，多未尝机杼于心，容有缺失，不足怪也。至于子桓《论文》、彦和《文心》，专以衡文为事者，则见其理多中和，论无偏倚，真批评之楷模已。仲伟《诗品》以力矫当时之弊，遂不免言含圭角。其品第未能尽当人意，而论议实多循于正则，固无可厚非也。惟诸家体例，或明一端，或赅全体，明一端者精而少功，赅全体者周而难密。虽振铄于往日，不必幂覆于来兹也。

第三章
创作与批评

创作与品鉴之“入化”—创作与欣赏—批评非创作之圭臬—规律与技巧—批评非创作之附庸—“文人相轻”与“贱同贵古”—逐时尚与针时弊—知人论世—诗之正变—论文知世—文章与史籍—批评与代表作

文学创作造诣之高者，必其能以有形之文字描绘无形之情愫，情景相融，浓淡兼宜，无损无益，无过无不及；所谓“辞达”，且入于化工也。文学之品鉴亦以入化为极诣，就有形之文字体味其无形之情愫，彼我互糅，悲喜与共，无差无失，相若而相通；所谓“以意逆志”，入而与之俱化也。

创作者运用情感与想象，而表现其所见之意境于作品，方其构成此种意境时，创造之中已寓欣赏；欣赏者亦须凭藉情感与想象，由作品中寻味其意境，方其领略此种意境时，欣赏之中已寓创造。故创作与欣赏其揆一也，特欣赏者至获见意境而止，不进求表现之术而已。

王夫之《诗绎》云："'诗可以兴，可以观，可以群，可以怨'，尽矣……'可以'云者，随所'以'而皆'可'也。于所兴而可观，其兴也深；于所观而可兴，其观也审。以其群者而怨，怨愈不亡；以其怨者而群，群乃益挚。出于四情之外，以生起四情；游于四情之中，而情无所窒。作者用一致之思，读者各以其情而自得。故《关雎》，兴也，康王晏朝而即为冰鉴；'讦谟定命，远猷辰告'，观也，谢安欣赏而增其遐心。人情之游也无涯，而各以其情遇，斯所贵于有诗。""于所兴而可观，以其群者而怨"，皆为作者言之也；"于所观而可兴，以其怨者而群"，皆为读者言之也。一出一入，此往彼复，作者因情而达其一致之思，读者因情而求其自得之赏。兴观群怨，作者与读者乃共而有之矣。

创作与欣赏之体性，既稍异浅深而同迹；创作与欣赏之能力，亦互为表里而相师。评论之事固基于欣赏者，则是评论学上之知识，直接有助于欣赏，而间接亦有助于创作也。虽然，文学批评者，其职分仍在助人对于文学作品之了解与欣赏，不宜直视为创作之圭臬。所谓"梓匠轮舆，能与人规矩，不能使人巧"，且创作者倚其灵感以行文，即不置顾于批评者之意见，亦仍能创作至美之文章也。创作者发抒其真挚之情感与卓越之思想，得之于心，应之于手，譬犹风行水上，自然成文。若心仪于一成不变之法则，而冀为惊世动人之创作，正东坡之所谓"脱椠"之学，不得求为桓璧彝器也。

袁中道《珂雪斋集序》云："文法秦汉，古诗法汉魏，近体法盛唐，此词家三尺也。予敬佩焉，而终不学之。非不学也。古人之意至而法即至焉，吾先有成法据于胸中，势必不能尽达吾意，达吾意而或不能尽合于古之法。合者留，不合者去，则吾之意其可达于言者有几，而吾之言其可传于世者又有几？故吾以为断然不能学也，姑抒吾意所欲言而已。"虽意在斥李、何复古之非，而创作者之不宜自束于成法，亦可就以觇知之。

然则创作果无法乎？曰：无法奚能成章？唐顺之《董中峰侍郎文集序》云："喉中以转气，管中以转声。气有湮而复畅，声有歇而复宣，阖之以助开，尾之以引首，此皆发于天机之自然，而凡为乐者莫不皆然也。最善为乐者则不然，其妙常在于喉管之交，而其用常潜乎声气之表。气转乎气之未湮，是以湮畅百变而常若一气；声转于声之未歇，是以歇宣万殊而常若一声。使喉管声气融而为一，而莫可以窥，盖其机微矣。然而其声与气之必有所转，而所谓开阖首尾之节，凡为乐者莫不皆然者，则不容异也。使不转气与声，则何以为乐？使其转气与声而可以窥也，则乐何以为神？有贱工者，见夫善为乐者之若无所转，而以为果无所转也，于是直其气与声而出之，戛戛然一往而不复，是击腐木湿鼓之音也。言文者何以异此？汉以前之文，未尝无法，而未尝有法[1]。法寓于无法之中，故其为法也，

[1] 而未尝有法　底本无，据《荆川先生文集》第6册（P. 154）补。

密而不可窥；唐与近代之文，不能无法，而能毫厘不失乎法，以有法为法，故其为法也，严而不可犯。密则疑于无所谓法，严则疑于有法而可窥。然而文之必有法，出乎自然而不可易者，则不容异也。且夫不能有法，而何以议于无法。有人焉，见夫汉以前之文，疑于无法，而以为果无法也，于是率然而出之，决裂以为体，饾饤以为词，尽去自古以来开阖首尾经纬错综之法，而别为一种臃肿佶涩浮荡之文。其气离而不属，其声离而不节，其意卑，其语涩，以为秦与汉之文如是也，岂不犹腐木湿鼓之音，而且诧曰：'吾之乐合乎神。'呜呼！今之言秦与汉者纷纷是矣，知其果秦乎汉乎否也！"文章必有法，法必有可得而言。秦汉之文，创作而未尝言法；唐宋以后，摹拟而严绳以法。寿陵余子既匍匐以归，乃极叹邯郸之子之行，以为法寓于无法之中，其神妙不可企而及也。唐氏之论，亦犹是已。其实秦汉之文法未尝"神"，其胜于后世古文家者，创造而已矣。未尝神而"疑"其神，其眩在后世古文家者，摹拟而已矣。今若强创作者亦步亦趋以逐批评者之法，何以异此？然而创作者必自有其法，则不容疑；其法无所谓神，终将为批评者探而取之，亦不足异。法之为法，或其始，或其极，必公之于创作与批评两方者也。由是，欣赏者必深谙行文之规律与技巧，乃能洞察臧否；创作者尤必熟练行文之规律与技巧，乃克运用自如。方欣赏之刹那间，固不待缕析寸量而已有会于心；创作之人于文思汩汩之会，转有初问绳墨者耶？

故知创作与欣赏皆必取资于学识、经验、技巧与规律。孟子曰:“羿之教人射，必志于彀，学者亦必志于彀。大匠诲人，必以规矩，学者亦必以规矩。”盖其假于物者同也。虽因此项准备知识程度上之差异，创作与欣赏可以有高卑奇正之不同，然而能创作者未有不能欣赏者也，能欣赏者其去创作只一间耳。有欣赏之能力，已可以进而言批评矣，不必能创作者始足与语是也。曹子建云:“盖有南威之容，乃可以论其淑媛;有龙泉之利，乃可以议其断割。刘季绪才不能逮于作者，而好诋诃文章，掎摭利病。昔田巴毁五帝，罪三王，呰五霸于稷下，一旦而服千人，鲁连一说，使终身杜口。刘生之辩，未若田氏，今之仲连，求之不难，可无息乎?”则意以为不善创作者，不可妄事批评也。邵长蘅《与魏叔子书》云:“虽然，仆仅能言之耳。仆才气蹇劣，又苦人事，虽心祈其至是，力不能赴。岁月荏苒，恐遂无成，亦何敢望与先生抗衡哉? 养由基射杨叶于百步之外，不失一焉;张七属之甲，一发而洞胸贯札，此其于艺至精也。而支离疏攘臂其旁，谈纵送之法，刺刺不休;试令之操弓挟矢，则扪指退矣。仆论文大类是，唯先生进而教之。”则自谦以谓虽偶论文术，而缀文则不敢自慊也。此种见解久经胶固人心，故我国向日文学批评不甚发达。夫创作与批评原不宜混为一谈，批评家不必皆为文学家，亦犹文学家不必皆为批评家也。批评家在文学工作上，倚其特殊之天才与情理兼至之素养，据有屹然独立之地位，不为创作之附庸。伟大之批评家与批评杰作，视伟大之作家与文学杰作，固无逊色也。惟是欣赏文学者，亦必有创作之经验，备悉行文之甘苦，然后可执以衡文。《文赋》云：“余每观才士之所作，窃有以得其用心。夫放言遣辞，良多变矣，妍媸好恶，可得而言。每自属文，尤见其情。”可资佐证已。如吾侪生今之世，仍不废往昔各体文章与诗词等之练习者，非所以为创作，以上与古人抗轭也，为自属其文而妍媸易晓，祈以较深了解前人之作品耳。创作者若能本行文之经验以衡文，自必事半而功倍；惟不宜仍居创作者之立场，而有回护菲薄轻重迎拒之心也。子建论文，辄坐此病。人无南威之容者，未必并无辨妍媸之目，要在无盐不以己容律西子，而能明其所以为妍媸者以论之。支离疏谈纵送之法，有其识也，则亦可矣；扪指而退，无引满摧坚之力耳，其又奚害？

自来衡文者辄蹈二弊：一曰文人相轻，二曰贱同贵古。《典论·论文》云：“文人相轻，自古而然。傅毅之于班固，伯仲之间耳，而固小之，与弟超书曰：‘武仲以能属文，为兰台令史，下笔不能自休。’夫人善于自见，而文非一体，鲜能备善，是以各以所长，相轻所短。里语曰：‘家有敝帚，享之千金。’斯不自见之患也。”不自见之尤者，莫如明前七子中之李梦阳与何景明。朱彝尊《静志居诗话》云：“弘、正间作者，倡复古学，同调六七人，李、何实为之长。李以秀朗推何，何以伟丽目李。其后互相牴牾，何诮李‘摇鞞振铎’，李诮何‘抟沙弄泥’；譬之针砭不中腧穴，徒哓哓耳。两君皆负才傲物，何稍和易，以是人多附之。薛君采诗云：‘俊逸终怜何大复，粗豪不解李空同。’自此诗出，而抑李申何者日渐多矣。”二人诗文均力主摹古，虽豪逸有不同，而优孟衣冠，如一丘之貉，乃互相诋娸，犹面镜而谇影也。

《论衡·超奇》篇云：“俗好高古而称所闻。前人之业，菜果甘甜；后人新造，蜜[1]酪辛苦。”《文心雕龙·知音》篇云：“夫古来知音，多贱同而思古，所谓‘日进前而不御，遥闻声而相思’也。昔《储说》始出，《子虚》初成，秦皇汉武，恨不同时；既同时矣，则韩囚而马轻。岂不明鉴同时之贱哉？”《汉书·扬雄传》云：“时大司空王邑，纳言严尤，闻雄死，谓桓谭曰：‘子常称扬雄书，岂能传于后世乎？’谭曰：‘必传，顾君与谭不及见也。凡人贱近而贵远，亲见扬子云禄位容貌不能动人，故轻其书。昔老聃著虚无之言两篇，薄仁义，非礼学，然后世好之者，尚以为过于五经，自汉文景之君及司马迁，皆有是言。今扬子之书，文义至深，而论不诡于圣人，若使遭遇时君，更阅贤知，为所称善，则必度越诸子矣。’”故柳宗元《与杨京兆凭书》云：“凡人可以言古，不可以言今。桓谭亦云：‘亲见扬子云容貌不能动人，安肯传其书？’诚使博如庄周，哀如屈原，奥如孟轲，壮如李斯，峻如马迁，富如相如，明如贾谊，专如扬雄，犹为今之人，则世之高者至少矣。由是观之，古之人未始

[1] 蜜　底本作“密”，据《论衡》（P.217）改。

不薄于当世而荣于后世也。”白居易《与元九书》云：“夫贵耳贱目，荣古陋今，人之大情也。仆不能远征古旧，如近岁韦苏州之歌行，才丽之外，颇近兴讽。其五言诗，又高雅闲淡，自成一家之体，今之秉笔者谁能及之？然当苏州在时，人亦不甚爱重。必待身后，人始贵之。”慨当以慷者，不胜枚举。职此之故，或者兴叹知音之稀少，或者致疑时运之推移。《史通·鉴识》篇云：“若乃《老经》撰于周日，《庄子》成于楚年，遭文景而始传，值嵇阮而方贵。若斯流者，可胜纪哉？故曰：‘废兴，时也；穷达，命也。’适使时无识宝，世缺知音，若《论衡》之未遇伯喈，《太玄》之不逢平子，势将烟烬火灭，泥沉雨绝，安有殁而不朽，扬名于后世者乎？”柳宗元《与友人论为文书》云：“嗟乎！道之显晦，幸不幸系焉；谈之辩讷，升降系焉；鉴之颇正，好恶系焉；交之广狭，屈伸系焉。则彼卓然自得以奋其间者，合乎否乎？是未可知也。而又荣古陋今者比肩叠迹。大抵生则不遇，死而垂声者众焉。”辞旨怆恻者，莫过于章实斋，其《文史通义·知难》篇云：“庄子曰：‘天下之治方术者，皆以其有为不可加矣。’夫耳目口鼻，皆有所明，而不能相通，而皆以己之所治为不可加，是不自知之过也。天下鲜自知之人，故相知者少也……凡受成形者，不能无殊致也；凡禀血气者，不能无争心也。有殊致，则入主出奴、党同伐异之弊出矣；有争心，则挟恐见破、嫉忌诋毁之端开矣……人之所以异于木石者，情也；情之所以可贵者，相悦以解也。贤者不得达而相与行其志，亦将穷而有与乐其道；不得生而隆遇合于当时，亦将殁而俟知己于后世。然而有其理者不必有其事，接以迹者不必接以心。若可恃若不可恃，若可知若不可知。后之视今，亦犹今之视昔。嗟乎！此伯牙之所以绝弦不鼓，而卞生之所以抱玉而悲号者也。”今之视昔者，能无掩卷而怃然！

似此作消极之慨叹者甚众，而为积极之建议者盖寡。独《论文》云：“盖君子审己以度人，故能免于斯累。”谓可以正“相轻”之习也。《文心》云：“凡操千曲而后晓声，观千剑而后识器。故圆照之象，务先博观。阅乔岳以形培塿，酌沧波以喻畎浍；无私于轻重，不偏于憎爱，然后能平理若衡，照辞如镜矣。”谓所以祛“贱同”之方也。“审己以度人”，“无私于轻重”，求审度与轻重之标准，则批评之原理尚矣。

批评之原理虽出于文学创作之本身，然以其为综合与理想之标准，取法乎上，可以控引创作于前进之途；又以其为科学与理智之知识，允执厥中，可以纠正创作上偏陂之失。是故逐于时尚之批评，当时或邀盛誉，必为后世所轻；而能针砭时弊者，不免兴叹寡和，终入知言之选。《文史通义·原学》篇云：“天下不能无风气，风气不能无循环，一阴一阳之道，见于气数者然也。所贵君子之学术，为能持世而救偏，一阴一阳之道，宜于调剂者然也。风气之开也，必有所以取，学问文辞与义理，所以不无偏重畸轻之故也。风气之成也，必有所以敝，人情趋时而好名，徇末而不知本也。是故开者虽不免于偏，必取其精者，为新气之迎；敝者纵名为正，必袭其伪者，为末流之托。此亦自然之势也。而世之言学者，不知持风气，而惟知徇风气，且谓非是不足邀誉焉，则亦弗思而已矣。”可征创作之趋向，为迎新气，辄以偏重；而批评之态度，则不宜徇俗，失其中平也。虽然，此为救末俗之颓风而言，所以论世，非以论人。若竟恣情攻讦，未革“相轻”之习，或者矫亢以为高，又干“贱同”之禁矣。

文学盖所以表现与批评人生者也，故文学之品藻，必认识作者之生平与所处之时代背景。孟子谓万章曰：“一乡之善士，斯友一乡之善士；一国之善士，斯友一国之善士；天下之善士，斯友天下之善士。以友天下之善士为未足，又尚论古之人，颂其诗，读其书，不知其人，可乎？是以论其世也。是尚友也。”《春秋左氏传》载《硕人》《载驰》《清人》诸诗之所由赋，历代诗词本事纪事之所由作，以及近世编纂文学史者兼及作家之传略等，皆知人论世之意也。

孔子删诗，垂训后世。作诗者吟谣发于颂美或怨暴，删存者标准系于励治而鉴亡。读诗者密讽恬吟，以观以群，识其怨兴，通其哀乐，觇夫正变之迹，可以明理乱之由；盖不知其时难于尽领其诗，而体辨诗旨亦足以察其时世，情知交用，赏鉴错综，然后感深而知彻矣。郑玄《诗谱序》云：“诗之兴也，谅不于上皇之世。大庭、轩辕，逮于高辛，其时有无，载籍亦蔑云焉。《虞书》曰：‘诗言志，歌永言，声依永，律和声。’然则诗之道，放于此乎？有夏承之，篇章泯弃，靡有孑遗。迩及商王，不风不雅。何者？论功颂德，所以将顺其美；刺过讥失，所以匡救其恶。各于其党，则为法者彰显，为戒者著明。周自后稷播种五谷，黎民阻饥，兹时乃粒，自传于此名也。陶唐之末，中叶公刘，亦世修其业，以明民共财。至于大王王季，克堪顾天；文武之德，光熙前绪。以集大命于厥身，遂为天下父母，使民有政有居。其时诗：风有《周南》《召南》，雅有《鹿鸣》《文王》之属。及成王、周公致太平，制礼作乐，而有颂声兴焉，盛之至也。本之由此风雅而来，故皆[1]录之，谓之诗之正经。后王稍更陵迟，懿王始受谮，亨齐哀公，夷身失礼之后，邶不尊贤。自是而下，厉也幽也，政教尤衰，周室大坏，《十月之交》《民劳》《板》《荡》，勃尔俱作。众国纷然，刺怨相寻。五霸之末，上无天子，下无方伯，善者谁赏，恶者谁罚，纪纲绝矣。故孔子录懿王、夷王时诗，讫于陈灵公淫乱之事，谓之变风、变雅。以为勤民恤功，昭事上帝，则受颂声，弘福如彼；若违而弗用，则被劫杀，大祸如此。吉凶之所由，忧娱之萌渐，昭昭在斯，足作后王之鉴，于是止矣。夷、厉以上，岁数不明，太史《年表》，自共和始，历宣、幽、平王，而得春秋，次第以立斯谱。欲知源流清浊之所处，则循其上下而省之；欲知风化芳臭气泽之所及，则傍行而观之，此诗之大纲也。举一纲而万

[1] 皆　底本作“意”，据《毛诗正义》(P.263)改。

目张，解一卷而众篇明。于力则鲜，于思则寡。其诸君子亦有乐于是与？”诗之正经与变风、变雅，诗格之异，而时世实为之。故学诗则必循其上下而省其时变之源流，傍行而观其世风化之影响。虽不必悉存尚用之怀，专心治乱之理，而知时论世，固有助于文学之了解也。

程廷祚《骚赋论》云：“昔屈原以经物之才，遭遇怀王昏惑，流离放逐，愿尽忠而不得，哀悼恻怛，发而为文。故其文也，有若星月之晦于云雾者焉，有若金玉之杂于泥沙者焉，有若奔流急湍之阻碍而不得其性者焉。此《离骚》之作，其人与其时为之也。”未知楚臣之被谗，必不能深动于《离骚经》；心识留枕之故事，愈因以移情于《洛神赋》；寻绎汉武之好大喜功，可以得辞赋繁兴之所由；昧于隋文之崇尚实录，无以明古文倡行之所昉。是知历史之知识，有助于文学之欣赏也。但二事终不同功。历史之知识自于学问，文学之欣赏主于情思。论文而不知世，扣盘扪烛而以象日之亚也；论世而不知文，烹鲜炙脍而不染指之侪也。又以文学自有其本身所含蕴之美，虽不知世，仍可以含咀而玩味之，得其仿佛焉。其有以疏证作家之身世为能事，而遽置对于文学本身之了解者，功止一篑，无以积九仞之山者也。

自毛公说《诗》，多预君国，王逸注《骚》，一归风谏，后世论诗者辄喜探赜索隐，或竟捕影系风，淈泥扬波，至清不革。张惠言《词选序》云：“传曰：‘意内而言外，谓之词。’其缘情造端，兴于微言，以相感动，极命风谣里巷男女哀乐，以道君子幽约怨悱、不能自言之情。低徊要眇，以喻其志。盖诗之比、兴，变风之义，骚人之歌，则近之矣。”遂以正中《蝶恋花》为专蔽君而排异己之词，以幼安《祝英台近》为伤君子而恶小人之作，未免专于断制矣。《人间词话》云：“固哉皋文之为词也！飞卿《菩萨蛮》，永叔《蝶恋花》，子瞻《卜算子》，皆兴到之作，有何命意？皆被皋文深文罗织。阮亭《花草蒙拾》谓：‘坡公命宫磨蝎，生前为王珪、舒亶辈所苦，身后又硬受此差排。’由此观之，受差排者，独一坡公已耶？”求全之毁，不虞之誉，妄以加诸人，皆非所乐受也。“兴到之作”，以意逆志者亦须乘兴而欣赏之，无循沿作品以创造意境之能力不足言欣赏，无兴会而深文罗织者于文学了解亦或过或不及。穿凿附会以说诗，“后人或我从矣，起古人而问之，乃曰：‘余之所命，不在是矣。’毋乃冤欤”？《文史通义·答问》篇云：“若夫专事论文，则宜慎矣。今人所见，未必尽不如古。大约无心偶会，则收点金之功；有意更张，必多画墁之诮。盖论文贵于天机自呈，不欲人事为穿凿耳。”所论极是。知人论世，乃至于悉凭胸臆，强为纠缠，当于理者必鲜矣，谓非贤哲之过欤？

钟惺《诗论》云：“诗，活物也。游、夏以后，自汉至宋，无不说诗，不必皆有当于诗，而皆可以说诗。其皆可以说诗者，亦在不必有当于诗之中；非说诗者[1]之能如是，而诗之为物，不能不如是也。何以明之？读孔子及弟子所引诗，列国盟会聘享之所赋诗，与韩氏之所传诗者，其事、其文、其义，不有与诗之本事、本文、本义绝不相蒙者乎？夫诗，取断章者也，断之于彼，而无损于此。说诗者盈天下，屡变屡迁而诗不知，而诗固已行矣。然而《诗》之为诗自如也，此《诗》之所以为经也。汉儒说诗据《小序》，每一诗，必欲指一人一事实之。考亭儒者，虚而慎，宁无其人无其事，故尽废《小序》。然考亭所间指为一人一事者，又未必信也。考亭注有近滞、近肤、近累者，考亭之意，非以为诗尽于吾口之注，若曰有进于是者，神而明之也。予暇日取三百篇正文流览之，意有所得，间拈数语，大抵依考亭所注，稍为之导其滞累迂疏。后之视今，亦犹今之视昔，何不能新之有？”虽犹主断章取义，未能就诗以论诗，然既不讳于说诂之无当，又不胶执己见以为无妄，意尚可取。至于钱谦益研究杜工部诗，考核唐代史迹以求领悟，作《杜诗小笺》，法殊精密，虽或不免于凿，尚不失为知人论世之法。其序文云："自宋以来，学杜诗者，莫不善于黄鲁直；评杜诗者，莫不善于刘辰翁。鲁直之学杜也，不知杜之真脉络，所谓前辈飞腾、余波绮丽者，而拟议其横空排奡、奇句硬语，以为得杜衣钵，此所谓旁门小径也。辰翁之评杜也，不识杜之大家数，所谓铺陈

[1] 者之　底本“者”后衍一“能”字，据《钟伯敬小品》（P.121）删。

终始、排比声韵者，而点缀其尖新俊冷，单词只字，以为得杜骨髓，此所谓一知半解也。弘正之学杜者，生吞活剥，以挦撦为家当，此鲁直之隔日疟也，其黠者，又反唇于江西矣。近日之评杜者，钩深抉异，以鬼窟为活计，此辰翁之牙后慧也，其横者，并集矢于杜陵矣。”论学杜与评杜者之弊甚显，岂不以已能持历史的批评而心有足恃欤？能征诸史实以寻绎古人诗思之由起，未必悉是，得者六七；若面对创作而臆想作者微言之所寄，岂无偶中，失者八九。故钱氏之方法可由，知人而要在不泥；张氏之武断堪虞，论世而已入于僻矣。

知文者必论其世，而论文亦可以知世也。《诗序》云：“治世之音安以乐，其政和；乱世之音怨以怒，其政乖；亡国之音哀以思，其民困。”白乐天云：“故闻‘元首明，股肱良’之歌，则知虞道昌矣；闻五子洛汭之歌，则知夏政荒矣。”识其文之哀乐，可以就窥当世之盛衰，是批评者之所以注目于创作风气之趋背也。文学作品为时代反映之产物，缘作家之生活不能不受时世之影响，而所表现于文学者，又必以真情临之。其所以为时世真迹之写照，不啻史籍之纪载也。历代修纂史书者，一以追记既往，再以拘牵当世，盖多不得已而失真者矣。文学创作则一本其当时身世之感而抒写之，避忌又较少，于必不能直斥其事者，尚可托诸比兴。知文者就文以论世，当可仿佛于其时世之真象，至少亦可与史籍相发明也。史家恒喜录其人之文以附其人之传，知人论世之意盖已寓乎其中。读史者参观覆按，既因世以赏文，亦就文而知世，庶为得之。《文史通义·书教》篇云：“滥觞流为江河，事始简而终巨也。东京以还，文胜篇富。史臣不能概见于纪传，则汇次为文苑之篇。文人行业无多，但著官阶贯系，略如《文选》人名之注，试榜履历之书，本为丽藻篇名，转觉风华消索，则知一代文章之盛，史文不可得而尽也。萧统《文选》以还，为之者众，今之尤表表者，姚氏之《唐文粹》，吕氏之《宋文鉴》，苏氏之《元文类》，并欲包括全代，与史相辅，此则转有似乎言事分书，其实诸选乃是春华，正史其秋实尔。”章氏倡文史合一之论，自具卓识，而揆其指归，多左文而右史。若自重文者观之，毋宁谓史籍为枝叶，而文章为硕果矣。

批评之道，既因知人论世，进以了解其作品，亦将藉其作品窥及一家之风格与一代之风气。是以于流览其全集之余，辄冀掇拾其代表作品为论叙之资，非可以泛泛取也。萧统《陶靖节集序》云：“其文章不群，辞采精拔，跌宕昭彰，独超众类，抑扬爽朗，莫之与京。横素波而傍流，干青云而直上。语时事则指而可想，论怀抱则旷而且真。加以贞志不休，安道苦节，不以躬耕为耻，不以无财为病，自非大贤笃志，与道污隆，孰能如此乎？余素爱其文，不能释手，尚想其德，恨不同时，故加搜校，粗为区目。白璧微瑕，惟在《闲情》一赋，扬雄所谓‘劝百而讽一’者，卒无讽谏，何足摇其笔端？惜哉！亡是可也。”其所撰《文选》，亦缺略此赋而不录。昭明固主“沉思翰藻”以为文者已，何其独排此篇若是其峻切耶？良以陶作无不精拔爽朗，存此篇于集中，弥觉其瑕焉在璧，倘出他人之手，则亦佳构也。人若执《闲情赋》一篇以窥渊明者，讵非适得其反？昭明之旨，其在是乎？白氏《与元九书》云：“今仆之诗，人所爱者，悉不过杂律诗与《长恨歌》以下耳。时之所重，仆之所轻。至于讽谕者意激而言质，闲适者思淡而词迂，以质合迂，宜人之不爱也。”以爱憎定去取，非批评者应有之态度，必审慎考量，严恪抉择，以契作者之志而服其心，则乐天之慨，庶其已乎！

《四库书目·李义山诗集提要》云：“自释道源以后，注其诗者凡数家，大抵刻意推求，务为深解。以为一字一句，皆属寓言。而《无题》诸篇，穿凿尤甚。今考商隐《府罢》诗，中有‘楚雨含情皆有托’句，则借夫妇以喻君臣，固尝自道。然《无题》之中，其确有寄托者，‘来是空言去绝踪’之类是也；有戏为艳体者，‘近知名阿侯’之类是也；有实属狎邪者，‘昨夜星辰昨夜风’之类是也；有失去本题者，‘万里风波一叶舟’之类是也；有与《无题》相连，误合为一者，‘幽人不倦赏’之类是也。其摘首二字为题，如《碧城》《锦瑟》诸篇，亦同此例。概以美人香草解之，殊乖本旨。至于流俗传诵，多录其绮艳之作，如集中《有感二首》之类，选本从无及之者。取所短而遗所长，益失之矣。”论极平允。衡文者览此，其亦知所以慎去取之谊，而谋有以戒穿凿之习欤？

第四章

中国文学批评史略

先秦文评之规模 — 两汉批评学渐趋精密 — 魏晋南北朝文论之盛 — 隋唐复古主张之萌芽与确立 — 两宋文评与诗话 — 元明文评与公安派等 — 清之桐城派等

殷商之世，去文字之发生未久，纪言纪事，惟尚质实。姬周代兴，郁郁乎文，彬彬为盛。而论文之语，亦偶见于篇籍。《尚书·舜典》云："诗言志，歌永言，声依永，律和声。八音克谐，无相夺伦，神人以和。"文学理论之权舆也。《论语·为政》云："子曰：'《诗》三百，一言以蔽之，曰："思无邪。"'"《八佾》云："子曰：'《关雎》乐而不淫，哀而不伤。'"又文学品评之滥觞也。《周礼·春官》云："大师……教六诗：曰风，曰赋，曰比，曰兴，曰雅，曰颂。"分风、雅、颂者，诗之体论也；分赋、比、兴者，诗之理论也。孟轲则著"知言""养气"之论，揭"知人""论世"之辞；荀况标"中声""成文"之准，设被文琢玉之喻。虽尚不过枝节之辞，而规模粗具矣。

两汉之时，评论之学渐趋精密。如卫宏《诗序》论风、雅、颂之义，《汉书·艺文志》论小说家及诗赋之体，皆文学体论之例。扬雄《法言·吾子篇》之论赋，王充《论衡》于《语增》《儒增》《艺增》《超奇》《佚文》等篇，亦往往论及文章，皆文学理论之例。《史记·屈原传》云："屈平之作《离骚》，盖自怨生也。《国风》好色而不淫，《小雅》怨悱而不乱，若《离骚》者，可谓兼之矣……濯淖污泥之中，蝉蜕于浊秽，以浮游尘埃之外，不获世之滋垢，皭然泥而不滓者也。推此志也，虽与日月争光可也。"说或出淮南王刘安。嗣若班固之驳议云："昔在孝武，博览古文，淮南王安叙《离骚传》……今若屈原露才扬己，竞乎危国群小之间，以离谗贼。然责数怀王，怨恶椒兰，愁神苦思，强非其人，忿怼不容，沉江而死，亦贬絜狂狷景行之士。多称昆仑、冥婚、宓妃虚无之语，皆非法度之政，经义所载，谓之兼诗风雅，而与日月争光，过矣。然其文弘博丽雅，为辞赋宗……虽非明智之器，可谓妙才者也。"而王逸《离骚叙》则又云："今若屈原，膺忠贞之质，体清洁之性，直若砥矢，言若丹青。进不隐其谋，退不顾其命。此诚绝世之行，俊彦之英也。而班固谓之露才扬己，竞于群小之中，怨恨怀王，讥刺椒兰。苟欲求进，强非其人，不见容纳，忿恚自沉。是亏其高明，而损其清洁者也……殆失厥中矣……故志弥盛者，其言博；才益多者，其识远。屈原之词，诚博远矣。自终没以来，名儒博达之士，著造辞赋，莫不拟则其仪表，祖式其模范，取其要妙，窃其华藻。所谓金相玉质，百世无匹，名垂罔极，永不刊灭者矣。”褒贬任声，又文学品评之例已。然终汉之祀，尚乏专为评论文事而构文者。

魏文帝乃著《典论》，其中《论文》一篇，品评建安七子之作品，以为“王粲长于辞赋。徐干时有齐气，然粲之匹也……琳、瑀之章表书记，今之隽也。应玚和而不壮，刘桢壮而不密。孔融体气高妙，有过人者，然不能持论，理不胜词，至于杂以嘲戏，及其所善，扬班俦也”。又称述各种文体之特质，以为“奏议宜雅，书论宜理，铭诔尚实，诗赋欲丽”。又云：“文以气为主，气之清浊有体，不可力强而致。”则文学之理论也。

自是以后，论文之专著渐兴。《文心雕龙·序志》篇云：“魏典密而不周，陈书辩而无当，应论华而疏略，陆赋巧而碎乱，《流别》精而少功，《翰林》浅而寡要。”《诗品》云：“陆机《文赋》，通而无贬；李充《翰林》，疏而不切；王微《鸿宝》，密而无裁；颜延《论文》，精而难晓；挚虞《文志》，详而博赡，颇曰知言。”皆分就既往之文论，列而评之。兹可就今日所得见之资料，略事商榷焉。

曹丕《典论·自叙》，记骑射、击剑、弹棋等事，以为“文武之道，各随时而用”。《论文》不过《典论》中之一篇，备一格者，自不同于论文之专著，“不周”不足为其瑕颣。且创论成篇，能兼及文体、理论与品评诸目，而识多精确，意极平直，文气之论，实祭先河，致足多也。

陈思王曹植“文才富艳，足以自通后叶”；偶论文章，则难副此。其《与杨德祖书》云：“昔仲宣独步于汉南，孔璋鹰扬于河朔，伟长擅名于青土，公幹振藻于海隅，德琏发迹于北魏，足下高视于上京。”赞扬而已，无与于品藻。又云：“辞赋小道，固未足以揄扬大义，彰示来世也。昔扬子云，先朝执戟之臣耳，犹称‘壮夫不为也’；吾虽德薄，位为藩侯，犹庶几勠力上国，德惠下民，建永世之业，留金石之功。岂徒以翰墨为勋绩，辞赋为君子哉？”亦似未知重视文学本身之价值。故杨修覆笺以驳之云：“今之赋颂，古诗之流，不更孔公，风雅无别耳。修家子云，老不晓事，强著一书，悔其少作。若此仲山、周旦之俦，为皆有諐邪？君侯忘圣贤之显迹，述鄙宗之过言，窃以为未之思也。若乃不忘经国之大业，流千载之英声，铭功景钟，书名竹帛，斯自雅量，素所畜也，岂与文章相妨害哉？”子建盖长于创作而绌于批评者，“辩而无当”，所评甚允。

应玚《文质论》云：“盖皇穹肇载，阴阳初分，日月运其光，列宿耀其文，百谷丽于土，芳草茂于春。是以圣人合德天地，禀气淳灵，仰观象于玄表，俯察式于群形，穷[1]神知化，万物是经。故否泰异趋，道无攸一，二政代序，有文有质。若乃陶唐建国，成周革命，九官咸乂，济济休令。火龙黼黻，炜烨于廊庙；衮冕旂旒，舄奕乎朝廷。冠德百王，莫参其政。是以

[1] 穷　底本作“窥”，据《建安七子》（p.322）改。

仲尼叹焕乎其文，从郁郁之盛也。”泛论文质之宜，似非文论，今即之以求衡文之准，自感其“华而疏略”矣。

陆机《文赋》，言布局修辞之方，明抒情达意之本，摅各体之要，论相感之术；且申述批评宜避主观之理，描绘创作必乘灵感之会，“殆可谓曲尽其妙”已。李善《文选注》引臧荣绪《晋书》云：“机妙解情理，心识文体，故作《文赋》。”非过誉也。独以用赋体申论，条贯难明。陆云所指“文适多体，便欲不清”，殆亦谓此。重以自陈甘苦，有轮扁难言之累，故彦和谓其“巧而碎乱”也。至仲伟则又志存品第，故于“通而无贬”，示其不足。

挚虞《文章流别论》与李充《翰林论》，系于辑纂之文章总集中附著评论者，今已皆佚，严可均辑《全晋文》存其麟爪。《流别》主论文体，而《翰林》重在品评。王微、颜延之皆宋人，《鸿宝》一书已佚，颜延之《庭诰》中有论文之语，《诗品》所云“精而难晓”者，或别指已佚之专书欤？

齐梁之间，论文之作今存者有：沈约《宋书·谢灵运传论》、萧统《文选序》、萧绎《金楼子·立言篇》、萧纲《与湘东王书》、萧子显《南齐书·文学传论》、江淹《杂体诗序》、裴子野《雕虫论》及徐陵《玉台新咏叙》等。沈约主声律宫商，萧统崇沉思翰藻，萧绎辨文笔，萧纲诋模拟，萧子显折衷三派，江淹兼美诸体，裴子野力抨“雕虫”，徐陵乃独取“彤管”。盖鉴玩所及，各有偏得者也。论文之专著则有《诗品》与《文心雕龙》。

《诗品》集汉以降百二十余诗人分隶上中下三品，独异时尚，力辟用故实与讲声病之非，而主吟咏性情，全其真美，虽于列品第、溯流派者未必尽是，亦一时之隽也。《文心》五十篇，前半论文原与体制，后半析修辞与原理，体大思精，用中不倚，囿别区分，笼圈条贯，在我国批评文学门类中，真空前之巨著矣。

转顾北朝，则感风华萧索，良以“中州板荡，戎狄交侵，僭伪相属，生灵涂炭，故文章黜焉”。语涉文事者，辄灭文尚质，拟古忘今。如北周苏绰之云“克捐厥华，即厥质”[1]，北齐颜之推之云“宜以古之制裁为本，今之辞调为末”，可窥其一斑。

洎隋统一南北，文帝开皇四年，诏天下公私文翰并宜实录，李谔希指上书，指摘江左齐梁之弊，以为“文笔日繁，其政日乱，良由弃大圣之规模，构无用以为用也”，实已具唐代复古主张之雏形。《新唐书·文艺传叙》云：“唐有天下三百年，文章无虑三变。高祖、太宗大难始夷，沿江左余风，絺句绘章，揣合低昂，故王、杨为之伯。玄宗好经术，群臣稍厌雕琢，索理致，崇雅黜浮，气益雄浑，则燕、许擅其宗。大历、贞元间，美才辈出，擩哜道真，涵泳圣涯，于是韩愈倡之，柳宗元、李翱、皇甫湜等和之。”韩柳等既主复古，诗文中往往有论文之意见。论诗之作，则有元稹论乐府，白居易论诗义，释皎然之《诗式》，司空图之《诗品》等。《诗式》分诗品为五格，品藻作

[1] 即厥质 《周书·苏绰传》（p.393）作“即厥实”，或傅庚生先生等“实”为“质”，故有此说。

品而不比次作家，已较钟记室之《诗品》为精密。司空图之《诗品》则分诗为雄浑、冲淡、纤秾、沉着、高古、典雅、洗炼、劲健、绮丽、自然、含蓄、豪放、精神、缜密、疏野、清奇、委曲、实境、悲慨、形容、超诣、飘逸、旷达、流动等二十四品，各以四言十二句之韵语状其趣致，区分既佳，象征亦妙，后世论诗者，多衍绎之以为说，诚佳构也。

下逮两宋，文体日繁，衡文事者，辄亦分路扬镳。评骈文者有王铚《四六话》，谢伋《四六谈麈》，评散文者有陈骙《文则》。柳开、穆修重开古文之路，至宋祁、欧阳修而其道大昌，曾巩三苏复拓其幅员，或主充道，或论文实，或云“如行云流水，初无定质”，或云“充乎天地之间，称其气之大小”，皆有所裁。评诗之作，则自欧阳修退居汝阴时，为资闲谈，缀《六一诗话》一卷，司马光又作《续诗话》一卷，同时刘攽有《中山诗话》一卷，群流慕效，操觚者日众。各家诗话显有两种倾向：一为元祐、绍述二党政争之反映，一为对于唐杜甫诗之推崇。前者党同伐异，实已为批评界之罪人；后者则始以黄庭坚力摹杜诗，终乃有江西诗派之形成也。明李东阳《怀麓堂诗话》云：“唐人不言诗法，诗法多出宋，而宋人于诗无所得。所谓法者不过一字一句，对偶雕琢之工，而天真兴致，则未可与道。其高者失之捕风捉影，而卑者坐于黏皮带骨，至于江西诗派极矣。”所论虽似过于苛刻，而颇中时弊。盖当时谬以批评为创作之指导，创作者亦依绳墨以为诗，而诗遂止余躯壳。文士别寄其真性灵于诗余之中，故宋诗不可与唐诗同日而语也。清陶澍云："宋元以来，诗话兴而诗道晦。连篇累幅，强聒不休，其实旨趣无关，徒费纸墨而已。"则未免惩羹而吹齑矣。

南宋诗话中，以姜夔之《白石诗说》与严羽之《沧浪诗话》为最杰出。白石主于"妙"，而沧浪主"妙悟"，每为后世言诗者所采。至明李东阳著"格调"之说，而王世贞《艺苑卮[1]言》持其绪余。清王士祯《渔洋诗话》主"神韵"，其源略出于表圣《诗品》与《沧浪诗话》。袁枚《随园诗话》主"性灵"，其源盖自于钟嵘《诗品》。沈德潜著《说诗晬语》，又格调说之流亚也。

《四库全书总目·诗文评序论》云："文章莫盛于两汉，浑浑灏灏，文成法立，无格律之可拘。建安、黄初，体裁渐备，故论文之说出焉，《典[2]论》其首也。其勒为一书传于今者，则断自刘勰、钟嵘。勰究文体之源流而评其工拙，嵘第作者之甲乙而溯厥师承，为例各殊。至皎然《诗式》，备陈法律，孟棨《本事诗》，旁采故实，刘攽《中山诗话》、欧阳修《六一诗话》，又体兼说部。后所论著，不出此五例中矣。"所揭五例，若严执绳墨，则旁采故实，一目似不必兼包于评论学之列，余可纳于品评、文体与理论三者之域，皆文学批评之要目也。从事于此者，或能窥其一斑，或能识其全豹，咸足以增益后生之虑，资赏前修之文。各家诗话，虽属散珠玉屑，亦间有珍如错彩镂金

[1] 卮　底本作"巵"，据《艺苑卮言校注》(P.1)改。
[2] 典　底本作"曲"，据《四库全书总目》(P.1779)改。

者。董而理之，可以就觇批评与创作之关系，体会作者与评者之用心，于文学之了解与欣赏，为助正多也。

宋许颉自叙其《彦周诗话》云："诗话者，辨句法，备古今，纪盛德，录异事，正讹误也。"爰诗话既属随笔杂录之体，自多猥琐芜蔓之累，鲜有一贯之理论可循。故清章实斋讥之云："《诗品》《文心》，专门著述，自非学富才优，为之不易。故降而为诗话，沿流忘源。为诗话者，不复知著作之初意矣。"虽然，"汰除糟粕，采撷菁英，每足以考证旧闻，触发新意"，正不必以其非属有系统之纂述，而遽束诸高阁也。

至于元明两代之评文者，陈绎曾有《文筌》八卷，《提要》讥其体例繁碎，委无足取。徐师曾著《文体明辨》，析体分论，尚有足多者。唐顺之论文章本色及文法，颇为时辈所推许；茅坤、归有光擅圈点之末技，则甚为后世所诟病。前后七子力主复古，诚有所谓"一字一句，摹拟古人，骤然读之，斑驳陆离，如见秦汉间人，高华伟丽，如见开元天宝间人也"者，然尽能维妙维肖，摹仿而终非创作，亦何足贵，且剽贼之讥，盖所难免也。以故公安袁氏兄弟力矫颓风，殊有革新文体之志，一新时人之耳目，惜其诙诡质俚，无以自存。《静志居诗话》云："传有言：'琴瑟既敝，必取而更张之。'诗文亦然，不容不变也。隆万间，王、李之遗派充塞，公安昆弟起而非之，以为'唐自有古诗，不必选体；中、晚皆有诗，不必初、盛；欧、苏、陈、黄各有诗，不必唐人。唐诗色泽鲜妍，如旦晚脱笔砚者，今诗才脱笔砚，已是陈言，岂非流自性灵与出自剽拟，所从来异乎’？一时闻者涣然神悟，若良药之解散，而沉疴之去体也。乃不善学者，取其集中俳谐调笑之语……从而击赏叹绝，是何异弃苏合之香，取蛣蜣之转耶？”是固由于末流之弊，然亦以三袁之革新诗文，不过稍事更张，未能别创新体，宜不能久。七子之弊在复古而不能变古，三袁之弊在骛奇而不能创奇：亦五十步笑百步之例已。竟陵钟、谭又革三袁之清新为幽晦，所重抑末，徒令人兴喟于其不善变耳。

清之评文者，则有桐城派方苞、姚鼐、曾国藩等思明古文之义法，浙东派章学诚针砭作者与批评者之舛失，仪征派阮元父子再扬骈俪之波澜，各执一辞，辄见深思。兹以一章而综述今古，不过发凡以言例，不遑觌缕。批评史之著述如林，可参观焉。

中编

本论

第五章

中国文学批评之感情论

“诗言志”—“兴观群怨”，情接文传—真情之自然流露—无实之文与“妖声”—文情之感发—“文气说”之五目—阴阳刚柔—气质与气韵—雄奇与秀美—作风之偶变—“有诗而后有题”与“为情而造文”—有我与无我—主观与客观—理想与写实—凄婉与情语—含蓄—“不着一字，尽得风流”—神韵说—“隐秀”—穷而愈工—悲观与乐观—苦闷之象征—人情之悲喜—文不徇物—鉴情伪—汉赋之“讽—劝百”—“盈科而后进”

《尚书·舜典》云：“诗言志，歌永言，声依永，律和声。”文学旨在言志，数语其嚆矢矣。《礼记·乐记》云：“音之起，由人心生也。人心之动，物使之然也……情动于中，故形于声，声成文，谓之音……诗，言其志也；歌，咏其声也；舞，动其容也。三者本于心，然后乐器从之。是故情深而文明，气盛而化神，和顺积中而英华发外，唯乐不可以为伪……夫乐者，乐也，人情之所不能免也。乐必发于声音，形于动静，人之道也。声音动静[1]，性术之变，尽于此矣……故歌之为言也，长言之也；悦之故言之，言之不足，故长言之；长言之不足，故嗟叹之；嗟叹之不足，故不知手之舞之，足之蹈之也。”盖踵“言志永言”之意而推衍之，明情志之萌为歌诗之本也。《诗序》云：“诗者，志之所之也。在心为志，发言为诗。情动于中，而形于言；言之不足，故嗟叹之；嗟叹之不足，故永歌之；永歌之不足，不知手之舞之，足之蹈之也。”则又裁取《乐记》之文，申论文学之所由起与感情宣泄之途径。设文学而为酒也，感情其曲蘖矣。又云：“是以《关雎》乐得淑女以配君子，忧在进贤，不淫其色。哀窈窕，思贤才，而无伤善之心焉。是《关雎》之义也。”“乐”“忧”“哀”“思”，诗人综此复杂之感情以创造篇什。感情为文学之泉源，盖前人知之审矣。

孔子云：“诗可以兴，可以观，可以群，可以怨。”激扬以“怨”，情有不胜；触类以“兴”，冀能交感：作者求其友声，亦良苦矣。世有盛衰，就可“观”焉；时区今古，犹可“群”焉：读者以意逆志，其可忽哉？是故情生而文作，情接而文传，千古文章之奥赜，端恃感情梳织于其间也。

《易》云：“圣人之情见乎辞。”《诗序》云：“变风发乎情。”《文赋》云：“诗缘情而绮靡。”皆知探文之本者也。文学创作既

[1] 动静　底本作“之道”，据《礼记·乐记》（P.1544）改。

所以抒情，则必有其情者始克有其文。无其情而强以为文，如不实之花，无源之水；中乏其情而冀以其伪者感人，能为所动者鲜矣。孔子曰："修辞立其诚。"知文学中感情因素以真诚为宰也。内秉真诚之情，而自然流露以出者，乃堪称天地之至文。苏明允《仲兄字文甫说》云："且兄尝见夫水之与风乎？油然而行，渊然而留，渟洄汪洋，满而上浮者，是水也，而风实起之。蓬蓬然而发乎太空，不终日而形乎四方，荡乎其无形，飘乎其远来，既往而不知其迹之所存者，是风也，而水实形之……故曰：'风行水上涣。'此亦天下之至文也。然而此二物者，岂有求乎文哉？无意乎相求，不期而相遭，而文生焉。是其为文也，非水之文也，非风之文也，二物者非能为文，而不能不为文也，物之相使而文出于其间也。故曰，此[1]天下之至文也。今夫玉，非不温然美矣，而不得以为文；刻镂组绣，非不文矣，而不可以论乎自然。故夫天下之无营而文生之者，惟水与风而已。昔者君子之处于世，不求其功，不得已而功成，天下以为贤；不求有言，不得已而言出，天下以为口实。呜呼！此不可与他人道之，唯吾兄可也。"藉风行水上，自然成文之物理，以喻自然之文理，精辟之论也，盖亦并诫其子矣。故苏子瞻《南行前集叙》云："夫昔之为文者，非能为之为工，乃不能不为之为工也。山川之有云雾[2]，草木之有华实，充满勃郁，而见于

[1] 此　底本脱，据《嘉祐集》(P.69)补。
[2] 雾　底本脱，据《苏轼文集》(P.323)补。

外，夫虽欲无有，其可得耶？ 自少闻家君之论文，以为古之圣人有所不能自已而作者。故轼与弟辙为文至多，而未尝敢有作文之意。”又其《答谢民师书》云：“所示书教及诗赋杂文，观之熟矣。大略如行云流水，初无定质，但常行于所当行，常止于不可不止。文理自然，姿态横生。”知文学之表现以“不能不为”为底蕴，而以“行止自然”为依归，要亦一返于真诚而已。

《论衡·超奇》篇云：“有根株于下，有荣叶于上；有实核于内，有皮壳于外。文墨辞说，士之荣叶皮壳也。实诚在胸臆，文墨著竹帛，外内表里，自相副称。意奋而笔纵，故文见而实露也。人之有文也，犹禽之有毛也。毛有五色，皆生于体。苟有文无实，是则五色之禽，毛妄生也……心思为谋，集札为文，情见于辞，意验于言……精诚由中，故其文语感动人深。是故鲁连飞书，燕将自杀；邹阳上书，梁孝开牢。书疏文义，夺于肝心，非徒博览者所能造，习熟者所能为也。”博览习熟者尚不可以造为无实之文，矧在其下焉者耶？ 包恢《答曾子华书》云：“草木本无声，因有所触而后鸣；金石本无声，因有所击而后鸣，非自鸣也。如草木无所触而自发声，则为草木之妖矣；金石无所击而自发声，则为金石之妖矣。闻者或疑其为鬼物，而掩耳奔避之不暇矣。世之为诗者，鲜不类此。盖本无情而牵强以起其情，本无意而妄想以立其意，初非彼有所触而此乘之，彼有所击而此应之者。故言愈多而愈浮，词愈工而愈拙，无以异于草木金石之妖声也。况在心为志，发言为诗，今日多不思诗自志出者也。不反求于志，而徒外求于诗，犹表邪而求其影之正也，奚可得哉！”于以知修辞所倚之诚，仍缘文情以生也；文情勃郁于中，则文辞之发有所附丽矣。

然则文之情何由以兴乎？曰：自于人之情。沈约《宋书·谢灵运传论》云：“民禀天地之灵，含五常之德。刚柔迭用，喜愠分情。夫志动于中，则歌咏外发。六义所因，四始攸系，升降讴谣，纷披风什。虽虞、夏以前，遗文不睹，禀气怀灵，理无或异。然则歌咏所兴，宜自生民始也”。李延寿《北史·文苑传序论》云：“夫人有六情，禀五常之秀；情感六气，顺四时之序。盖文之所起，情发于中。”朱熹《诗集传序》云：“或有问于余曰：‘诗何为而作也？’余应之曰：‘人生而静，天之性也；感于物而动，性之欲也。夫既有欲矣，则不能无思；既有思矣，则不能无言；既有言矣，则言之所不能尽，而发于咨嗟咏叹之余者，必有自然之音响节族而不能已焉。此诗之所以作也。’”皆知溯厥始者也。

人之情何由以动乎？曰：或感于时，或感于物，或感其身世，或感由情思。《诗品》云：“气之动物，物之感人，故摇荡性情，形诸舞咏……若乃春风春鸟，秋月秋蝉，夏云暑雨，冬月祁寒，斯四候之感诸诗者也。”萧统《答湘东王书》云：“或日因春阳，其物韶丽，树花发，莺鸣和，春泉生，暄风至，陶嘉月而熙游，藉芳草而眺瞩。或朱炎受谢，白藏纪时，玉露夕流，金风时扇，悟秋山之心，登高而远托。或夏条可结，倦于邑而属辞；冬雪千里，睹纷霏而兴咏。”人情之感于时者盖如此。《文心雕龙》云：“人禀七情，应物斯感，感物吟志，莫非自然。”又云：“若乃山林皋壤，实文思之奥府，略语则阙，详说则繁。然屈平所以能洞鉴风骚之情者，抑亦江山之助乎！”人情之感于物者盖如此。《史记·屈原传》云：“屈平疾王听之不聪也，谗谄之蔽明也，邪曲之害公也，方正之不容也，故忧愁幽思而作《离骚》。离骚者，犹离忧也。夫天者，人之始也；父母者，人之本也。人穷则反本，故劳苦倦极，未尝不呼天也；疾痛惨怛，未尝不呼父母也。屈平正道直行，竭忠尽智，以事其君，谗人间之，可谓穷矣。信而见疑，忠而被谤，能无怨乎？屈平之作《离骚》，盖自怨生也。”钟嵘又云：“嘉会寄诗以亲，离群托诗以怨。至于楚臣去境，汉妾辞宫，或骨横朔野，或魂逐飞蓬。或负戈外戍，杀气雄边；塞客衣单，孀闺泪尽。又士有解佩出朝，一去忘返；女有扬蛾入宠，再盼倾国。凡斯种种，感荡心灵，非陈诗何以展其义，非长歌何以骋其情？故曰：‘诗可以群，可以怨。’使穷贱易安，幽居靡闷，莫尚于诗矣。”诗人有表现人生之企念，有批评人生之理想，或描摹其所遭际，或向往于所襟期，是身世之感为文情渊薮之明验也。韩退之《送孟东野序》云：“大凡物不得其平则鸣。草木之无声，风挠之鸣；水之无声，风荡之鸣。其跃也，或激之；其趋也，或梗之；其沸也，或炙之。金石之无声，或击之鸣。人之于言也亦然，有不得已而后言。其歌也有思，其哭也有怀，凡出乎口而为声者，其皆有弗平者乎？乐也者，郁于中而泄于外者也，择其善鸣者而假之鸣，金、石、丝、竹、匏、土、革、木八者，物之善鸣者也。维天之于时也亦然，择其善鸣者而假之鸣。是故以鸟鸣春，以雷鸣夏，以虫鸣秋，以风鸣冬。四时之相推敚，其必有不得其平者乎？其于人也亦然。人声之精者为言，文辞之于言，又其精也，尤择其善鸣者而假之鸣。”骚人有七情之感，有五伦之爱，感故有思，爱故有怀，往往形诸诗文，以喻其志。是情思之萌为文辞张本之明征也。

时、物、身世之感，倘人所遭者同，其休戚大抵不甚相远。惟于情性，以人之禀于天者有毗于阴阳之互异，故所显现于文学者亦有偏于刚柔之不同，所谓刚柔之气，有禀于天者然也。自来论文主气者夥颐，揆其指归，可别五目：一曰，论气之刚柔者，犹个性也；二曰，论气之清浊者，犹风格也；三曰，论气之利钝者，犹灵感也；四曰，论气之蓄发者，犹思想也；五曰，论气之贯串者，犹声律也。兹分隶各章以述之。

《文心雕龙·体性》篇云：“夫情动而言形，理发而文见，盖沿隐以至显，因内而符外者也。然才有庸俊，气有刚柔，学有浅深，习有雅郑，并情性所铄，陶染所凝，是以笔区云谲，文苑波诡者矣。故辞理庸俊，莫能翻其才；风趣刚柔，宁或改其气；事义浅深，未闻乖其学；体式雅郑，鲜有反其习。各师成心，其异如面。”谓文之刚柔，情性为其本也。姚姬传《复鲁絜非书》云：“鼐闻天地之道，阴阳刚柔而已。文者，天地之精英，而阴阳刚柔之发也。惟圣人之言，统二气之会而弗偏。然而《易》《诗》《书》《论语》所载，亦间有可以刚柔分矣。值其时其人告语之体，各有宜也。自诸子而降，其为文无有弗偏者。其得于阳与刚之美者，则其文如霆，如电，如长风之出谷，如崇山峻崖，如决大川，如奔骐骥；其光也，如杲日，如火，如金镠铁；其于人也，如凭高视远，如君而朝万众，如鼓万勇士而战之。其得于阴与柔之美者，则其文如升初日，如清风，如云，如霞，如烟，如幽林曲涧，如沦，如漾，如珠玉之辉，如鸿鹄之鸣而入寥廓；其于人也，漻乎其如叹，邈乎其如有思，暖乎其如喜，愀乎其如悲。观其文，讽其音，则为文者之性情形状举以殊焉……糅而偏胜可也，偏胜之极，一有一绝无，与夫刚不足为刚，柔不足为柔者，则不可以言文。”观夫此，则知文之阴阳刚柔，有受自天地者然也。

人之内蓄于性情毗刚毗柔者为气质，流露于文章或雄伟或韶秀者为气韵。质刚者其文雄，质柔者其文秀，故彦和云“风趣刚柔，宁或改其气”也。以真性情临文者，刚则雄矣，柔则秀矣，一有一绝无可也；求文之烘托变化，糅而偏胜亦可也；质刚而心仪于文之秀，或质柔而志期于文之雄，势必刚不足为刚，柔不足为柔，则大不可。姚氏之论，大体皆是，惟云偏胜之极，一有一绝无者不可以言文，是盲从而又误会儒家中庸之旨，而自乱其阴阳刚柔之界，转尚彼“乡愿”之文，非笃论也。

曾国藩《圣哲画像记》云：“西汉文章，如子云、相如之雄伟，此天地遒劲之气，得于阳与刚之美者也。此天地之义气也。刘向、匡衡之渊懿，此天地温厚之气，得于阴与柔之美者也。此天地之仁气也。东汉以还，淹雅无惭于古，而风骨少隤矣。韩、柳有作，尽取扬、马之雄奇[1]万变，而内之于薄物小篇之中，岂不诡哉！欧阳氏、曾氏皆法韩公，而体质于匡、刘为近。文章之变，莫可穷诘，要之不出此二途，虽百世可知也。”虽沿姚氏以持说，乃能明限二途，不淆黑白。又日记云：“吾尝取姚姬传先生之说，文章之道，分阳刚之美、阴柔之美。大抵阳刚者气势浩瀚，阴柔者韵味深美，浩瀚者喷薄而出之，深美者吞吐而出之。”则以“深美”“浩瀚”状文章毗阴毗阳之奇，又以“喷薄”“吞吐”示行文用刚用柔之法，辞简意赅，视惜抱之言，见其青蓝冰水矣。

司空图《诗品》论“雄浑”云：“大用外腓，真体内充。返虚入浑，积健为雄。具备万物，横绝太空。荒荒油云，寥寥长风。超以象外，得其环中。持之非强，来之无穷。”“大用外腓，返虚入浑，荒荒油云，寥寥长风”，象征雄奇之文之气概与形貌也；“真体内充，积健为雄，具备万物，横绝太空”，阐明雄奇之文之源于至大至刚之气质也；“超以象外，得其环中”，情性为本也；“持之非强，来之无穷”，不矫揉以用之，不患其竭矣。论“纤秾”云：“采采流水，蓬蓬远春。窈窕深谷，时见美

[1] 奇　底本作“气”，据《曾国藩全集》第14册（P.151）改。

人。碧桃满树，风日水滨。柳阴路曲，流莺比邻。乘之愈往，识之愈真。如将不尽，与古为新。”“蓬蓬远春”，时之秀也；“采采流水，窈窕深谷”，地之秀也；“时见美人”，人之秀也；“风日水滨，柳阴路曲”，景之秀也；“碧桃满树，流莺比邻”，物之秀也。“乘之愈往，如将不尽”，明韶秀之文引人入胜，挹之不尽也；“识之愈真，与古为新”，明秀美之文亲切依人，虽古犹新矣。含咀此两则之意蕴，以识别文章之雄秀，而悟其源于情性刚柔之理，察其不能违心互用之方，而味其所以移情交感之实，则于刚柔雄秀之表里，思过半矣。雄奇秀美，在作者尽有长于此而绌于彼者，其动人之情则均；故执笔者无取于违背气质之刚与柔而矫揉其文，赏文者亦未可偏好文章之雄或秀而高下其论也。《人间词话》云：“境界有大小，不以是而分优劣。‘细雨鱼儿出，微风燕子斜’，何遽不若‘落日照大旗，马鸣风萧萧’？‘宝帘闲挂小银钩’，何遽不若‘雾失楼台，月迷津渡’也？”境界之大者，雄伟之作也；境界小者，秀美之文也。既不以大小分优劣，岂宜以雄秀判高卑乎？

人之气质有刚柔之不同，又云不可他骛也，是作者平生所为文，出于雄奇者不得羼杂有秀丽之篇，而百千其秀美者不得有一二雄伟之文矣。古今有此事乎？天下有是理乎？《词筌》云：“子瞻有铜琶铁板之讥，然《浣溪沙》词‘彩索身轻长趁燕，红窗睡重不闻莺’，如此风调，令十七八女郎歌之，岂在‘晓风残月’之下。”《复斋漫录》云：“晁无咎云：‘世言耆卿曲俗，非也。如“霜风凄紧，关河冷落，残照当楼”，此语于诗句，不减唐人高处。’”子瞻之词豪，耆卿之词艳，乃“红窗”见于东坡，“残照”出于屯田，而皆不失为美句，作者之措辞违性乎，赏者之辨味爽真乎？应之曰：雄秀育自刚柔，事之正而理之常也；偶有什一之变，则以所遭有不同，故中移其情而外革其貌也。“夫以水性沉柔，入隘奔激。方之人情，固知迫隘之地，无得保其夷粹”，人情有不自保其夷粹之顷，文思自亦间有改移其雄秀之风者矣。即如观堂论境界大小所举之例，“微风”“落日”，俱出子美；“银钩”“津渡”，俱出少游。然工部终以沉郁擅场，盖属于刚之美者也；太虚则以婉约名家，盖属于柔之美者也。偶或易其文风，必闲情之适值，或迫隘之激变者矣。

杜工部《戏为六绝句》之一云：“才力应难跨数公，凡今谁是出群雄？或看翡翠兰苕上，未掣鲸鱼碧海中。”“翡翠兰苕”，以状秀美之文，而杜意薄之；“鲸鱼碧海”，以状雄奇之文，而杜心仪之：足以窥测其指归矣。少游止于郴州旅舍时，身被贬谪，心怀远朋，赋《踏莎行》，变其凄婉之性，因激而变，凄厉以生耳。苏、柳之作，作一例观。文情之发，既由于内情之正常者十居八九，诱于遭际而偶变者不过二三，是以衡文者大抵论其正常而遗其偶变者焉。

魏冰叔《文瀫序》云：“水生于天而流于地，风发于地而行于天。生于天而流于地者，阳下济而阴受之也；发于地而行于天者，阴上升而阳蓄之也。阴阳互乘，有交错之义，故其遭也而文生焉，故曰：‘风水相遭而成文。’然其势有强弱，故其遭有轻重，而文有大小。洪波巨浪，山立而汹涌者，遭之重者也；沦涟漪瀫，皴蹙而密理者，遭之轻者也。重者人惊而快之，发豪士之气，有鞭笞四海之心；轻者人乐而玩之，有遗世自得之慕。要为阴阳自然之动，天地之至文，不可以偏废也。”“遭之重者”，所生之文雄伟，“遭之轻者”，所成之文秀美。以水风为喻，魏氏亦善论文者已。人之赏雄奇之文也，始惊而终快之，不惊不得谓之“雄”，不快不得谓之文；人之赏韶秀之文也，已乐而犹玩之，不乐何以见其“秀”，不玩何以见其美？方其既发生移情作用时，雄美者遂使人有鞭笞四海之心，平分其天地同德之伟操也；秀美者乃使人有遗世自得之慕，合享其物我两忘之逸情也。于论雄、秀两体感人之致，亦能立片言以居要，其见至卓。所不足者，仅言阴阳之“动”与风水之“遭”，未能并其“静”而自“形”（气质之刚柔自然形成文章之雄秀）者以申之耳。

《文史通义·易教》篇云：“人累于天地之间，不能不受阴阳之消息。心之营构，则情之变易为之也。情之变易，感于人世之接构，而乘于阴阳倚伏为之也。是则人心营构之象，亦出天地自然之象也。”察夫此，可知天道之所以能感应人心，而人心所以能交感之理，可以补魏说之不足。文之阴阳刚柔，强弱轻重，各有所宜，各有足取。人能各本其情性之真以临文，当不致来学步效颦之诮。

近世论文者多析作者表达情性之方法为二：曰主观，自表暴其遭际而显现其个性之抒情文学是；曰客观，援古事以运思或因登临而叙景等文章是。《日知录》云：“古人之诗，有诗而后有题；今人之诗，有题而后有诗。有诗而后有题者，其诗本乎情；有题而后有诗者，其诗徇乎物。”或谓前者为主观之诗，后者为客观之诗。第细绎顾氏之意，在明文情之要，深憎华而不实，故喜前者之能达其情思，而惩后者之徒徇乎物。申言之，即前者能达主观之情思于客观之描写而揭示之，故可贵；后者则不能以主观之情思为客观题材之主宰，故无足取也。若云古人之诗悉出于主观，今人之诗皆出于客观，实舛事背理，亭林不如此武断也。《文心雕龙·情采》篇云：“夫铅黛所以饰容，而盼倩生于淑姿；文采所以饰言，而辩丽本于情性。故情者，文之经，辞者，理之纬。经正而后纬[1]成，理定而后辞畅，此立文之本源也。昔诗人什篇，为情而造文；辞人赋颂，为文而造情。何以明其然？盖风雅之兴，志思蓄愤，而吟咏性情，以讽其上，此为情而造文也；诸子之徒，心非郁陶，苟驰夸饰，鬻声钓世，此为文而造情也。故为情者要约而写真，为文者淫丽而烦滥。而后之作者，采滥忽真，远弃风雅，近师辞赋，故体情之制日疏，逐文之篇愈盛。故有志深轩冕，而泛咏皋壤；心缠几务，而虚述人外。真宰弗存，翩其反矣。夫桃李不言而

[1]纬　底本作“文”，据《文心雕龙》注（P.538）改。

成蹊，有实存也；男子树兰而不芳，无其情也。夫以草木之微，依情待实；况乎文章，述志为本。言与志反，文岂足征？”此繁言极证情思为文辞之本，划分“为情造文”与“为文造情”之界。亭林诗题之论，等同彦和文情之旨耳。

云“为情造文”与“诗本乎情”，是文学以言志而有我为贵也。《人间词话》云：“有有我之境，有无我之境。‘泪眼问花花不语，乱红飞过秋千去’，‘可堪孤馆闭春寒，杜鹃声里斜阳暮’，有我之境也；‘采菊东篱下，悠然见南山’，‘寒波澹澹起，白鸟悠悠下’，无我之境也。有我之境，以我观物，故物皆着我之色彩。无我之境，以物观物，不知何者为我，何者为物。古人为词，写有我之境者为多，然未始不能写无我之境，此在豪杰之士能自树立耳。”有我之境，犹谓主观之文，无我之境，犹谓客观之文。然“我”既写“境”，“境”中必皆有“我”。自然澹远之境，岂其中之无我，只是颇泯“我相”，仍是以自然之我观物耳。澹远亦是一种情，若无“我”，则“境”何由以出乎？

《人间词话》又云：“词人者，不失其赤子之心者也。故生于深宫之中，长于妇人之手，是后主为人君所短处，亦即为词人所长处。客观之诗人不可不多阅世，阅世愈深，则材料愈丰富，愈变化，《水浒传》《红楼梦》之作者是也。主观之诗人不必多阅世，阅世愈浅，则性情愈真，李后主是也。尼采谓一切文学余爱以血书者，后主之词真所谓以血书者也。宋道君皇帝

《燕山亭》词亦略似之，然道君不过自道身世之戚，后主则俨有释迦、基督担荷人类罪恶之意，其大小固不同矣。”此云主观之文学主性情，而客观之文学主经验，疑若前者具感情而不必置虑于思想与形式，后者擅描写而不必源出于思想与性情者，非所敢同已。言情之作主于真，冀作者时时能以真情临文耳，岂必束发者情真而斑白者情伪耶？赤子之心不失，虽期颐可以言创作也；赤子之心已失，虽弱冠难与语文章也。此文学之士之所以必特别珍惜其感情，而不可轻掷黄金于虚牝也。客观之作重经验，固矣，然仍待作者之情思为题材之帅。富生活经验者不必志于文学，写生活经验者不必皆为文学，知《水浒传》《红楼梦》之为美的文学者，仍在此而不在彼也。作品反映作家之个性，必非作家之小我而意识的表现以出者。其间必渟蓄纯真生命力之普遍性，乃具激动读者生命之伟力；又必藉灵感之触发而浑然的表现其个性于意境中，乃以就其创作之极致。作家于创造主观之作品时，主观之心既蒙客观之形而外现，则此客观之事象中已孕有作者之生命；于创造客观之作品时，客观之形既经主观之心之镕铸，则此客观之描写中已寓有作者之情思。原无间于主观与客观也，要在求其情之真与表现之合宜而已。王氏又云：“诗人对宇宙人生，须入乎其内，又须出乎其外。入乎其内，故能写之；出乎其外，故能观之。入乎其内，故有生气；出乎其外，故有高致。”所云“入乎其内”，非谓夺客观为主观乎？“出乎其外”，非谓脱主观为客观乎？然则主观与客观讵非相依为用，又何取于强析，而遽断以孰能孰不能乎？主观客观，文学表现方法上之歧异耳，不可泥固以观，画地自限也。

抒情之作，虽云以达作者之真情，然非可以纯主观而终始之也。人于悲或喜之冲动未已之时，必不能言创作，勉强创作亦不能佳。必待追维余味或痛定思痛之际，暂时置身于局外，对曩时之所遭，作客观之欣赏，然后文情才思，乃能若云生泉涌以出，发为文章，自臻美妙。冯友兰先生《新理学》艺术章云："艺术家以艺术作品示其经验时，亦系暂置己于旁观，以赏玩其经验，否则不能有艺术作品。诗人作诗，以示己之怨情，亦必旁观以赏玩此情，否则痛哭流涕之不暇，何能作诗？"缘艺术与人生必保持相当之距离，而翻移抽象情思为具体事物而表现之于文学，尤须机抒于心。庐山中人，何暇及此？强欲搦管，转有不识其真面目之累也。

陈亦峰《白雨斋词话》云："容若《饮水词》，才力不足，合者得五代人凄婉之意。余最爱其《临江仙·寒柳》云：'疏疏一树五更寒，爱他明月好，憔悴也相关。'言中有物，几令人感激涕零。容若词亦以此篇[1]为压卷。"《人间词话》云："少游词最凄婉。至'可堪孤馆闭春寒，杜鹃声里斜阳暮'，则变而为凄厉矣。"凄婉之作，合于艺术之美者也；凄而厉者，其创作之意境与实际之遭境二者之距离稍近。设其过迩，则见剑拔弩张

[1] 篇　底本脱，据《白雨斋词话》（P.171）补。

矣。《人间词话》又云:“词家多以景寓情。其专作情语而绝妙者，如牛峤之‘须作一生拚，尽君今日欢’，顾敻之‘换我心，为你心，始知相忆深’，欧阳修（应作柳永）之‘衣带渐宽终不悔，为伊消得人憔悴’，美成之‘许多烦恼，只为当时，一饷留情’。此等词，求之古今人词中，曾不多见。”盖不经翻移之情语易出而难工，惟至性或大才乃可偶一出之，过此鲜有不病者。沈伯时《乐府指迷》云:“结句须要放开，含有余不尽之意，以景结情最好。如清真之‘断肠院落，一帘风絮’，又‘掩重关，遍城钟鼓’之类是也。或以情结尾亦好，往往轻而露，如清真之‘天便教人，霎时厮见何妨’，又云‘梦魂凝想鸳侣’之类，便无意思。亦是词家之病，却不可学也。”足透此中消息。

已明艺术与实际生活有距离之差，至抽象与具体必翻移之理，而诗之所以贵含蓄之故，从可知矣。姜尧章《白石道人诗说》云:“语贵含蓄。东坡云:‘言有尽而意无穷者，天下之至言也。’山谷尤谨于此，清庙之瑟，一唱三叹，远矣哉！后之为诗者可不务乎？若句中无余字，篇中无长语，非善之善者也；句中有余味，篇中有余意，善之善者也。”余味余意，端在能蓄。抒其情而蓄其辞，岂感情奔放之会所能裁制者耶？故知人于悲或喜之冲动未已之时，不能言创作也。沈确士《说诗晬语》云:“王龙标绝句，深情幽怨，意旨微茫。‘昨夜风开露井桃’一章，只说他人之承宠，而己之失宠悠然可思，此求响于弦指外也。‘玉颜不及寒鸦色’两言，亦复优柔婉约。”文学有含蓄之致者，则其情辞婉约，婉约则中于美之绳墨而感人弥深矣。

司空图《与李生论诗书》云：“文之难，而诗之难尤难，古今之喻多矣，而愚以为辨于味而后可以言诗也。江岭之南，凡足资于适口者，若醯非不酸也，止于酸而已；若鹾非不咸也，止于咸而已。中华之人所以充饥而遽辍者，知其酸咸之外，醇美者有所乏耳。彼江岭之人习之而不辨也，宜哉……噫！近而不浮，远而不尽，然后可以言韵外之致耳。”“近而不浮”，以有蓄也；“远而不尽”，贵能含也；“韵外之致”，正谓含蓄耳。其《诗品》论含蓄云：“不着一字，尽得风流。语不涉难，已不堪忧。是有真宰，与之沉浮。如渌满酒，花时返秋。悠悠空尘，忽忽海沤。浅深聚散，万取一收。”“语不涉难，已不堪忧”，言有韵外之致也；“是有真宰，与之沉浮”，诗有醇美之味也；“如渌满酒，花时返秋”，渐冉而多含也；“悠悠空尘，忽忽海沤”，空渺而有蓄也；“浅深聚散，万取一收”，千幻归一幻也；“不着一字，尽得风流”，无声胜有声也。含蓄之致，数语尽之矣。

王阮亭《香祖笔记》云：“表圣论诗，有二十四品。余最喜‘不着一字，尽得风流’八字。”又推衍其意，标神韵之说，实奉此八字为心法焉。其《唐贤三昧集序》云：“严沧浪论诗云：‘盛唐诸人，唯在兴趣。羚羊挂角，无迹可求，透彻玲珑，不可凑泊。如空中之音，相中之色，水中之月，镜中之象，言有尽而意无穷。’司空表圣论诗亦云：‘味在酸咸之外。’戊辰春杪，归自京师，居宸翰堂，日取开元、天宝诸公篇什读之。于二家所言，别有会心。录其尤隽永超诣者，移王右丞以下四十二人，为《唐贤三昧集》。不录李、杜二公者，仿王介甫《百家》例也。”以虚寂为超诣，含蓄为隽永，其论诗之指归昭然如揭矣。郑方坤《清诗家名人小传》云：“王士祯上溯三百篇，下逮汉、魏、六朝、唐、宋、元、明之制，靡不穷其派别，而折衷其旨归……故其为诗，笼盖百世，囊括千古。而尤经营于陶、孟、王、韦诸家，犹得象外之旨，弦外之音……盖自来论诗者，或尚风格，或矜才调，或崇法律，而士祯独标神韵。神韵得，而风格、才调数者，悉举诸此矣。”“象外之旨，弦外之音”，犹表圣之辨酸咸以外味，仪卿之谓空中音、相中色也。不尽而转似有余，要皆一归于含蓄焉。

含蓄固文学之一格，然不可执一格而概其全也。渔洋神韵之倡，仍未免有所偏执，其与格调、性灵之论，未必兼赅，盖亦鼎峙而已。《四库书目·唐宋诗醇提要》云：“考国朝诸家选本，惟王士祯书最为学者所传。其《古诗选》，五言不录杜甫、白居易、韩愈、苏轼、陆游，七言不录白居易，已自为一家之言。至《唐贤三昧集》，非惟白居易、韩愈皆所不载，即李白、杜甫亦一字不登。盖明诗摹拟之弊，极于太仓、历城；纤佻之弊，极于公安、竟陵。物穷则变，故国初多以宋诗为宗。宋诗又弊，士祯乃持严羽余论，倡神韵之说以救之。故其推为极轨者，惟王、孟、韦、柳诸家。然《诗》三百篇，尼山所定，其论诗，一则谓归于温柔敦厚，一则谓可以兴观群怨，原非以品题泉石，摹绘烟霞。洎乎畸士逸人，各标幽赏，乃别为山水清音，实诗之一体，不足以尽诗之全也。宋人惟不解温柔敦厚之意，故意言并尽，流而为钝根；士祯又不究兴观群怨之原，故光景流连，变而为虚响。各明一义，遂各倚一偏，论甘忌辛，是丹非素，其斯之谓欤？”所论为允。人生而禀七情，发之中节，皆可以为至文，奚必闲适之趣，温穆之辞？阮亭之偏，尚何待言？鹜隐而失其情，渔洋之所由虚；无蓄又不能秀，宋诗之所为钝也。

《文心雕龙·隐秀》篇云：“夫心术之动远矣，文情之变深[1]矣，源奥而派生，根盛而颖峻。是以文之英蕤，有秀有隐。隐也者，文外之重旨者也；秀也者，篇中之独拔者也。隐以复意为工，秀以卓绝为巧。斯乃旧章之懿绩，才情之嘉会也……或有晦塞为深，虽奥非隐；雕削取巧，虽美非秀矣。故自然会妙，譬卉木之耀英华；润色取美，譬缯帛之染朱绿。朱绿染缯，深而繁鲜；英华耀树，浅而炜烨。秀句所以照文苑，盖以此也。”是复意者工，而卓绝亦巧；含蓄之文能感人，而秀出之句亦夺魄也。惟刘氏之旨，云隐似宗于情意，云秀乃侧于修辞，原篇既缺，难明究竟。沈德潜评《木兰诗》云：“事奇诗奇，卑靡时得此，如凤凰鸣，庆云见，为之快绝。”是奇快之情意，亦足

[1] 深　底本作“生”，据《文心雕龙注》（P.632）改。

以摇人之心旌也。约略以言之，岂悲苦之辞宜归含蓄，而悦愉之句辄喜露锋欤?

论文者辄析文学作品为悲观与乐观二种，又多涉语于悲观文学而重视其价值。创作者亦达其悲感者多，而写其欢愉者少。自其动人之深浅观之，亦觉“宫音温和，难于耸听；商音凄厉，易以感人”。此实源于人类感情上之偏倚，往往欢娱暂浅而愁苦绵深，非造文衡文者之矫情偏好也。元好问《论诗三十首》之一云:“切切秋虫万古情，灯前山鬼泪纵横。鉴湖春好无人赋，夹岸桃花锦浪生。”锦浪桃花，词人视若无睹；秋虫山鬼，骚客结为同心。虽发遗山之慨，莫革渐习之风矣。

《易·系辞》云:“作《易》者，其有忧患乎? ”《史记·屈原传》云:“屈平之作《离骚》，盖自怨生也。”又《自序》云:“退而自深惟曰:‘夫《诗》《书》隐约者，欲遂其志之思也。昔西伯拘羑里，演《周易》；孔子厄陈蔡，作《春秋》；屈原放逐，著《离骚》；左丘失明，厥有《国语》；孙子膑脚，而论《兵法》；不韦迁蜀，世传《吕览》；韩非囚秦，《说难》《孤愤》；《诗》三百篇，大抵贤圣发愤之所为作也。此人皆意有所郁结，不得通其道也，故述往事，思来者。’”言作品之发于人之忧患怨愤郁结之情也。欧阳修《薛简肃公文集序》云:“失志之人，穷居隐约，苦心危虑，而极于精思。于其有所感激发愤，惟无所施于世者，皆一寓于文辞，故曰穷者之言易工也。”言物不得其平则鸣，人之情思不得所托，乃寄诸文事也。韩愈《荆潭唱和诗序》云："夫和平之音澹薄，而愁思之声要妙；欢愉之辞难工，而穷苦之言易好也。"永叔又云："予闻世谓诗人少达而多穷，夫岂然哉？盖世所传诗者，多出于古穷人之辞也。凡士之蕴其所有而不得施于世者，多喜自放于山巅水涯之外，见虫鱼草木、风云鸟兽之状类，往往探其奇怪。内有忧思感愤之郁积，其兴于怨刺，以道羁臣寡妇之所叹，而写人情之难言，盖愈穷则愈工。然则非诗之能穷人，殆穷者而后工也。"李东阳《怀麓堂诗话》云："作凉冷诗易，作炎热诗难；作阴晦诗易，作晴霁诗难；贫诗易，富诗难；贱诗易，贵诗难。"王静安云："古诗云：'谁能思不歌，谁能饥不食？'诗词者，物之不得其平而鸣者也，故欢愉之辞难工，愁苦之言易巧。"此言诗必穷乃工，必悲观之文学乃易动人也。谢榛《四溟诗话》云："欢喜之意有限，悲感之意无穷。"又云："愁苦甚则有感，欢乐多则无味。"此言悲感愁苦文学所以能感人深者之原委也。

凡所云者，皆有志于剖析悲观文学所以多且优于乐观文学之理，惜其旨多简浅，阐述未明。夫人生而有求自由解放永恒不息之生命力，文学创作者重之以个性欲望之表现，人类创造性之发挥，其感情至深，其思想独卓，故对于人间龌龊之感喟，恒倍蓰于常人，辄必敌视社会之羁絷，而醉心于理想。此情此思，既高出于人间世之表，曲高和寡，自必与浊世多所扞格。世我交违，而苦闷以生，是文学为苦闷之象征，而所以悲观文学恒占优势之理也。

《白雨斋词话》云:“诗以穷而后工，倚声亦然。故仙词不如鬼词，哀则幽郁，乐则浅显也。”试后先其辞以诠析之。作家之于作品，其初也，必因时、物、身世之刺激，而激发其感情，或以喜，或以悲;其继也，于悲或喜之余，回味思量所遭时、物、身世之况味，而得有一种情景饱和之意境；其终也，则藉声音文字表现此种意境以出之，而创作成功。喜之刺激加于人心，其反应单纯而倏急，此所以云显也；悲之刺激加于人心，其反应复杂而纾徐，此所以云郁也。及其翻成意境而表现为作品也，喜之意境由片刻之触发，表现之时，亦往往援牍如口诵；哀之意境须俟长时间之酝酿，表现之时亦辄含笔而腐毫。喜之意显，故乍言而已尽；悲之意郁，故曲说而难穷也。此喜之所以云浅，而哀之所以云幽也。云仙词不如鬼词，犹谓乐观之文学不如悲观文学也。自其创作者言之，悲喜之文已有精粗深浅之别；自其赏文者言之，由作品而涵泳其意境，终于通而共其悲与喜之时，其去程之浅显幽郁、倏急纾徐，殆同于作者之来路而无爽也。作者炼其精语以达其幽郁之怀，读者亦纵其深情而契其穷愁之志。此所云穷而后工者，作者之笔既工，而读者之意亦赏其工也。

若进而沿人之情，以求悲观与乐观文学之感人所以有深与浅之判者，亦似可得而论。谈笑而道之，则闻者共喜，而欢愉之情，必乍生而乍灭，若形藏而影逝，其亡也忽然；涕泣而道之，则闻者共戚，而凄楚之情，恒回斡而久悰，若余音绕梁橱，三日而不绝。盖缘人情之喜，如光之照临，薪尽而火灭；人情之悲，如水之浸淫，藕断而丝连也。乐观之作品，其兴会之勃生也，往往淋漓急遽，如霆如电，能予人以明快之感，如夏月之饮冰也，惟俟释卷而起，即之已邈；悲观之作品，其意境之萌动也，往往低徊要眇，如怨如慕，能撩人以惝悦之思，如桐阴之听雨也，时复瞑坐追惟，味之靡穷。文学本于情感者也，人生而有喜怨哀乐之情，时而值宠辱离合之事，载之以文字，或喜或悲，其质量之高下多寡与唤起他人同情之浅深，本宜均等而无轩轾也。但以人生苦乐虽兼而有之，倚伏而相推敚，乃人情多以为不如意事，十常八九，是其能开颜者不过十之一二也。由此情而为文，则悲观之文字自多；以偏于悲观之恒情而赏鉴悲观之作品，则声应气求，击节者宜不少矣。此悲观文学之价值所以能凌越乐观文学之理欤？

虽然，创作者未尝因悲观文学之可以广获知音而勉赴之，亦未尝因乐观文学不能深攖人心而辍翰不为也。其情之悲共喜，其文之有与无，一本于情思之自然，无矫无伪。盖以心有所蓄，必宣之于外，然后慊于内；霆震风鸣，蛩吟鸟语，天籁人籁，其揆一也。已达其情思矣，则又愿唤起他人之同情，然后惬于心；盖以人情之所贵在相悦以解，已之哀乐亦睠睠于他人之共有之也。然终以抒情为根干，而以相悦为荣华，未必将本徇末矣。苏轼《答陈师仲书》云："诗能穷人，所从来尚矣，而于轼特甚。今足下独不信，建言诗不能穷人，为之益力。其诗日已工，其穷殆未可量，然亦在所用而已。不龟手之药或以封，安知足下不以此达乎？人生如朝露，意所乐则为之，何暇计议穷达？云能穷人者固谬，云不能穷人者，亦未免有意于畏穷也。”从事于文学者，求其意之所安耳，“不以隐约而弗务，不以康乐而加思”，不计穷达，不徇物情也。

东坡诗有句云：“人生识字忧患始，姓名粗记可以休。”盖能以偏于悲观之心理而欣赏悲观之作品者，惟士为能，俗情未必然也。遗山诗有句云：“纵横正有凌云笔，俯仰随人亦可怜。”然能直伸己情之悲喜而不徇物情者，惟忠于艺术者为能，佻巧者未必然也。是以俗情多有伤悲离而宁欢合之衷，佻巧之作者，亦多有续悲剧为“团圆”之笔。投苏合与蜣螂，反却而走；唱《下里》于郢中，争和而歌也。王国维《静庵文集》云：“纯文学，以诗歌、戏剧、小说为其顶点，以其目的在描写人生故。而所谓描写人生者，在描写人生之苦痛与其解脱之道，而使吾侪冯生之徒，于此桎梏之世界中，离其生活之欲之争斗，而得其暂时之平和。若然者，唯悲剧能之。昔雅里大德勒于《诗论》中谓：‘悲剧者，所以感发人之情绪而高尚之。而如恐惧与悲悯二者，为悲剧中固有之物，由此感发而人之精神于焉洗涤。’然而我国人之精神，世间的也，乐天的也，故代表其精神之戏剧小说，无往而不著此乐天之色彩。始于悲者终于欢，始于离者终于合，始于困者终于亨。非是而欲餍阅[1]者之心，难矣。若《牡丹亭》之《返魂》，《长生殿》之《重圆》，其最著之例也。《西厢记》之以《惊梦》终也，未成之作也，此书若成，我乌知其不为《续西厢》之浅陋也？有《水浒传》矣，曷为而有《荡寇志》？有《桃花扇》矣，曷为而又有《南桃花扇》？有《红楼梦》矣，彼《红楼复梦》《补红楼梦》《续红楼梦》者，曷为而作也？又曷为而有反对《红楼梦》之《儿女英雄传》？故我国之文学中，其具厌世解脱之精神者，仅有《桃花扇》与《红楼梦》耳。而《桃花扇》之解脱，非真解脱也。沧桑之变，目击之而身历之，不能自悟，而悟于张道士之一言，一朝而舍之，自非三尺童子，其谁信之哉？故《桃花扇》之解脱，他律的也；而《红楼梦》之解脱，自律的也。且《桃花扇》之作者，但借侯、李之事，以写故国之戚，而非以描写人生为事。故《桃花扇》，政治的也，国民的也，历史的也；《红楼梦》，哲学的也，宇宙的也，文学的也。此《红楼梦》之所以大背于我国人之精神，而其价值，亦即存乎此。彼《南桃花扇》《红楼复梦》等，正代表我国人乐天之精神者也。故曰'中国文学罕悲剧'也。"畴日之戏剧小说，多投其好于世俗，辄必始离终合，以餍观者之心，作家自抒其情愫者，乃能不恤夫此。《红楼梦》以通俗之体，而能不左右于俗情，所以自今日观之，弥足贵也。他如诗词之类，皆文词之

[1] 阅　底本作"作"，据《现代中国文学史》（P.210）改。

士藉以寄其衷隐者，若祈人之知赏，亦若不祈人之知赏，每易见其性情，乃有穷而愈工之论。其不失为悲观文学，而篇什之多又迥非乐天派之诗词所能比数，自又不可以戏剧小说一例概之。与以文士之笔，亦未必悉出之率真，或则宗道术，或则骛声名，或则暴忠款，或则示仁爱，遂不免而有矫情之篇、欺世之作，又当分别以观之矣。

故执笔而为文字者，未必皆忠于艺术者也。其情与伪，将奚自以辨之耶？曰:亦因其辞反察其情而已。《日知录》云:“末世人情弥巧，文而不惭，固有朝赋《采薇》之篇，而夕有捧檄之喜者。苟以其言取之，则车载鲁连，斗量王蠋矣。曰:是不然。世有知言者出焉，则其人之真伪，即以其言辨之，而卒莫能逃也。《黍离》之大夫，始而摇摇，中而如醉，既而如噎，无可奈何而付之苍天者，真也。汨罗之忠[1]臣，言之重，辞之复，心烦意乱，而其词不能以次者，真也。栗里之征士，淡然若忘于世，而感愤之怀，有时不能自止，而微见其情者，真也。其汲汲于自表暴而为言者，伪也。《易》曰:‘将叛者其辞惭，中心疑者其辞枝，失其守者其辞屈。’《诗》曰:‘盗言孔甘，乱是用餤。’夫镜情伪，屏盗言，君子之道，兴王之事，莫先乎此。”衡文者能奉此为鉴文情真伪之矩矱，其庶几矣。

文学作品，发于作者之深情，以左右读者之心曲，非若以

[1] 忠　底本作“宗”，据《日知录集释》(P.431)改。

理服人者也。人之感情有热力，方其冲动之时，如巨浪，如不系之舟；理智则极冷静，方其运用之时，如止水，如晴空之月。故服人之理，心许首肯而已；若感于文者，往往不自知而手之舞之，足之蹈之，或竟叫号跳跃，若渴鹿之奔泉也。是以有其辞而无其情者，不足以感人；情于此而义于彼者，不可以服众。明乎此，则汉赋之所以不免“讽一劝百”者亦昭然矣。

汉武好大喜功，其爱辞赋也，非致好之也，喜其夸张扬厉契于己之心耳。其豢能赋之士也，非尊其德，非录其能，非重其学，非爱其才。“有奇异，辄使为文”，“俱在左右，诙啁而已”，是以“颇俳优畜之”，盖视赋家之献赋，犹俳优之献技耳。其赏文辞，非接以心，接以迹也；非接以情，接以欲也。至于司马相如、东方朔、枚皋之侪，其造辞赋也，非缘情以生文也，投天子之所好而冀以博禄位耳。方其应时应事而结撰也，骋其想象，丽其形式，篇终稍寓箴规之思想，而通幅不见真击[1]之感情。扬雄自悔为赋之语曰：“诗人之赋丽以则，辞人之赋丽以淫。如孔氏之门人[2]用赋也，则贾谊升堂，相如入室矣，如其不用何。”已知诗人、辞人之不同，而未知赋之所以“丽”，由想象之丰，形式之美，则诗人、辞人之所同也。诗人之能“则”即能感人心者，缘其发于感情之真也；辞人之“淫”而“不用”，即不能感人心者，缘其文未尝自情生也：则诗人、辞人之所由

[1] 真击　或当作“真挚”，挚　底本误“挚”底本作“擊”，据文意酌改。
[2] 人　底本脱，据《法言义疏》（P.50）补。

异也。辞人之造文辞，遗诗人之心而徒有其迹，非主文而谲谏，由利欲之熏心。上下交征欲，而赋卑矣。

《汉书·扬雄传》云："雄以为赋者将以风之，必推类而言，极丽靡之辞，闳侈巨衍，竞于使人不能加也，既乃归之于正，然览者已过矣。往时武帝好神仙，相如上《大人赋》，欲以风，帝反飘飘有凌云之志。由是言之，赋劝而不止，明矣。又颇似俳优淳于髡、优孟之徒，非法度所存，贤人君子诗赋之正也，于是辍不复为。""将以风之，必推类而言"，是有所为而为，非出于情之真也；"极丽靡之辞，闳侈巨衍，竞于使人不能加也"，是极竞想象形式之丰美以期动人也；"既乃归之于正"，冀以因袭空洞之思想而寓讽谏之意也；"然览者已过矣"，徒竦动于形式之美而未尝为情所动，因亦忽其所归之"正"也。故"武帝既招英俊，程其器能，用之如不及"，而司马相如以"与卓氏婚，饶于财，故其事宦，未尝肯与公卿国家之事，常称疾闲居，不慕官爵"，盖知不可为而不强求者也。东方朔则"自讼独不得大官"，何其不知自量？枚皋乃自言"为赋乃俳，见视如倡"，真自知知人之语矣。

扬子《法言·吾子》篇又云："或曰：'赋可以讽乎？'曰：'讽乎！讽则已，不已，吾恐不免于劝也。'"意在讽而转成劝，失在受之者欤，抑在施之者欤？施者不自于情，宜受之者之不由衷也。《汉书·司马相如传赞》云："相如虽多虚辞滥说，然其所归，引之于节俭，此与《诗》之风谏何异？扬雄以为靡丽之赋，劝百而讽一，犹骋郑、卫之声，曲终而奏雅，不已戏乎？”诗之风谏，固藉比兴之义，而其要在“言其志”“发乎情”，汉人之赋于此独缺，与诗之风谏迥殊矣。史臣思不及此，辄以雄言为过尔。

文辞，末也，感情，本也，将齐其末，必揣其本。感情真挚，而所表现者又适如其分，佳构也；矫揉造作或情虽真而不中者，浮辞也。《孟子·离娄》篇云：“徐子曰：‘仲尼亟称于水，曰：“水哉，水哉！何取于水也？”’孟子曰：‘原泉混混，不舍昼夜，盈科而后进，放乎四海，有本者如是，是之取尔。苟为无本，七八月之间雨集，沟浍皆盈，其涸也，可立而待也。故声闻过情，君子耻之。’”此非论文之语也，然而寻绎之可得论文之方。自来不朽之杰作，未有不珍惜护持其感情，盈科而后进者。至于情辞未必相称，而以特殊之际会得风行于一时者，其涸也亦可立而待也。总之，情余于辞，则有绕梁之音；辞余于情，每同嚼蜡之味。彼文辞不衷于情或为文而造情者，中无有也，其能久乎？

第六章

中国文学批评之想象论

情思之翻移 —“境界”— 创造的想象 — 分想与联想 — “寄兴词”与“决绝语” — “直寻”与“不隔” — 幻想 — 夸饰 — 隐与滥 — 直觉的创造与反省的创造 — 灵感 — “语有神助” — 灵感与学识 — “无迹可求”与“自然高妙” — “天机”与“虚静” — 养气与灵感 — 风格 — “具眼具耳” — 格调说与本色论 — 创作与摹仿 — “清词丽句别裁伪体” — “适分胸臆牵课才外” — 天才与学力

屈平《九章》云：“惜诵以致愍兮，发愤以抒情。”又云：“文质疏内兮，众不知余之异采。”盖作者中蓄深挚之感情与卓越之思想，必谋藉声音文字以宣泄之。不宣达之于外，则情不自已；宣达诸外而不能唤起他人之同情，于意又不自怿也。《离骚》云：“既替予以蕙纕兮，又申之以揽茝。亦余心之所善兮，虽九死其犹未悔！”输忠款于艺术，度勤心于表现者，亦有此风矣。

自其表现之迹言之，情思，抽象之心灵活动也，及于事物之表，而构成一种意象，将此情景交炼之意象表而出之，则已翻移为具体之描写矣。《文心雕龙·神思》篇云："夫神思方运，万涂竞萌，规矩虚位，刻镂无形。登山则情满于山，观海则意溢于海，我才之多少，将与风云而并驱矣。"情满意溢，必待搦翰成篇，刻镂山海风云之景象，以明其动我之实也。

自其表现之术言之，抽象之情辞、理辞，咸不足以摇撼他人之心魄，即便感人，亦不能深。必待作者尽暴其所遭之情境于读者前，使亦俯仰其间，而激动其情思，一若向时作者之所曾感受者，乃能交感而相契也。《文史通义·史德》篇云："事不能无盛衰消息，一有盛衰消息，则往复凭吊，生流连矣，流连不已，而情深焉……凡文不足以入人，所以入人者，情也。"以情入人，又必纪事反本，使读者亦往复凭吊而生流连也。

《说诗晬语》云："事难显陈，理难言罄，每托物连类以形之；郁情欲舒，天机随触，每借物引怀以抒之。比兴互陈，反复唱叹，而中藏之欢愉惨戚，隐跃欲传，其言浅，其情深也。倘质直敷陈，绝无蕴蓄，以无情之语，而欲动人之情，难矣。"则于想象翻移情思以感人之理，阐述略同今时，盖所悟者深也。

《人间词话》云："词以境界为最上。有境界则自成高格，自有名句[1]。五代、北宋之词所以独绝者在此。有造境，有写境，此理想与写实二派之所由分。然二者颇难分别，因大诗人所造

[1] 自有名句　底本脱，据《人间词话》（P.1）补。

之境必合乎自然，所写之境亦必邻于理想故也……自然中之物互相关系，互相限制，然其写之于文学及美术中也，必遗其关系限制之处，故虽写实家亦理想家也。又虽如何虚构之境，其材料必求之于自然，而其构造亦必从自然之法律，故虽理想家亦写实家也。境非独谓景物也，喜怒哀乐亦人心中之一境界。故能写真景物真情感者，谓之有境界，否则谓之无境界……严沧浪《诗话》谓：'盛唐诸公，惟在兴趣，羚羊挂角，无迹可求。故其妙处，透彻玲珑，不可凑泊。如空中之音，相中之色，水中之影，镜中之象，言有尽而意无穷。'余谓北宋以前之词，亦复如是。然沧浪所谓'兴趣'，阮亭所谓'神韵'，犹不过道其面目，不若鄙人拈出'境界'二字为探其本也。"所云"境界"，即表现于作品之意象，其构成之因素，为真感情真景物，情景交融而形成一种意象。其写景也，出自对于形相之直觉，即所云"遗其关系限制之处"之意；其抒情也，出自既往经验之反省，即所云"构造必从自然之法律"也。沧浪之所谓"兴趣"，凭于灵感之创作也；阮亭之所谓"神韵"，依于含蓄之创作也。"境界"二字，探其本亦赅其全矣。

情思之所以能构成意象，意象之所以能外射于作品，端恃作者之能运用其想象也。《文赋》云："其始也，皆收视反听，耽思傍讯，精骛八极，心游万仞。其致也，情曈昽[1]而弥鲜，

[1] 曈昽　底本作"瞳眬"，据《文赋集释》（P.25）改。

物昭晰而互进，倾群言之沥液，漱六艺之芳润，浮天渊以安流，濯下泉而潜浸。于是沉辞怫悦，若游鱼衔钩而出重渊之深；浮藻联翩，若翰鸟缨缴而坠曾云之峻。收百世之阙文，采千载之遗韵，谢朝华于已披，启夕秀于未振。观古今之须臾，抚四海于一瞬。”“收视反听”，凭直觉也；“耽思傍讯”，倚联想也；“精骛八极，心游万仞”，纵情思于事物之表也；“情曈昽而弥鲜，物昭晰而互进”，情景交融为意象也；“倾群言之沥液，漱六艺之芳润，浮天渊以安流，濯下泉而潜浸”，云摛藻以描写也；“沉辞怫悦，若游鱼衔钩而出重渊之深”，喻思苦而辞艰者也；“浮藻联翩，若翰鸟缨缴而坠曾云之峻”，状思捷而辞邕者也；“收百世之阙文，采千载之遗韵，谢朝华于已披，启夕秀于未振”，收采旧材料而创造新形式也；“观古今之须臾，抚四海于一瞬”，包罗时空之万有，皆想象为其枢机矣。

《文心雕龙·神思》篇云：“古人云：‘形在江海之上，心存魏阙之下。’神思之谓也。文之思也，其神远矣。故寂然凝虑，思接千载；悄然动容，视通万里。吟咏之间，吐纳珠玉之声；眉睫之前，卷舒风云之色：其思理之致乎！”言构成意象时想象之活动也。又《比兴》篇云：“诗文宏奥，包韫六义，毛公述传，独标兴体。岂不以风异而赋同，比显而兴隐哉？故比者，附也；兴者，起也。附理者切类以指事，起情者依微以拟义。起情故兴体以立，附理故比例以生。比则畜愤以斥言，兴则环譬以托讽。盖随时之义不一，故诗人之志有二也。”言外射为作品时想象之表现也。

心理学者恒析想象为再现的与创造的二种。艺术所凭依者为创造的想象，缘创造乃系予平常之材料以不平常之综合，而此综合作用则惟创造的想象能效其伎也。《文心》所云“畜愤以斥言，环譬以托讽”，皆本其情思藉想象力以裁取综合其题材之谓也。非创造的想象，其孰能“依微以拟议”乎？创造的想象于裁取时，恃心理上之分想作用以抉择之；于综合时，则恃联想作用以融会之。舍分想与联想，其孰能“切类以指事”乎？是故不运用创造的想象则不能有创作，不能分想则无以献可替否，不能联想则无以因内符外：创造的想象所以恒必倚兹二者为左右手也。

诗有比兴之义，比者藉联想作用以将彼喻此也，兴则系藉创造的想象以融物态而起人情者也。陈启源《毛诗稽古篇》云：“兴比皆喻，而体不同。兴者，兴会所至，非即非离，言在此，意在彼，其词微，其旨远。比者，一正一喻，两相比况，其词决，其旨显，且与赋交错而成文，不若兴语之用以发端，多在章首[1]也。”“一正一喻，两相比况”，词由于联想作用也；“兴会所至，非即非离”，文生于创造的想象也。自来释比兴之义，无如陈氏之透辟者。《新理学·艺术章》云：“诗有比兴。照[2]旧说，诗人欲说某事物而不直说之，说一别事物以喻某事物，

[1] 章首　底本作“前章”，据《毛诗稽古编》卷二五（P.13）改。

[2] 照　底本脱，据《新理学》（P.242）补。

谓之比，说一别事物以引某事物，谓之兴。如所谓‘美人香草，以喻君子；飘风云霓，以喻小人’，此谓之比；如以‘关关雎鸠’引‘君子好逑’，以嘤鸣引求友，此谓之兴。但说一别事物，如何可喻某事物，如何可引某事物，旧说未有解释。今时以为一别事物可喻或可引某事物，必此别事物与此某事物在某方面同是某一种事物，有相同之性，而此性正是[1]此诗人所拟表示者。诗人欲表示某事物之某性，以别事物之亦有此某性者喻之引之。此别事物与此某事物，在别方面可以绝不相同，绝无关系。于此可使人觉此某事物或此别事物所有别底[2]性，于此均属无干，只此某性豁然显露，因以激动人心，使起与之相应之情。此比兴之功用也。”则混同比兴之义以阐论，未暇细辨。此节“喻之”以上，可以释联想作用之比；“引之”以下，可以释创造的想象之兴。比易见而兴难晓，故毛公传《诗》，独标兴体；《诗》中亦多有先比而后赋者矣，其制又不同于兴也。

《文心雕龙·风骨》篇云：“诗总六义，风冠其首，斯乃化感之本源，志气之符契也。是以怊怅述情，必始乎风；沉吟铺辞，莫先于骨。故辞之待骨，如体之树骸；情之含风，犹形之包气。结言端直，则文骨成焉；意气骏爽，则文风清焉。若丰藻克赡，风骨不飞，则振采失鲜，负声无力。是以缀虑裁篇，务盈守气，刚健既实，辉光乃新。其为文用，譬征鸟之使翼

[1] 是　底本脱，据《新理学》（P.243）补。
[2] 底　底本作“种”，据《新理学》（P.243）改。

也。故练于骨者，析辞必精；深乎风者，述情必显。捶字坚而难移，结响凝而不滞，此风骨之力也。若瘠义肥辞，繁杂失统，则无骨之征也；思不环周，索莫乏气，则无风之验也。昔潘勖锡魏，思摹经典，群才韬笔，乃其骨髓峻也；相如赋仙，气号凌云，蔚为辞宗，乃其风力遒也。能鉴斯要，可以定文；兹术或违，无务繁采。故魏文称‘文以气为主，气之清浊有体，不可力强而致’，故其论孔融，则云‘体气高妙’；论徐幹，则云‘时有齐气’；论刘桢，则云‘有逸气’。公幹亦云：‘孔氏卓卓，信含异气，笔墨之性，殆不可胜。’并重气之旨也[1]。夫翚翟备色而翾翥百步，肌丰而力沉也；鹰隼乏采而翰飞戾天，骨劲而气猛也。文章才力，有似于此。若风骨乏采，则鸷集翰林；采乏风骨，则雉窜文囿。唯藻耀而高翔，固文笔之鸣凤也。”综览刘氏之论，以为抒摅者情思，而形于文者风，犹今之云感情、思想咸为文学之元素，又须藉联想作用以形之也；以为铺陈者辞藻，而持其纲者骨，犹今之云形式亦为文学元素之一，又须藉分想作用以饬之也。篇中所言“气”“志”“情”“思”，感情、思想也；“辞”“藻”“采”“字”“声”“响”，形式也。“风”似相当于联想作用，“骨”似相当于分想作用。风骨之力既充，而创造的想象有据；想象已兴，枢机以灵，气闳于中，采肆于外。故彦和论风骨而兼及气，溯厥本也，“意气骏爽，则文风清”，

[1] 并重气之旨也　底本脱，据《文心雕龙注》（P.514）补。

明意为风渊源之所自；论风骨而兼及采，要厥终也，“藻耀而高翔，固文笔之鸣凤”，明骨与辞相须而后成也。

创造的想象恒依分想作用与联想作用而活动，分析而综合之，以成创作，此概括言之耳。凭藉其一，已可以获得意象矣。人之创作，本于情感，必翻移此抽象之情思为具体之描写，然后能内达情意而外感人心。此翻移工夫恃作者想象之活动，前已具论。而此种想象即依联想作用而活动，往往不假分想之区画也。《人间词话》云：“宋尚木《蝶恋花》‘新样罗衣浑弃却，犹寻旧日春衫著’，谭复堂《蝶恋花》‘连理枝头侬与汝，千花百草从渠许’，可谓寄兴深微。”寄托之作，比兴之篇，或将情寓景，或藉物遣怀者，皆凭联想以运思者也。牛希济《生查子》“记得绿罗裙，处处怜芳草”，亦其例已。至于分想作用之独擅其用，则或由内情抉择外景而剪裁之，或就繁复之情感中摅其一端而表出之，亦能自成意境。贺裳《词筌》云：“小词含蓄为佳，亦有作决绝语而妙者，如韦庄‘谁家年少足风流，妾拟将身嫁与，一生休。纵被无情弃，不能羞’之类是也。”决绝之语，缘情感而分想者也。另如马东篱《天净沙》“夕阳西下，断肠人在天涯”，则就景物而分想者也。此皆不藉联想而运思，赋而非比兴也。《诗品》云：“至乎吟咏情性，亦何贵于用事？‘思君如流水’，既是即目；‘高台多悲风’，亦唯所见。‘清晨登陇首’，羌无故实；‘明月照积雪’，讵出经史？观古今胜语，多非补假，皆由直寻。”《人间词话》云：“‘生年不满百，常怀千岁忧，昼短苦夜长，何不秉烛游'，'服食求神仙，多为药所误，不如饮美酒，被服纨与素'，写情如此，方为不隔；'采菊东篱下，悠然见南山，山气日夕佳，飞鸟相与还'，'天似穹庐，笼盖四野，天苍苍，野茫茫，风吹草低见牛羊'，写景如此，方为不隔。"直寻与不隔之句，皆沿分想作用以裁取者也。但创作并不专倚于分想作用以直寻不隔之句也，钟、王二氏崇此立论，所见稍偏。

且创作倚分想而辟意境者盖少，藉联想以达情思者为多。一以分想于题材多受限制，联想之活动则极自由；再则以作者将达其深曲之情，必低徊要眇以喻其志，思路辄援联想以旁及也。沈约斋《论词随笔》云："词贵愈转愈深。稼轩云：'是他春带愁来，春归何处，却不解带将愁去。'玉田云：'东风且伴蔷薇住，到蔷薇、春已堪怜。'下句即从上句转出，而意更深远。"所云转出即联想也。此例仍存联想之迹，以思路之端末示人，故读者觉其入情入理，而涉想尚未为深也。《词筌》云："唐李益诗'嫁得瞿塘贾'云云，子野《一丛花》末句云'不如桃杏，犹解嫁东风'，此皆无理而妙。"邹程村《词衷》云："张子野'不如桃杏，犹解嫁东风'，《词筌》谓其无理而妙。羡门'落花一夜嫁东风，无情蜂蝶轻相许'，愈无理而愈妙，试与解人参之。"联想渐深而灭其迹，读者滋疑其不当于理；不当于理而转称妙者，盖虽远于理而实近于情也。若情理并悖，想入非非，则幻想而非联想，亦非文学所有事已。

文学于修辞有夸饰一格，亦藉联想以增加文章之深度与浓度，以达己身深曲之情思而唤起读者浓厚之同情者也。《文心雕龙·夸饰》篇云：“夫形而上者谓之道，形而下者谓之器。神道难摹，精言不能追其极；形器易写，壮辞可得喻其真。才非短长，理自难易耳。故自天地以降，豫入声貌，文辞所被，夸饰恒存。”事物之描写，喻真为易，尚可不假于藻绘；情理之精幽，摹画实难，辄必有待于夸饰也。此论夸饰为达情思，盖文之所不能已者。又云：“至于气貌山海，体势宫殿，嵯峨揭业，熠耀焜煌之状，光采炜炜而欲然，声貌岌岌其将动矣。莫不因夸以成状，沿饰而得奇也。”则并谓事物之描写，亦有因夸饰而成状得奇者矣。又云：“虽《诗》《书》雅言，风格训世，事必宜广，文亦过焉。是以言峻则‘嵩高极天’，论狭则‘河不容舠’，说多则‘子孙千亿’，称少则‘民靡孑遗’，襄陵举‘滔天’之目，倒戈立‘漂杵’之论。辞虽已甚，其义无害也……然饰穷其要，则心声锋起；夸过其理，则名实两乖。若能酌《诗》《书》之旷旨，翦扬、马之甚泰，使夸而有节，饰而不诬，亦可谓之懿也。”则举《诗》《书》以例夸饰之于义无害，惩扬、马以维夸饰之有节不诬。夫“夸饰在用，文岂循检”，濡翰之士，其心本隐，其文则显，以显明之笔，宣深曲之情，不饰则嫌己之所抒摅者难契于心也；其理既精，其言务邕，以条邕之论，达精微之旨，不夸则虑人之未尝思者难服其言也。夫岂无所为而夸饰哉，情有不能已，事有不得已也。

吴宓先生《诗学总论》云："柳宗元诗'一身去国六千里，万死投荒十二年'，又陈其年诗'百年骨肉分三地，万死悲哀并九秋'。夫二人之艰难困苦，虽至其极，然尚未死。即人死亦只一次，乃曰'万死'，是切挚之笔也……切挚有二法：或加增其数量，或改易其事理。所谓改易其事理者，即诗人感情深挚激切之时，所言实与真理实象不合，与世中常情相悖，而写来又但觉其逼真，而颠扑不破是也。"此自作者为达情思必倚夸饰然后慊而言之也。又明理之作，则必希人之用吾言矣；抒情之士，亦睠睠望人之同情于己也。己有情思而宣达于外，他人初未尝与我有同情同思也；将以己之声采，发他人之瞶聋，舍夸饰无缘以得影响也。故《文心》又云："于是后进之才，奖气挟声，轩翥而欲奋飞，腾掷而羞跼步。辞入炜烨，春藻不能程其艳；言在[1]萎绝，寒谷未足成其凋。谈欢则字与笑并，论戚[2]则声共泣偕。信可以发蕴而飞滞，披瞽而骇聋矣。"此自作者为唤起他人之同情必倚夸饰然后果而言之也。警愚骏者必倍其辞，矫枉曲者必过其正，夸饰固行文之妙谛矣。

左思《三都赋序》云："且夫玉卮无当，虽宝非用；侈言无验，虽丽非经。而论者莫不诋讦其研精，作者大氐举为宪章，积习生常，有自来矣。余既思摹《二京》而赋《三都》，其山川城邑，则稽之地图；其鸟兽草木，则验之方志。风谣歌舞，

[1] 在　底本作"其"，据《文心雕龙注》（P.609）改。
[2] 戚　底本作"感"，据《文心雕龙注》（P.609）改。

各附其俗；魁梧长者，莫非其旧。何则？发言为诗者，咏其所志也；升高能赋者，颂其所见也。美物者贵依其本，赞事者宜本其实。匪本匪实，览者奚信？”则以科学之态度临文，不谙夸饰之旨，不但翦扬、马之甚泰，且废班、张之润色，非知文之论已。皇甫谧《三都赋序》云：“古人称不歌而诵谓之赋，然则赋也者，所以因物造端，敷弘体理，欲人不能加也。引而伸之，故文必极美；触类而长之，故辞必尽丽。然则美丽之文，赋之作也。”“因物造端，极美尽丽”，契于饰矣；“触类而长，人不能加”，几于夸矣。而一归之于“美丽之文”，说胜太冲多许。王充《论衡·艺增》篇云：“世俗所患，患言事增其实，著文垂辞，辞出溢其真，称美过其善，进恶没其罪。何则？俗人好奇，不奇，言不用也。故誉人不增其美，则闻者不快其意；毁人不益其恶，则听者不惬于心。闻一增以为十，见百益以为千。使夫纯朴之事，十剖百判；审然之语，千反万畔。墨子哭于练丝，杨子哭于歧道，盖伤失本，悲离其实也。”人生而情怀欲念无不好奇，好奇亦何尝便为俗人？我既知人之无不好奇，而符契之以夸饰，夸饰亦何尝便为文患？仲任申夸饰以餍好奇之失，将以矫虚增之习，乃不知适所以为夸饰地也。且若“十剖百判，千反万畔”，讵非夸耶，亦将何以自解？理之所在，弥攻弥坚矣。虽然，仍宜以“有节不诬”为准绳。犹云“子孙千亿”，虽侈泰之甚，不以为爽；若谓“天有二日”，不过增一而已，必诧其不伦也。“旷而不溢，奢而无玷”，庶为得之。故想象于夸仍有其中，过与不及，皆所病耳。

《诗品》云：“故《诗》有三义焉：一曰兴，二曰比，三曰赋。文已尽而意有余，兴也；因物喻志，比也；直书其事，寓言写物，赋也。宏斯三义，酌而用之，干之以风力，润之以丹彩，使味之者无极，闻之者动心，是诗之至也。若专用比兴，则患在意深，意深则辞踬；若但用赋体，则患在意浮，意浮则文散，嬉成流移，文无止泊，有芜漫之累矣。”“干之以风力”，云想象也；“润之以丹彩”，云形式也。意深词踬者，联想过于幽邃，而患在晦；意浮芜漫者，分想不辨淄渑，而失于滥。元遗山《论诗绝句》云：“望帝春心托杜鹃，佳人锦瑟怨华年。诗家总爱西昆好，只恨无人作郑笺。”论李商隐诗与西昆体之晦而难解也。义山盖感时伤世，有难言之隐，故托于讽咏者多取象征，曲用联想以寓深致，意虽晦，尚可以动人迷离惝怳之思。西昆一派，则专于奇险僻涩，晦而无足取矣。《人间词话》云：“梦窗之词，余得取其词中一语以评之，曰‘映梦窗，凌乱碧’；玉田之词，余得取其词中一语以评之，曰‘玉老田荒’。”盖讥梦窗之词榛楛勿剪，而玉田之词枯槁乏味也。乱由于镕裁不当，荒由于撷采无方，皆分想作用未能甄别去留，乃致斯累。取材既滥，故文散而无止泊矣。

云晦与滥，文章之病也；若其善者，则有秀有隐，所谓“隐以复意为工，秀以卓绝为巧”也。司空图《诗品》品“自然”之格云：“俯拾即是，不取诸邻。俱道适往，着手成春。如逢花开，如瞻岁新。真予不夺，强得易贫。幽人空山，过雨采蘋。薄言情悟，悠悠天钧。”诗之挺秀者也。品“委曲”之格云：“登彼太行，翠绕羊肠。杳霭流玉，悠悠花香。力之于时，声之于羌。似往已回，如幽匪藏。水理漩洑，鹏风翱翔。道不自器，与之圆方。”诗之蓄隐者也。大抵文学之造沉着痛快之境者，其触发文思也骠疾，“俯拾即是”，妙夺天工，秀之美者也。文学之擅委曲含蓄之场者，其紬绎文思也纡徐，“如幽匪藏”，曲尽人意，隐之美者也。故创造可析为直觉的与反省的二种。《文心·神思》篇云：“是以意授于思，言授于意。密则无际，疏则千里。或理在方寸，而求之域表；或义在咫尺，而思隔山河。是以秉心养术，无务苦虑；含章司契，不必劳情也。”摹写直觉的创造之形貌者也。《通变》篇云：“是以规略文统，宜宏大体。先博览以精阅，总纲纪而摄契。然后拓衢路，置关键，长辔远驭，从容按节，凭情以会通，负气以适变，采如宛虹之奋鬐，光若长离之振翼，乃颖脱之文矣。”揭橥反省的创造之规为者也。

反省的创造由于有意识之运思，直觉的创造由于灵感之涌现。灵感之产生，则缘人有潜意识之活动，蓦然显现于意识界，突如其来，悠然而逝，不受意识之统摄。《西京杂记》云：“司马相如为《上林》《子虚》赋，意思萧散，不复与外事相关。控引天地，错综古今，忽然如睡，焕然而兴，几百日而后成。其友人盛览，字长通，牂牁名士，尝问以作赋。相如曰：‘合綦组以成文，列锦绣而为质，一经一纬，一宫一商，此赋之迹也。赋家之心，苞括宇宙，总览人物，斯乃得之于内，不可得而传。’览乃作《合组歌》《列锦赋》而退，终身不复敢言作赋之心矣。”“意思萧散，不复与外事相关”，以虚静空灵之心伫灵感之涌现也；“控引天地，错综古今”，藉意识界之识见为钩致潜意识活动映现之因缘也；“忽然如睡，焕然而醒”，摹写灵感去来之迹象也；“几百日而后成”，乘灵感固顷刻之事，而邀以伫之者必累月而兼旬，然则长卿之“含笔而腐毫”，非雕饰之需时，惟神思之有待耳。“綦组锦绣，经纬宫商，此赋之迹”，谓文学之形式也；“赋家之心，苞括宇宙，总览人物，斯乃得之于内”，则谓文学创作之凭依灵感，故云“不可得而传”也。昔人不明真象，每视直觉的创造为有神助。《西京杂记》又云：“司马长卿赋，时人皆称典而丽，虽诗人之作不能加也。扬子云曰：‘长卿赋不似从人间来，其神化所至邪？’子云学相如为赋而弗逮，故雅服焉。”“神化”亦犹今之云“灵感”也，特未尝推原厥由，空作漫语而已。《诗品》云：“《谢氏家录》云：‘康乐每对惠连，辄得佳语。后在永嘉西堂，思诗竟日不就，寤寐间忽见惠连，即成“池塘生春草”，故尝云：“此语有神助，非吾语也。”’……初，淹罢宣城郡，遂宿冶亭。梦一美丈夫，自称郭璞，谓淹曰：‘我有笔在卿处多年矣，可以见还。’淹探囊中，将五色笔以授之。尔后为诗，不复成语。故世传江淹才尽。”谢诗以雕饰为工，平生之作殆悉属反省的创造，乃忽得清新自然之句，非由思至者，故委之神助。江郎才尽，则亦云由神鬼夺之，事虽无稽，然可见昔人之信心也。

杜甫《奉赠韦左丞丈》诗中有句云：“甫昔少年日，早充观国宾。读书破万卷，下笔如有神。”工部为诗，自云：“新诗改罢自长吟。”又云：“语不惊人死不休。”可知其极尚锻炼，诗材又多取时事，篇什亦什九循反省的创造者。偶成感兴之作，非由“赋得”时，遂亦生下笔有神之感。但又不信果有神也，故着一“如”字，而推原厥始，则认为“读书破万卷”积学之故。今时咸知灵感之培育，仍恃意识界之经验在潜意识中经过时日之酝酿，乃告成熟，故灵感亦有仰给于学识经验之处。子美朴诚，言乃当理。陆游《文章》诗中有句云：“文章本天成，妙手偶得之。粹然无瑕疵，岂复须人为。”则委凭灵感之创作于天成，知其一而不知其二矣。

严羽以禅道论诗，惟主妙悟。其《沧浪诗话》云：“禅家者流，乘有大小，宗有南北，道有邪正。学者须从最上乘，具正法眼，悟第一义。若小乘禅，声闻、辟支果，皆非正也。论诗如论禅。汉、魏、晋与盛唐之诗，则第一义也。大历以还之诗，则小乘禅也，已落第二义矣。晚唐之诗，则声闻、辟支果也……大抵禅道唯在妙悟，诗道亦有妙悟。且孟襄阳学力下韩退之远甚，而其诗独出退之之上者，一味妙悟而已。惟悟乃能当行，乃为本色……夫诗有别材，非关书也；诗有别趣，非关理也。然非多读书，多穷理，则不能极其致。所谓不涉理路，不落言筌者，上也。诗者，吟咏情性者也。盛唐诸人，惟在兴趣，羚羊挂角，无迹可求。故其妙处，透彻玲珑，不可凑[1]泊。如空中之音，相中之色，水中之月，镜中之象，言有尽而意无穷。近代诸公，乃作奇特解会，遂以文字为诗，以才学为诗，以议论为诗。夫岂不工，终非古人之诗也。盖于一唱三叹之音，有所歉焉。"姜夔曾"大悟学即病，不若无所学者之为得"，其《白石诗说》云："诗有四种高妙：一曰理高妙，二曰意高妙，三曰想高妙，四曰自然高妙。碍而实通，曰理高妙；出乎意外，曰意高妙；写出幽微，如清潭见底，曰想高妙；非奇非怪，剥落文采，知其妙而不知其所以妙，曰自然高妙。"严之所云"无迹可求"，姜之所云"自然高妙"，心目中皆以直觉的创造为诗之正轨者也。第其所以臻于妙之理，彼侪亦未尝窥其垠际，故云"不可凑泊"，云"知其妙而不知其所以妙"也。

畴昔我国问学之士，多摒绝方法，固步自封，故学术每感其进步太迟，理论辄失于模棱两可。于一切事理，往往知其然而不知其所以然。不事深求者，论"其然"而止；深求其"所以"者，又每堕于虚玄。浅深虽异，其无当于理则一。又以不似今日可得其他科学知识之辅畀，故虽广譬繁说，终难鞭辟近里。至其用心，盖良苦矣。《文赋》云："若夫应感之会，通塞之纪，来不可遏，去不可止，藏若影灭，行犹响起。方天机之骏利，

[1] 凑　底本作"溱"，据《沧浪诗话校释》（P.26）改。

夫何纷而不理？思风发于胸臆，言泉流于唇齿，纷葳蕤以馺遝，唯毫素之所拟。文徽徽以溢目，音泠泠而盈耳。及其六情底滞，志往神留，兀若枯木，豁若涸流。揽营魂以探赜，顿精爽于自求。理翳翳而愈伏，思乙乙其若抽。是以或竭情而多悔，或率意而寡尤。虽[1]兹物之在我，非余力之所勠。故时抚空怀而自惋，吾未识夫开塞之所由。”肆力描绘灵感之动静，而苦于不明其通塞之故，艰于探原，不得不勤揭其委耳。

李德裕《文箴》云：“文之为物，自然灵气，恍惚而来，不思而至。杼柚得之，淡而无味，琢刻藻绘，弥不足贵。如彼璞玉，磨砻成器。奢者为之，错以金翠，美质既雕，良宝斯弃。”“恍惚而来，不思而至”，所云自然之“灵气”，犹灵感也。谓宜凭灵感以行文，故亟言雕琢之非贵；能志耽璞玉之全，则思中文饶之裕矣。金喟批《西厢记》云：“文章最妙是此一刻被灵眼觑见，便于此一刻放灵手捉住。盖于略前一刻亦不见，略后一刻便亦不见。恰恰不知何故，却于此一刻忽然觑见，若不捉住，便更寻不出。今《西厢记》若干文字，皆是作者不知于何一刻中灵眼忽然觑见，便疾捉住，因而直传到如今。细思万千年以来，知他有何限妙文，已被觑见，却不曾捉得住，遂总付之泥牛入海，永无消息。”设灵手灵眼之辞，明忽觑忽亡之迹，正指灵感而言。不乘灵感以行文，辄如泥牛入海，徒发

[1] 虽　底本作“号”，据《文赋集释》（P.168）改。

圣叹之喟矣。

《文心雕龙·神思》篇云:“故思理为妙，神与物游。神居胸臆，而志气统其关键;物沿耳目，而辞令管其枢机。枢机方通，则物无隐貌;关键将塞，则神有遁心。是以钧陶文思，贵在虚静。疏瀹五藏，澡雪精神。积学以储宝，酌理以富才，研阅以穷照，驯致以怿辞。然后使元解之宰，寻声律而定墨;烛照之匠，窥意象而运斤。此盖驭文之首术，谋篇之大端。”亦论灵感之来去飘忽，人力不能为其尸主，云宜待之以虚静，资之以积学。虽尚未能便得鱼兔，其布置筌蹄之法则似之矣。又云:“若情数[1]诡杂，体变迁贸，拙辞或孕于巧义，庸事或萌于新意。视布于麻，虽云未费，杼轴献功，焕然乃珍。至于思表纤旨，文外曲致，言所不追，笔固知止。至精而后阐其妙，至变而后通其数。伊挚不能言鼎，轮扁不能语斤，其微矣夫!”固亦自知难辨其微，然既“按辔文雅之场，环络藻绘之府”，势又不能置也。

《养气》篇云:“夫耳目鼻口，生之役也;心虑言辞，神之用也。率志委和，则理融而情畅;钻砺过分，则神疲而气衰。此性情之数也……若夫器分有限，智用无涯。或惭凫企鹤，沥辞镌思，于是精气内销，有似尾闾之波;神志外伤，同乎牛山之木。怛惕之成疾，亦可推矣……夫学业在勤，功庸弗怠，

[1] 数 底本作“术”，据《文心雕龙注》(P.495)改。

故有锥股自厉，和熊以苦之人。志于文也，则申写郁滞，故宜从容率情，优柔适会。若销铄精胆，蹙迫和气，秉牍以驱龄，洒翰以伐性，岂圣贤之素心，会文之直理哉？且夫思有利钝，时有通塞。沐则心覆，且或反常；神之方昏，再三愈黩。是以吐纳文艺，务在节宣。清和其心，调畅其气，烦而即舍，勿使壅滞。意得则舒怀以命笔，理伏则投笔以卷怀。逍遥以针劳，谈笑以药倦，常弄闲于才锋，贾余于文勇，使刃发如新，腠理无滞。虽非胎息之迈术，亦卫气之一方也。”此篇亦系阐说养卫灵感而善乘之以为文之理。原夫人之为学，一必博闻强识，一须优游容与，一张一弛，而业以进。《礼记·学记》云：“君子之于学也，藏焉，修焉，息焉，游焉。”云藏与修，博闻之谓也；云息与游，优游之谓也。至于为文，允宜既阏于中，乃肆于外，未可“惭凫企鹤，沥辞镌思”。充其气而卫以宜，乃谓善养浩然也。灵感之来去，既不受意识之支配，故“销铄精胆，蹙迫和气”，非“会文之直理”。灵感之成熟，既仍倚学验之沾溉，故“锥股自厉，和熊以苦”，刘氏以入养气之篇也。云“学业在勤，功庸弗怠”，虽以反衬吐纳文艺之宜调畅清和，亦兼示养气之藉重学功也。又云“从容率情，优柔适会”，犹谓创作之辄凭灵感也。然则养气云者，质言之，即充实意识界之经验以浚其源，而善乘灵感之涌现以存其迹也。前者之意浅，故约略而言之；后者之旨深，故反覆以论之。纪昀评之云：“学宜苦而行文须乐。”片语居要，言为得刘氏之心矣。

至于曹丕等人之云气，犹风格也。风格者，作者之个性与经验决定其思路，而形于文者遂有其独特之点也。方苞《钦定四书文凡例》所云“依于理以达其辞者，则存乎气。气也者，各称其资材，而视所学之浅深，以为充歉者也”，正此意耳。思路者，想象活动之方向也。文学创造者，人挟其个性，禀于先天者不同；人有其遭际，染于后天者亦异。当其“精骛八极，心游万仞”之时，其想象之活动，感兴之触发，必人异其致，而所表现于作品者，乃各有一种风格而不同其气也。《典论·论文》云：“文以气为主，气之清浊有体，不可力强而致。譬诸音乐，曲度虽均，节奏同检，至于引气不齐，巧拙有素，虽在父兄，不能以移子弟。”言风格之不同与难移也。又云“徐幹时有齐气”，“孔融体气高妙”，《与吴质书》又云“公幹有逸气，但未遒耳”，分论各人作品之风格也。

苏辙《上枢密韩太尉书》云：“辙生好为文，思之至深，以为文者气之所形，然文不可以学而能，气可以养而致。孟子曰：‘我善养吾浩然之气。’今观其文章宽厚宏博，充乎天地之间，称其气之大小。太史公行天下，周览四海名山大川，与燕、赵间豪俊交游，故其文疏荡，颇有奇气。此二子者，岂尝执笔学为如此之文哉？其气充乎其中而溢乎其貌，动乎其言而见乎其文，而不自知也。辙生十有九年矣。其居家所与游者，不过其邻里乡党之人，所见不过数百里之间，无高山大野可登览以自广。百氏之书虽无所不读，然皆古人之陈迹，不足以激发其志气。恐遂汩没，故决然舍去，求天下奇闻壮观，以知天地之广大。过秦汉之故都，恣观终南、嵩、华之高，北顾黄河之奔流，慨然想见古之豪杰。至京师，仰观天子宫阙之壮，与仓廪府库城池苑囿之富且大也，而后知天下之巨丽。见翰林欧阳公，听其议论之宏辩，观其容貌之秀伟，与其门人贤士大夫游，而后知天下之文章聚乎此也。太尉以才略冠天下，天下之所恃以无忧，四夷之所惮以不敢发，入则周公召公，出则方叔召虎，而辙也未之见焉。且夫人之学也，不志其大，虽多而何为？辙之来也，于山见终南、嵩、华之高，于水见黄河之大且深，于人见欧阳公，而犹以为未见太尉也。故愿得观贤人之光耀，闻一言以自壮，然后可以尽天下之大观而无憾者矣。”谓“文不可以学而能”，言不能就文章以学文，缘百氏之书，皆古人之陈迹，因迹以学文，不若拈气以探本也。孟轲以仁义之道养气，故其文伟；司马迁以游览与交游养气，故其文奇。皆后天之经验疏导其个性，规范其想象，而形成文章特殊风格之效也。其养之也有素，则“气充乎其中”，或自顾有未足，则宜谋藉外力以“激发其志气”。子由未必志在文之奇，乃学史迁之行天下也，盖为求见忠献，又欲自暴其文学，故立论乃尔；虽然，理不爽也。太史公周览四海名山大川，其文疏宕有奇气；伟长生于北海，以齐俗舒缓，而文体亦然；文举高志直情，宽容少忌，故体气高妙；公幹以不敬被刑，心迹远俗，故有逸气。气在于人者为品格，在于文者为风格矣。

就其作品之风格以判其作品之谁属，具眼者未尝或爽也。李东阳《怀麓堂诗话》云："诗必有具眼，亦必有具耳。眼主格，耳主声。闻瑟而知为第几弦，此具耳也；月下隔窗辨五色线，此具眼也。费侍郎廷言尝问作诗，予曰：'试以所未见诗，即能识其时代格调，十不失一，乃为有得。'费殊不信。一日与乔编修维翰，观新颁中秘书，予适至。费即掩卷问曰：'请问此何诗也？'予取读一篇，辄曰：'唐诗也。'又问何人，予曰：'须看两首。'看毕曰：'非白乐天乎？'于是二人大笑，启卷视之，盖《长庆集》。"东阳著格调之说，主张作家各有独特之风格，不相参伍。又云："法度既定，溢而为波，变而为奇，乃有自然之妙。"作者自秉其个性，溢变而形成文学之风格，固自然而生者，非追摹可及也。《四库书目・怀麓堂诗话提要》云："东阳实以台阁耆宿主持文柄。其论诗主于法度、音调，而极论剽窃摹拟之非，当时奉以为宗。"主格调之自然，宜视摹拟为剽贼也。

王世贞《艺苑卮言》云："才生思，思生调，调生格。思即才之用，调即思之境，格即调之界。""才"云个性，"思"云情思，"调"云作风，"格"云风格也，则襞积东阳格调说而发挥之。又云："李献吉劝人勿读唐以后文，吾始甚狭之，今乃信其然耳。记闻既杂，下笔之际，自然于笔端搅扰，驱斥为难。若摹拟一篇，则易于驱斥，又觉局促，痕迹宛[1]露，非斫轮手。自今而后，拟以纯灰三斛细涤其肠，日取六经、《周礼》《孟子》《老》《庄》《列》《荀》《国语》《左传》《战国策》《韩非子》《离骚》《吕氏春秋》《淮南子》《史记》《汉书》，西京以还至六朝及韩、柳，便须铨择佳者，熟读涵泳之，令其渐渍汪洋。遇有操觚，一师心匠，气从意畅，神与境合，分途策驭，默受指挥，台阁山林，绝迹大漠，岂不快哉？世亦有知是古非今者，然使招之而后来，麾之而后却，已落第二义矣。”主张涵泳前文，而不令在笔端搅扰；“一师心匠”，以别创由己之风格，于进摹仿而为创作之理，既得其轮廓矣，惜其手未从心耳！

唐顺之倡“本色”之论，亦斥摹拟之非。《与洪方洲书》云：“开口见喉咙，使后[2]人读之，如真见其面目，瑜瑕不容掩，所谓本色，此为上乘文字。扬子云闪缩[3]谲怪，欲说不说，不说又说，此最下者，其心术亦略可知。近来作家，如吹画壶，糊糊涂涂，不知何调；又如村屠割肉，一片皮毛，斯益下矣。”吹画壶者，文无一定之风格，故模糊而不清；村屠割肉，以喻窃据为文者之生吞活剥，更无风格之可言。“本色”犹云个性，风格之所自生也。人能见其本色，则形于文之风格自具，不必乞灵于昔人矣。

[1] 宛　底本作“毕”，据《艺苑卮言》(P.14)改。
[2] 后　底本脱，据《荆川先生文集》第4册(P.108)补。
[3] 缩　底本作“铄”，据《荆川先生文集》第4册(P.108)改。

沈德潜于诗亦主格调。《说诗晬语》云："诗以声为用者也，其微妙在抑扬抗坠之间。读者静气按节，密咏恬吟，觉前人声中难写、响外别传之妙，一齐俱出。朱子云：'讽咏以昌之，涵濡以体之。'真得论诗趣味。"又云："诗贵性情，亦须论法，乱杂而无章，非诗也。然所谓法者，行所不得不行，止所不得不止，而起伏照应，承接转换，自神明变化于其中。若泥定此处应如何，彼处应如何，不以意运法，转以意从法，则死法矣。试看天地间水流云在，月到风来，何处著得死法？"一段议论，正可作西涯"溢变自然"说之注脚。又云："性情面目，人人各具。读太白诗，如见其脱屣千乘；读少陵诗，如见其忧国伤时。其世不我容，爱才若渴者，昌黎之诗也；其嬉笑怒骂，风流儒雅者，东坡之诗也。即下而贾岛、李洞辈，拈[1]其一章一句，无不有贾岛、李洞者存。倘词可馈贫，工同鞶帨，而性情面目，隐而不见，何以使尚友古人者读书想见其为人乎？"又可作东阳"具眼具耳"之说解矣。个性不同如面，气质不移如山，思路人异其趣，风格因人而异。友朋往还既熟，一旦暌隔千里，人或传语其声容笑貌，能断其伴真；诗文含咀既深，虽已悬绝百世，人或咨询其格调文风，亦自能区其流品尔。

风格既因人而异，思路又人异其趣，故艺术唯有创作，摹仿即成死句。梁简文帝《答湘东王书》云："比见京师文体，懦

[1] 拈　底本脱，据《原诗・一瓢诗话・说诗晬语》（P.257）补。

钝殊常，竞学浮疏，争为阐缓。玄冬修夜，思所不得，既殊比兴，正背《风》《骚》。若夫六典三礼，所施则有地；吉凶嘉宾，用之则有所。未闻吟咏性情，反拟《内则》之篇；操笔写志，更摹《酒诰》之作；迟迟春日，翻学《归藏》；湛湛江水，遂同《大传》。吾既拙于为文，不敢轻有掎摭。但以当世之作，历方古之才人，远则扬、马、曹、王，近则潘、陆、颜、谢，而观其遣辞用心，了不相似。若以今文为是，则古文为非；若昔贤可称，则今体宜弃。俱为盍各，则未之敢许。又时有效谢康乐、裴鸿胪文者，亦颇有惑焉。何者？谢客吐言天拔，出于自然；时有不拘，是其糟粕。裴氏乃良史之才，了无篇什之美。是为学谢则不届[1]其精华，但得其冗长；师裴则蔑绝其所长，惟得其所短。谢故巧不可阶，裴亦质不宜慕。”论摹仿之弊，其辞甚切。陆机云：“虽杼柚于予怀，怵他人之我先；苟伤廉而愆义，亦虽爱而必捐。”杼柚于怀，创辞乃安；伤廉必弃，剽贼是儆。然文章之事，能创则人莫我先，摹拟则一无是处，不止因其愆于义始停阁效人之笔札也。

欧阳修《题青州山斋》云：“吾常喜诵常建诗云：‘竹径通幽处，禅房花木深。’欲效其语作一联，久不可得，乃知造意者为难工也。晚来青州，始得山斋宴息，因谓不意平生想见而不能道以言者，乃为已有。于是益欲希其仿佛，竟尔莫获一言。

[1] 届　底本作“慕”，据《梁简文帝集校注》（P.718）改。

夫前人为开其端，而物景又在其目，然不得自称其怀，岂人才有限而不可强，将吾老矣，文思之衰邪？兹为终身之恨尔。”自道有心摹拟之难成篇也。盖既心仪古人之句，则古人之句时刻在心目中，控制其想象活动之方向，而无力另辟思路，一若天地间唯有此两句为能达此情景者。若抄用成句，人将指为剿袭；若师其意而易其貌，又无力运斤，必不能佳。故永叔引为终身之恨。太白所云“眼前有景道不得，崔颢题诗在上头”，亦此意尔。然此必分想作用之心灵活动力不足也，若己身不为古人之句所牢笼，而视为材料，销镕以他事而综合之，则未始不可产生创作也，此则想象能自由活动，转视古人之句如舆台矣。《人间词话》云：“‘秋风吹渭水，落叶满长安’，美成以之入词，白仁甫以之入曲，此借古人之境界为我之境界者也。然非自有境界，古人亦不为我用。”“自有境界”者，另辟思路以构成意象也。能如此，则悉用前人之句，不啻己出；不能如此，则虽改窜前人之句，仍同胠箧。此与人之才不才无关，未必太白、永叔之才不及崔颢、常建也，倘非屈己以奖人之善，果尔有景道不得者，必由分想作用之怠弛耳。

杜甫《戏为六绝句》中有二首云：“不薄今人爱古人，清词丽句必为邻。窃攀屈宋宜方驾，恐与齐梁作后尘。未及前贤更勿疑，递相祖述复先谁？别裁伪体亲风雅，转益多师是汝师。”清词必与丽句为邻，犹云富想象，蓄思想，则形式不期然而美也；方驾屈、宋而不步齐、梁之后尘，重创造而戒因袭摹仿也。

递相祖述，何能先人？多师而别裁之，广取旧材料而予以新综合，正所以示创造之方法耳。故善学者不作后尘之趋，能创者不为前规所囿。窘步相寻者，不免取法乎上，仅得乎中；自辟蹊径者，乃能青出于蓝，冰寒于水也。

钱谦益《徐元叹诗序》云："自古论诗者，莫精于少陵'别裁伪体'之一言。当少陵之时，其所谓'伪体'者，吾不得而知之矣。宋之学者，祖述少陵，立鲁直为宗子，遂有江西宗派之说。严仪卿辞而辟之，而以盛唐为宗，信仪卿之有功于诗也。自仪卿之说行，本朝奉以为律令，谈诗者必学杜，必汉、魏、盛唐，而诗道榛芜弥甚。仪卿之言，二百年来遂若涂鼓之毒药，甚矣伪体之多而别裁之不可以易也。呜呼！诗难言也。不识古学之从来，不知古人之用心，徇人封己而矜其所知，此所谓以大海内于牛迹者也。王、杨、卢、骆见哂于轻薄者，今犹是也，亦知其所以劣汉、魏而近《风》《骚》者乎……先河后海，穷源溯流，而后伪体始穷，别裁之能事始毕。虽然，此盖未易言也，其必有所以导之。导之之法维何？亦反其所以为诗者而已。《书》不云乎：'诗言志，歌永言。'诗不本于言志，非诗也；歌不足以永言，非歌也。宣已[1]喻物，言志之方也；文从字顺，永言之则也。"推绎工部"别裁伪体"之旨，以发后世摹唐、宋人而为诗者之矇，而衷之以言志永言，能切中时弊。但所谓"伪

[1] 已　底本作"言"，据《钱牧斋全集》(P.924)改。

体”者，岂必体之有真伪欤？是之则以为真，非之则以为伪，伪亦人为而已，“别裁”则言自己出，斯所以尚已。故后世文士之误，不在宗唐或宗宋也，其误专在于摹拟。宋词元曲皆能别有生命，而宋以降之诗，则不免如尸居余气者，其症结端在于此。前人过于重视诗之形骸，遂亦终为所蔽焉。

俞兆晟《渔洋诗话序》云：“新城先生晚居长安，位益尊，诗益老。每勤勤恳恳，以教后学，辄从容言曰：‘吾老矣，还念平生论诗凡屡变，而交游中亦如日之随影，忽不知其转移也。少年初筮仕时，惟务博综该洽，以求兼长。文章江左，烟月扬州，人海花场，比肩接迹，入吾室者，俱操唐音，韵胜于才，推为祭酒。然而空存昔梦，何堪涉想！中岁越三唐而事两宋，良由物情厌故，笔意喜生，耳目为之顿新，心思于焉避熟。明知长庆以后，已有滥觞；而淳熙以前，俱奉为正的。当其燕市逢人，征途揖客，争相提倡，远近翕然宗之。既而清利流为空疏，新灵寖以佶屈，顾瞻世道，惄然心忧。于是以太音希声，药淫哇锢习。《唐贤三昧》之选，所谓乃造平淡时也。然而境亦从兹老矣！朋旧凋零，吟情如睹，吾敢须臾忘哉！’”辗转一生，俯仰依人，初见入其滋味，转目便如泥土。终于发唐贤三昧，以为山谷已不可阶，李、杜委不能学，降而钻仰王、孟、韦、柳，盖亦取其闲澹简远，契于桑榆之怀愫，聊以怡情而已。枯木已不复能花，人仍百计溉植，时复截取刻镂，旋又弃此而舍彼，终竟无成，溘然已至。自宋逮清，勤心力于诗者，弥降而弥穷，天才人力，枉费可惜。

《人间词话》云："咏物之词，自以东坡《水龙吟》为最工，邦卿《双双燕》次之。白石《暗香》《疏影》格调虽高，然无一语道著，视古人'江边一树垂垂发'等句何如耶？白石写景之作，如'二十四桥仍在，波心荡、冷月无声''数峰清苦，商略黄昏雨''高树晚蝉，说西风消息'，虽格韵高绝，然如雾里看花，终隔一层。梅溪、梦窗诸家写景之病，皆在一'隔'字。北宋风流，渡江遂绝，抑真有运会存乎其间耶？"又云："'明月照积雪''大江流日夜''中天悬明月''黄河落日圆'，此种境界，可谓千古壮观。求之于词，唯纳兰容若塞上之作，如《长相思》之'夜深千帐灯'，《如梦令》之'万帐穹庐人醉，星影摇摇欲坠'差近之。纳兰容若以自然之眼观物，以自然之舌言情。此由初入中原，未染汉人风气，故能真切如此。北宋以来，一人而已。"北宋词人，创作凭于感兴，故不隔；南宋词人，创作出于苦修，故不免隔。北宋时诗余方兴未艾，创意挥毫之人，吐属自然，无所倚傍，文成法立，易造空灵之境。南宋时已成尾闾之波，怀铅握椠之士，追踪前武，推陈出新，意中先有一人在前，难免寿陵余子之戚。创者易工，因者难巧；时实为之也，易地而皆然。他如盛唐之诗或透彻，或沉郁，而晚唐之诗则或隐晦，或浮轻；汉前之文，无法而舒，唐宋之文，有法而蹙。推之一切文体，作一例观。日不中而不昃，月不满而不亏。方一种文体之尚未登峰而造极也，必有骎骎日上之象；履巅以往，不免陵迟。此人文发展之所以必如抛物线之运行，又批评者所以重视创制而鄙夷因袭之理矣。纳兰成德以初入中原，未染汉人习气，故不似南宋以后人之有学步之失；以自然之眼观物，以自然之舌言情，是复北宋词人之初已，故观堂誉为“一人而已”。然亦何如为别树帜志之第一人，不追袝前修，而独开后叶者耶？虽然，以其人，生其时，出其地，处其事，卒以成其文名，容若之得于天者亦厚矣。南宋以降，率不免局促辕下，不得不各据肢节，呕心穷研，其见制于时地者何如乎！

《文心雕龙·养气》篇云：“夫三皇辞质，心绝于道华；帝世始文，言贵于敷奏。三代春秋，虽沿世弥缛，并适分胸臆，非牵课才外也。战代枝诈，攻奇饰说；汉世迄今，辞务日新。争光鬻采，虑亦竭矣。故淳言以比浇辞，文质悬乎千载；率志以方竭情，劳逸差于万里。古人所以余裕，后进所以莫遑也。”“率志”犹云感兴，“竭情”何异苦修，后先劳逸不均之理，览此论而审矣。惟是后进者，亦未始无致力之余地也，必高瞻远瞩，稽古参今，时盈科而方进，则可以扬波逐流，乘利为制也；察风末而气衰，则可以改弦易辙，矫讹翻浅也。《物色》篇云：“然物有恒姿，而思无定检。或率尔造极，或精思愈疏。且《诗》《骚》所标，并据要害，故后进锐笔，怯于争锋。莫不因方以借巧，即势[1]以会奇，善于适要，则虽旧弥新矣。是以四序纷回，

[1] 势　底本作“事”，据《文心雕龙注》（P.694）改。

而入兴贵闲；物色虽繁，而析辞尚简。使味飘飘而轻举，情晔晔而更新。古来辞人，异代接武，莫不参伍以相变，因革以为功。物色尽而情有余者，晓会通也。”冶古融今，会通则靡限；寓情于景，想象之功深。天才与灵感，固创造之泉源；修养与功力，亦成章之镕范也。

是以人各秉其个性与时地之宜，以自形成文章之风格。虽或变革，未必骛奇；虽或因应，未必掠美。至其发为文章也，风格之不同，则有之矣；文学之素养有浅深，见识有奇正，则亦有之矣；必舍此而谓某也有文学之天才，某也则阙，有天才者坐而致绩，乏天才者劳而无功，则未必然也。天才半禀于遗传，半孕于环境。资质较高者，固可以事半功倍，若恃先天之过人，而不辅之以学力，亦犹人家之广有沃野而不事稼穑，卒致荒于草莱也；资质较低者，果其能人一己百，谋藉后天之学习，以羡补其所不足，亦犹人家之田瘠无多而深耕易耨，终以实其仓囷也。故得天独厚者志不可骄，而禀才稍逊者气不必馁。天才固可以为援而不足托命，学力虽难与谋始而可与要终也。

李百药《北齐书·文苑传序》云：“然文之所起，情发于中。人有六情，禀五常之秀；情感六气，顺四时之序。其有帝资悬解，天纵多能，摛黼黻于生知，问珪璋于先觉。譬雕云之自成五色，犹仪凤之冥会八音，斯固感英灵以特达，非劳心所能致也。纵其情思底滞，关键不通，但服膺无怠，钻仰斯切，驰骛胜流，周旋益友，强学广其闻见，专心屏于涉求，画绘饰以丹青，雕琢成其器用，是以学而知之，犹足贤乎已也。谓石为兽，射之洞开，精之至也；积岁解牛，砉然游刃，习之久也。自非浑沌无可凿之姿，穷寄怀不移之情，安有至精久习而不成功者焉？”言契思理，但英锐者勿倚“生知先觉”之才为足，滞钝者宜书“精至习久”之语于绅矣。

《颜氏家训·文章》篇云：“学问有利钝，文章有巧拙。钝学累功，不妨精熟；拙文研思，终归蚩鄙。但成学士，自足为人；必乏天才，勿强操笔也。吾见世人，至无才思，自谓清华，流布丑拙，亦以众矣，江南号为詅痴符……学为文章，先谋亲友，得其评裁，知可施行，然后出手。慎勿师心自任，取笑旁人也。自古执笔为文者，何可胜言。然至于宏丽精华，不过数十篇尔。但使不失体裁，辞意可观，便称才士；要须[1]动俗盖世，亦俟河之清乎？”则论文之倚于天者过严，而视文才之难也太甚，颜氏重质轻文，故勉人亲学问而疏文章也。欧阳修《笔说》云：“‘落日欲没岘山西，倒著接篱花下迷。襄阳小儿齐拍手，大家争唱白铜鞮’，此常言也。至于‘清风明月不用一钱买，玉山自倒非人推’，然后见其横放，其所以惊动千古者，固不在此也。杜甫于白，得其一节，而精强过之，至于天才自放，非甫可到也。”太白之诗豪放，子美之诗沉郁，李诗近道，杜诗本儒，风格之异矣，于天才何有？“积学以储宝，酌理以富

[1] 须 底本脱，据《颜氏家训集解》(P. 239)补。

才，研阅以穷照，驯致以怿辞”，神思亦缘积学而得；委才于天，非文士之夸词，即惰窳者之遁词也。

《文心雕龙·神思》篇云：“人之禀才，迟速异分；文之制体，大小殊功。相如含笔而腐毫，扬雄辍翰而惊梦，桓谭疾感于苦思，王充气竭于思虑，张衡研《京》以十年，左思练《都》以一纪，虽有巨文，亦思之缓也。淮南崇朝而赋骚，枚皋应诏而成赋，子建援牍如口诵，仲宣举笔似宿构，阮瑀据案而制书，祢衡当食而草奏，虽有短篇，亦思之速也。”篇有长短，其需时久暂自不相侔；《两京》《三都》之赋，岂比《洛神》《登楼》之辞？直觉的创造成文必疾，反省的创造成文辄缓，文思利钝，此亦一因。即使禀才异分，亦未可以迟速低昂其文也。《白石诗说》云：“沉着痛快，天也；自然与学到，其为天一也。”天才亦须资之以学力，世无不能言语不谙文字之诗人；学力到者亦可即天才之域，能读千赋而善赋，读破万卷而下笔神来，子云、子美均不欺人也。

第七章
中国文学批评之思想论

"余力学文"—宗经—六经之教—重思想轻形式—道—理—"则"与"丽"—"文质彬彬"—重质轻文—思想与"道"、"质"—重文之差等—文德均平与本末并重—尚用—"刺过失"与"有所载"—"文章合为时而著歌诗合为事而作"—议论与情韵—性灵说—感情待思想之裁成—文气之蓄发—峻切、浇漓之弊—"思无邪"—"发乎情止乎礼义"

我国儒家思想牢笼百代，于论文章，多不免因袭成说。《论语·学而》篇云："子曰：'弟子入则孝，出则弟。谨而信，泛爱众而亲仁。行有余力，则以学文。'"是先德行而后文学也。《颜氏家训·文章》篇云："夫文章者，原出五经。诏命策檄，生于《书》者也；序述论议，生于《易》者也；歌咏赋诵，生于《诗》者也；祭祀哀诔，生于《礼》者也；书奏箴铭，生于《春秋》者也。朝廷宪章，军旅誓诰，敷显仁义，发明功德，牧民建国，不可暂无。至于陶冶性灵，从容讽谏，入其滋味，亦乐事也。行有余力，则可习之。”阐述余力学文之旨，而溯文源出于五经。《文心雕龙·宗经》篇云：“故论说辞序，则《易》统其首；诏策章奏，则《书》发其源；赋诵歌赞，则《诗》立其本；铭诔箴祝，则《礼》总其端；纪传铭檄，则《春秋》为根。并穷高以树表，极远以启疆，所以百家腾跃，终入环内者也。若禀经以制式，酌雅以富言，是仰山而铸铜，煮海而为盐也。故文能宗经，体有六义：一则情深而不诡，二则风清而不杂，三则事信而不诞，四则义直而不回，五则体约而不芜，六则文丽而不淫。扬子比雕玉以作器，谓五经之含文也。”则既溯其源，又及宗经为文之可贵也。韩愈《答刘正夫书》云：“或问：‘为文宜何师？’必谨对曰：‘宜师古圣贤人。’曰：‘古圣贤人所为书具存，辞皆不同，宜何师？’必谨对曰：‘师其意，不师其辞。’又问曰：‘文宜易宜难？’必谨对曰：‘无难易，惟其是尔。如是而已。’”则既云宜师经，又主意而不主辞也。欧阳修《答祖择之书》云：“夫世无师矣，学者当师经。师经必先求其意，意得则心定，心定则道纯，道纯则充于中者实，中充实则发为文者辉光，施于世者果致。三代、两汉之学，不过此也。”则云师经主意，已具道之实而后文有辉光也。方苞《答申谦居书》云：“若古文则本经术而依于事物之理，非中有所得，不可以为伪。故自刘歆承父之学，议礼稽经而外，未闻奸险污邪之人而古文为世所传述者。韩子有言：‘行之乎仁义之途，游之乎《诗》《书》

之源。’兹乃所以能约六经之旨以成文，而非前后文士所可比并也。”则直谓不本经术，其文不足传述矣。

宗经以为文，又崇意而抑辞，是先德而后言也，学文者其必首以涵泳于六经乎？李翱《答王载言书》云：“吾所以不协于时而学古文者，悦古人之行也；悦古人之行者，爱古人之道也。故学其言，不可以不行其行；行其行[1]，不可以不重其道；重其道不可以不循其礼。”循其礼，不可以不沐其教也。《礼记·经解》篇云：“孔子曰：‘入其国，其教可知也。其为人也，温柔敦厚，《诗》教也；疏通知远，《书》教也；广博易良，《乐》教也；絜静精微，《易》教也；恭俭庄敬，《礼》教也；属辞比事，《春秋》教也。故《诗》之失愚，《书》之失诬，《乐》之失奢，《易》之失贼，《礼》之失烦，《春秋》之失乱。其为人也，温柔敦厚而不愚，则深于《诗》者也；疏通知远而不诬，则深于《书》者也；广博易良而不奢，则深于《乐》者也；絜静精微而不贼，则深于《易》者也；恭俭庄敬而不烦，则深于《礼》者也；属辞比事而不乱，则深于《春秋》者也。’”蒙经教则人品别矣，人何似，则文何似矣。故唐顺之《答茅鹿门知县书》云：“文莫犹人，躬行未得，此一段公案，姑不敢论。只就文章家论之，虽其绳墨布置，奇正转折，自有专门师法。至于中间一段精神命脉骨髓，则非洗涤心源，独立物表，具古今只眼者，不足以与此。今有两人，

[1] 行其行　底本脱，据《李文公集》（P.30）补。

其一人心地超然，所谓具千古只眼人也，即使未尝操纸笔呻吟，学为文章，但直据胸臆，信手写出，如写家书，虽或疏卤，然绝无烟火酸馅习气，便是宇宙一样绝好文章。其一人犹然尘中人也，虽其颛颛学为文章，其于所谓绳墨布置，则尽是矣；然翻来覆去，不过是这几句婆子舌头语，索其所谓真精神与千古不可磨灭之见，绝无有也，则文虽工，不免为下格。此文章本色也。”重视文章之思想而轻视其形式，此论已极。方苞《书归震川文集后[1]》云：“震川之文，于所谓‘有序’者，盖庶几矣；而‘有物’者，则寡焉。又其辞号雅洁，仍有近俚而伤于繁者。岂于时文既竭其心力，故不能两面精与？抑所学专主于文，故其文亦至是而止与？”专主于文者，其文不免近俚而伤繁，又可资唐说之反证已。

经之意何若？曰道。文之外何主？曰质。昔日论文者，语涉于道术与文质者綦多，以下分别论之。

《论语·述而》篇云：“子曰：‘志于道，据于德，依于仁，游于艺。’”杖倚德仁而慕道，艺、游而已。《文心雕龙·原道》篇云：“爰自风姓，暨于孔氏，玄圣创典，素王述训，莫不原道心以敷章，研神理而设教。取象乎河洛，问数乎蓍龟，观天文以极变，察人文以成化。然后能经纬区宇，弥纶彝宪，发挥事业，彪炳辞义。故知道沿圣以垂文，圣因文而明道，旁通而

[1] 后　底本脱，据《方苞集》(P.117)补。

无滞，日用而不匮。《易》曰：‘鼓天下之动者存乎辞。’辞之所以能鼓天下者，乃道之文也。”道沿圣以垂文，圣因文而明道，志于道者则游于艺以求之，是艺文为道而设也。韩愈《读荀》云：“孔子删《诗》《书》，笔削《春秋》，合于道者著之，离于道者黜去之，故《诗》《书》《春秋》无疵。余欲削荀氏之不合者，附于圣人之籍，亦孔子之志欤！孟氏，醇乎醇者也，荀与扬，大醇而小疵。”其所云醇乎醇者，咸合于道者也；大醇而小疵者，泰半合于道而间有离于道者也。柳宗元《报崔黯秀才论为文书》云：“辱书及文章，辞意良高，所向慕不凡近，诚有意乎圣人之言。然圣人之言，期以明道，学者务求诸道而遗其辞。辞之传于世者，必由于书，道假辞而明，辞假书而传，要之之道而已耳。道之及，及乎物而已耳。斯取道之内者也。今世因贵辞而矜书，粉泽以为工，遒密以为能，不亦外乎？吾子之所言道，匪辞而书，其所望于仆，亦匪辞而书，是不亦去及物之道愈以远乎？”外辞而内道，且云务求诸道而遗其辞，其重道而轻文何如耶？欧阳修《答吴充秀才书》云：“夫学者未始不为道，而至者鲜；非道之于人远也，学者有所溺焉尔。盖文之为言，难工而可喜，易悦而自足，世之学者往往溺之。一有工焉，则曰吾学足矣。甚者至弃百事，不关于心，曰：‘吾文士也，职于文而已。’此其所以至之鲜也。昔孔子老而归鲁，六经之作，数年之顷尔。然读《易》者如无《春秋》，读《书》者如无《诗》，何其用功少而能极其至也？圣人之文虽不可及，然大抵道胜者，文不难而自至也。故孟子皇皇不暇著书，荀卿盖亦晚而有作。若子云、仲淹[1]方勉焉以模言语，此道未足而强言者也。后之惑者，徒见前世之文传，以为学者文而已，故愈勤而愈不至，不能纵横高下皆如意者，道未足也。若道之充焉，虽行乎天地，入乎渊泉，无不之也，何患不至？”然则道之时义大矣哉！道至则文无不至也。曾巩《答李沿书》云：“足下自称有悯时病俗之心，信如是，是足下之有志乎道，而予之所爱且畏者也。末曰：‘其发愤而为辞章，则自谓浅俗而不明，不若其始思之锐也。’乃欲以是质于予。夫足下之书，始所云者，欲志乎道也，而所质者则辞也，无乃务其浅，志其深，当急者反徐之欤？夫道之大归非他，欲其得诸心，充[2]诸身，扩而被之国家天下而已，非汲汲乎辞也。其所以不已乎辞者，非得已也。”有道者或不得已而达之辞，无其道而汲汲乎辞者，南丰所不许也。宋濂《文说赠王生黼》云：“明道之谓文，立教之谓文，可以辅俗化民之谓文。斯文也，果谁之文也？圣贤之文也。非圣贤之文也，圣贤之道充乎中，著乎外，形乎言，不求其成文而文生焉者也。不求其成文而文生焉者，文之至也。故文犹水与木然。导川者不忧流之不延，而恐其源之不深；植木者不忧枝之不蕃，而虑其本之不培。培其本，深其源，其延且蕃也孰御？圣贤未尝学为文也，沛然而发之，卒然而书之，而天下之学为文者莫

[1] 淹　底本作“任”，据《欧阳修全集》（P.664）改。
[2] 充　底本作“克”，据《曾巩集》（P.258）改。

能过焉，以其为本昌，为源博也。彼人曰：‘我学文者也。’吾必知其不能也，夫文乌可以学为哉？彼之以句读顺适为工，训诂艰深为奇，穷其力而为之，至于死而后已者，使其能至焉，亦技而已矣，况未必至也。”邵长蘅《与魏叔子书》云：“闻之先辈曰：夫文者，非仅辞章之谓也。圣贤之文以载道，学者之文祈弗畔道。故学文者，必先浚文之源，而后究文之法。浚文之源者何？在读书，在养气。夫六经，道之渊薮也，故读书先于治经……是故不浚其源而言文，譬之扬蹄涔之波者，不识渤[1]澥之广；炫萤尾之照者，不睹日月之明，几文之成，不能也。不究其法而言文，譬之骤新羁之驷而弛其衔辔，操匠郢之斤而辍其规矩，几文之成，不能也。”皆本前人之旨而为论议者，道以外之文辞，命之以技而究之以法，于道之本则仍因袭而少发明也。

道之可贵如此，韩柳诸人之志于道又似此其坚凝也，则道固已在韩柳乎？不知也，即韩柳诸人亦不能自知也。柳宗元《答韦中立论师道书》云：“始吾幼且少，为文章，以辞为工。及长，乃知文者以明道，是固不苟为炳炳烺烺，务采色，夸声音而以为能也。凡吾所陈，皆自谓近道，而不知道之果近乎远乎。吾子好道而可吾文，或者其于道不远矣。”将信将疑，不敢自慊，亦不敢自是也。韩愈勇于制断而以道自任，以为自孔

[1] 渤　底本作“波”，据《中国文学批评论文集》(P.232)改。

孟扬雄之后，舍我其谁？其《与孟尚书书》云："汉氏以来，群儒区区修补，百孔千疮，随乱随失。其危如一发引千钧，绵绵延延，寖以微灭。于是时也，而唱释老于其间，鼓天下之众而从之。呜呼！其亦不仁甚矣。释老之害，过于杨墨；韩愈之贤，不及孟子。孟子不能救之于未亡之前，而韩愈乃欲全之于已坏之后。呜呼！其亦不量其力，且见其身之危，莫之救以死也。虽然，使其道由愈而粗传，虽灭死万万无恨。天地鬼神，临之在上，质之在傍，又安得因一摧折，自毁其道，以从于邪也？"可见其自视之高而自信之笃。天下鲜明道者而愈能明，天下无行道者而愈能行，设或愈止侈言道之用而不论道之体，则道之所以为道固不可知，而道之究在愈身与否亦卒难明也。然而愈尝有《原道》之篇矣，其文曰："博爱之谓仁，行而宜之之谓义，由是而之焉之谓道，足乎己无待于外之谓德。仁与义为定名，道与德为虚位。故道有君子小人，而德有凶有吉。老子之小仁义，非毁之也，其见者小也。坐井而观天，曰天小者，非天小也。彼以煦煦为仁，孑孑为义，其小之也则宜。其所谓道，道其所道，非吾所谓道也；其所谓德，德其所德，非吾所谓德也。凡吾所谓道德云者，合仁与义言之也，天下之公言也。老子之所谓道德云者，去仁与义言之也，一人之私言也。周道衰，孔子没，火于秦，黄老于汉，佛于晋、魏、梁、隋之间。其言道德仁义者，不入于杨，则入于墨；不入于老，则入于佛。入于彼，必出于此。入者主之，出者奴之；入者附之，出者污之。噫！

后之人其欲闻仁义道德之说，孰从而听之？”此篇所言，真“天下之公言也”，亦常道耳，愈则自以为可执以传道而解惑也。人若欲从愈而听仁义道德之说，虽非“借听于聋，求道于盲”，而所得者仍不过“几句婆子舌头语”耳。其《重答张籍书》云：“前书谓吾与人商论不能下气，若好胜者然。虽诚有之，抑非好己胜也，好己之道胜也，己之道乃夫子、孟轲、扬雄所传之道也，若不胜，则无以为道，吾岂敢避是名哉！”亦颇有孟子“予岂好辩哉？予不得已也”之意。但孔孟所传之道究为何物，韩氏除仁义道德定名虚位之外，了无所知，欲进求之，又迷离恍惚，莫辨涯涘。故终于自欺欺人，奉此不可知不可即之道而驰骋其文辞，盖亦复古之文而丧古之质者矣。其《答窦秀才书》云：“愈少驽怯，于他艺能，自度无可努力，又不通时事，而与世多龃龉。念终无以树立，遂发愤笃专于文学。学不得其术，凡所辛苦而仅有之者，皆符于空言而不适于实用，又重以自废。是故学成而道益穷，年老而智愈困。”此非谦词，殆彷徨瞻顾，不见入道之门，老而弥笃，亦老而愈困也。

是以苏轼《韩愈论》云：“韩愈之于圣人之道，盖亦知好其名矣，而未能乐其实。何者？其为论甚高，其待孔子、孟轲甚尊，而拒杨、墨、佛、老甚严，此其用力，亦不可谓不至矣。然其论至于理而不精，支离荡佚，往往自叛其说而不知。”可谓力批其窾郤，洞鉴其衷隐者矣。至程廷祚《复家鱼门论古文书》则又云：“韩退之崛起数千载之后，属文章靡敝，凭陵轥轹，首唱古文，而能范围后来之作者，诚可谓文人之雄也已。然其自负太过，后之尊崇亦太过，此不可以不论。开皇之世，李谔上书论文体，深斥齐梁之弊，谓宜屏黜轻浮，遏止华伪。唐之中叶，柳冕与杜黄裳书，言文雅不振，当尊经术，卑文士，以正人心而美风俗。以时考之[1]，乃狂澜之欲颓，百川将入于沧溟矣。退之安得自矜一人之力，其所乘之时然也。且退之以道自命，则当直接古圣贤之传，三代可四，而六经可七矣。而志在于'沉浸酞郁，含英咀华，作为文章'，戛戛乎去陈言而造新语，以自标置，而所操抑末矣。以此与八代争短长，纵使己所言皆在于仁义道德，彼所言皆在于月露风云，而究无以相服。庄生云：'其于亡羊均矣。'又安得而起其衰？《易》曰：'君子黄中通理，正位居体，美在其中，而畅于四支，发于事业。'言道充而文见也，非强道以生文也。以丘明之才，而使经降为传；以退之之才，而使天下唯知有记诵词章，岂不重可叹息哉！岂其故果在世运哉？"一切委之世运，非惟菲薄韩氏之以道自命，并古文形式之革易亦不得自矜一人之力。既不得鱼，又亡其筌，可叹也！

然昌黎起衰之功，自不可没。复古而变古，亦有一番施为，非余子可与肩并。惟言必及道，委出于夸，且此又古文家之通病也。包世臣论此事最彻，其《与杨季子论文书》云："道附于事而统于礼。子思叹道之大，曰：'礼仪三百，威仪三千。'孟

[1] 以时考之　底本脱，据《青溪集》（P.239）补。

子明王道，而所言要于不缓民事，以养以教，至养民之制，教民之法，则亦无不本于礼。其离事与礼而虚言道以张其事者，自退之始，而子厚和之。至明允、永叔乃用力于推究世事，而子瞻尤为达者。然门面言道之语涤除未尽，以致近世治古文者，一若非言道则无以自尊其文，是非世臣所敢知也。”退之力矫时文之弊，故虚言道以张其事。宋代古文家遂视言道为门面语，而后世治古文者更盲从言道以自尊其文。其实皆舍事与礼而虚言道，离文皆未尝见道也。

或有识道之不可企而及，乃降而言理。曾巩《王平甫文集序》云：“平甫自少已杰然以材高见于世，为文思若决河，语出惊人，一时争传诵之。其学问尤敏，而资之以不倦。至晚愈笃，博览强记，于书无所不通，其明于是非得失之理为尤详。其文闳富典重，其诗博而深矣。”古文家沿相尊道，自不能轻率以明道誉人；然此以明理为文之根本，较论道尤为切实易晓。又其《王子直文集序》云：“至治之极，教化既成，道德同而风俗一。言理者虽异人殊世，未尝不同其指。何则？理当，故无二也……自三代教养之法废，先王之泽熄，学者人人异见，而诸子各自为家。岂其固相反哉？不当于理，故不能一也。由汉以来，益远于治，故学者虽有魁奇拔出之材，而其文能驰骋上下，伟丽可喜者甚众，然是非取舍不当于圣人之意者，亦已多矣。故其说未尝一，而圣人之道未尝明也。士之生于是时，其言能当于理者，亦可谓难矣。”则以明圣人之道为难跻之天，已视言当于理如嵩高之峻，排理想而务实际，遂亦姑置道而谈理也。

张耒《答李推官书》云："夫文何为而设也？知理者不能[1]言，世之能言者多矣，而文者独传。岂独传哉？因其能文也而言益工，因其言工也而理益明，是以圣人贵之。自六经下至于诸子百氏、骚人辩士论述，大抵皆将以为寓理之具也。是故理解者，文不期工而工；理愧者，巧为粉泽，而间隙百出。此犹两人持牒而讼，直者操笔，不待累累，读之如破竹，横斜反复，自中节目；曲者虽假词于子贡，问学于扬雄，如列五味而不能调和，食之于口，无一可惬，况可使人玩味之乎？故学文之端，急于明理。夫不知为文者，无所复道；如知文而不务理，求文之工，世未尝有是也。"文源于理，取譬益明。程廷祚《骚赋论》云："善乎！扬子云曰，'诗人之赋丽以则，词人之赋丽以淫'。以理胜者，虽则弗丽；以词胜者，虽丽弗则。不则不丽，作者不为也……后之君子，详其分合之由，察其升降之故，辨其邪正之归，上祖《风》《雅》，中述《离骚》，下尽乎宋玉、相如、扬雄之美，先以理而后以词，取其则而戒其淫，则可以继诗人之末，而列于作者之林矣。"卑之无甚高论，转较韩氏为知文。"以理胜者，虽则弗丽；以词胜者，虽丽弗则。不则不丽，作者不为也"，更知思想与形式之应并重，视彼凭道之虚而灭文之实者胜多许矣。

[1] 知理者不能言　底本"能"后有一"无"字，据《张耒集》（P.829）删。

顾此仍未中其要害也。真知文者，则必主情。黄宗羲《论文管见》云：“文以理为主，然而情不至，则亦理之郛郭耳。庐陵之志交游，无不呜咽；子厚之言身世，无不凄怆；郝陵川之处真州，戴剡[1]源之入故都，其言皆能恻恻动人。古今自有一种文章，不可磨灭，真是‘天若有情天亦老’者。而世不乏堂堂之陈，正正之旗，皆以大文目之。顾其中无可以移人之情者，所谓刳然无物者也。”情至之文，乃可以移人之情，惜彼侈谈道与理者之彷徨于郛郭之外，而终以未践文学之域也。

宋之理学家，悟于道理者多，又非古文家所可企及，程颐至斥昌黎之因文学选为“倒学”，自亦有见。然宋儒之学，固不可以文章尽，乃亦不可以文章归也。《四库书目·文章正宗提要》云：“盖道学之儒与文章之士各明一义，固不可得而强同也。顾炎武《日知录》亦曰：‘真希元《文章正宗》所选诗，一扫千古之陋，归之正旨，然病其以理为宗，不得诗人之趣……必以防淫正俗之旨，严为绳削，虽矫昭明之枉，恐失《国风》之义。六代浮华，固当芟落；必使徐、庾不得为人，陈、隋不得为代，毋乃太甚，岂非执理之过乎？’所论至为平允，深中其失。故德秀虽号名儒，其说亦卓然成理，而四五百年以来，自讲学家以外，未有尊而用之者，岂非不尽人情之事，终不能强行于天下欤？”又《濂洛风雅提要》云：“昔朱子欲分古诗为

[1] 剡　底本作“郯”，据《黄梨洲文集》（P.481）改。

两编而不果。朱子于诗学颇邃，殆深知文质之正变，裁取为难。自真德秀《文章正宗》出，始别为谈理之诗。然其时助成其稿者为刘克庄，德秀特因而删润之，故所黜者或稍过，而所录者尚未离乎诗。自履祥是编出，而道学之诗与诗人之诗，千秋楚越矣。夫德行文章，孔门即分为二科；儒林、道学、文苑，宋史且别为三传。言岂一端，各有当也。以濂洛之理责李杜，李杜不能争，天下亦不敢代为李杜争。然而天下学为诗者，终宗李杜，不宗濂洛也。此其故可深长思矣。”

文章有道，文之道也。离文而求道，其得之矣，不得复谓纯美之文；况其未得，何劳假藉？甚矣古文家之多蔽也。黄侃《文心雕龙札记》云：“《序志》篇云：‘《文心》之作也，本乎道。’案彦和之意，以文章本由自然而生，故篇中数言自然。一则曰‘心生而言立，言立而文明，自然之道也’，再则曰‘夫岂外饰，盖自然耳’，三则曰‘谁其尸之，亦神理而已’。寻绎其旨，甚为平易。盖人有思心，即有言语；既有言语，即有文章。言语以表思心，文章以代言语，惟圣为能尽文之妙。所谓道者，如此而已。此与后世言‘文以载道’截然不同。详淮南王书有《原道》篇，高诱注曰：‘原，本也。本道根真，包裹天地，以历万物，故曰原道，因以题篇。’《韩非子·解老》篇曰：‘道者，万物之所然也，万理[1]之所稽也。理者，成物之文也；

[1] 理　底本作“物”，据《文心雕龙札记》（P.5）改。

道者，万物之所以成也。故曰：“道，理之者也。”…… 圣人得之以成文章。’《庄子・天下》篇曰：‘古之所谓道术者，果恶乎在？曰：“无乎不在。”’案庄、韩之言道，犹言万物之所由然，文章之成亦由自然。故韩子又言‘圣人得之以成文章’。韩子之言，正彦和所祖也。道者，玄名也，非著名也。玄名故通于万理，而庄子且言‘道在矢溺’。今曰‘文以载道’，则未知所载者，即此万物之所由然乎，抑别有所谓一家之道乎？如前之说，本文章之公理，无庸标揭以自殊于人；如后之说，则亦道其所道而已，文章之事，不如此狭隘也。夫堪舆之内，号物之数曰万。其条理纷纭，虽人须蚕丝，犹将不足方物。今置一理以为道，而曰‘文非此不可作’，非独昧于语言之本，其亦胶滞而罕通矣。察其表则为谖言，察其里初无胜义，使文章之事，愈痟愈削，寖成为一种枯槁之形。而世之为文者，亦不复研究学术，研寻真知，而惟此窾言之尚。然则阶之厉者，非文以载道之说，而又谁乎？通儒顾宁人生平笃信文以载道之言，至不可为李二曲之母作志。斯则矫枉之过，而非通方之谈。方来君子，庶无惽焉。”此论虽对宋之理学家而发，而唐宋古文家要亦不免此失。理学家崇道灭文，道其所道，固无与于文章之事。古文家言必重道以轻文，实是有文而蔑道，言与行反，力从心违，遂至“察其表则为谖言，察其里初无胜义”，为文不内求其真美之质，而外徒慕古人之道，古人之道不为用，真美之质未尝明，罄其所有，不过“惟陈言务去”之文章形式，而戛戛然已难，讵不甚可哀邪？

《论语·雍也》篇云：“子曰：‘质胜文则野，文胜质则史。文质彬彬，然后君子。’”此非论文语也，而彬彬之盛，后世藉以评文者甚多。《颜渊》篇云：“棘子成曰：‘君子质而已矣，何以文为？’子贡曰：‘惜乎！夫子之说君子也，驷不及舌。文犹质也，质犹文也；虎豹之鞟，犹犬羊之鞟。’”是云文质之不可偏废也。《法言·吾子》篇云：“或曰：‘有人焉曰云姓孔而字仲尼，入其门，升其堂，伏其几，袭其裳，则可谓仲尼乎？’曰：‘其文是也，其质非也。’‘敢问质。’曰：‘羊质而虎皮，见草而说，见豺而战，忘其皮之虎矣。圣人虎别，其文炳也；君子豹别，其文蔚也；辩人狸别，其文萃也。狸变则豹，豹变则虎。好书而不要诸仲尼，书肆也；好说而不要诸仲尼，说铃也。’”是云有文乏质之无功也。又《先知》篇云：“圣人，文质者也。车服以彰之，藻色以明之，声音以扬之，《诗》《书》以光之。笾豆不陈，玉帛不分，琴瑟不铿，钟鼓不抎，则吾无以见圣人矣。”是又云有质而无文，则并其质亦不可见也。《论衡·超奇》篇云：“实诚在胸臆，文墨著竹帛，外内表里，自相副称。意奋而笔纵，故文见而实露也。人之有文也，犹禽之有毛也。毛有五色，皆生于体。苟有文无实，是则五色之禽毛妄生也。”云文实之表里以相成也。又《书解》篇云：“夫人有文，质乃成。物有华而不实，有实而不华者。《易》曰：‘圣人之情见乎辞。’出口为言，集札为文，文辞施设，实情敷烈……龙鳞有文，于蛇为神；凤羽五色，于鸟为君；虎猛，毛蚡蜦；龟知，背负文。四者体不质，于物为圣贤。且夫山无林则为土山，地无毛则为潟土，人无文则为朴人。土山无麋鹿，潟土无五谷，人无文德，不为圣贤。”则又云质必待文而王矣。《文心雕龙·情采》篇云：“圣贤书辞，总称文章，非采而何？夫水性虚而沦漪结，木体实而华萼振，文附质也。虎豹无文，则鞟同犬羊；犀兕有皮，而色资丹漆，质待文也。”质待文而文附质，明兼重也。《诗品》云：“魏陈思王植，其源出于《国风》。骨深奇高，词采华茂。情兼雅怨，体被文质。粲溢今古，卓尔不群。嗟乎！陈思之于文章也，譬人伦之有周孔，鳞羽之有龙凤，音乐之有琴笙，女工之有黼黻。俾尔怀铅吮墨者，抱篇章而景慕，映余辉以自烛。故孔氏之门如用诗，则公干升堂，思王入室，景阳、潘、陆，自可坐于廊庑之间矣。”体被文质而文章以著，探厥本也。凡子云以下数家所言，皆无悖于彬彬之旨。

唐大历以后，既主复古，于论篇章，大抵重质而轻文。韩愈《答李翊书》云：“将祈至于古之立言者，则无望其速成，无诱于势利。养其根而俟其实，加其膏而希其光；根之茂者其实遂，膏之沃者其光晔。仁义之人，其言蔼如也。”以为有其实者必亦有其文，无乃偏乎？柳宗元《送豆卢膺秀才南游序》云：“君子病无乎内而饰乎外，有乎内而不饰乎外者。无乎内而饰乎外，则是设覆为阱也，祸孰大焉。有乎内而不饰乎外，则是焚梓毁璞也，诟孰甚焉。”主张有乎内者仍须饰乎外，庶几近之。欧阳修《与乐秀才第一书》云："闻古人之于学也，讲之深而信之笃，其充于中者足，而后发于外者大以光。譬夫金玉之有英华，非由磨饰染濯之所为，而由其质性坚实，而光辉之发自然也。《易》之《大畜》曰：'刚健笃实，辉光日新。'谓夫畜于内者实，而后发为光辉者日益新而不竭也。"沿相重质，未免偏骛。曾巩《上欧阳学士第一书》云："夫世之所谓大贤者何哉？以其明圣人之心于百世之上，明圣人之心于百世之下。其口讲之，身行之，以其余者又书存之，三者必相表里。其仁与义，磊磊然横天地，冠古今，不穷也；其文与实，卓卓然轩士林，犹雷霆震而风飙驰，不浮也。则其谓之大贤，与穹壤等高大，与《诗》《书》所称无间，宜矣。"亦重圣心之实，惟谓余存于书，尚不废文而已。

似此诸古文家，擅词章而耻为文人，慕道而未尝闻道，故论文辄出偏见。转不若初唐史家，能斟酌乎质文之间，檃栝[1]乎雅俗之际，履中而不偏，切要而无失。岂以其未尝陷溺于文辞，故旁观者清；又未尝蹙迫于求道，乃能从容按节欤？李延寿《北史·文苑传叙论》云："暨永明天监之际，太和天保之间，洛阳江左，文雅尤盛。彼此好尚，雅有异同。江左宫商发越，贵于清绮；河朔词义贞刚，重乎气质。气质则理胜其词，清绮则文过其意。理深者便于时用，文华者宜于咏歌。此其南北词

[1] 栝　底本作"楷"，据文意酌改。

人得失之大较也。若能掇彼清音，简兹累句，各去所短，合其两长，则文质彬彬，尽美善矣。”令狐德棻《周书·王褒庾信传赞》云:“原夫文章之作，本乎情性，覃思则变化无方，形言则条流遂广。虽诗赋与奏议异畛，铭诔与书论殊途，而据其指要，举其大抵，莫若以气为主，以文传意。考其殿最，定其区域，摭六经百氏之英华，探屈宋卿云之秘奥。其调也尚远，其旨也在深，其理也贵当，其辞也欲巧。然后莹金璧，播芝兰，文质因其宜，繁约适其变，权衡轻重，斟酌古今，和而能壮，丽而能典，焕乎若五色之成章，纷乎犹八音之繁会。夫然，则魏文所谓‘通才，足以备体’矣，士[1]衡所谓‘难能足以逮意’矣。”是其例已。

思想为文学要素之一，其对感情而言，则犹“道”也，其对形式而言，则犹“质”也。感情奔放之文学创作，不能达美之极诣，必藉理智之思想约束而辅导之，始克竟全功，如文学之贵含蓄，忠厚缠绵，哀而不伤等是，此思想之为道者一也。抒情之文学，亦多有杂伦理之思想而尤以动人者，如《出师表》之忠，《陈情表》之孝，以及《陌上桑》之贞正等是，此思想之为道者二也。第此所谓道，非古文家之道矣。有思想而无感情以帅之者，可以以理服人而不可以以情感人，既不诉诸情感，自非文学所有事也。古文家之文辞，则有什九不由文学之路者

[1] 士　底本作“土”，据《周书》(P.745)改。

矣。有思想矣，必其能融于情，而藉想象作用宣达之以形式，然后文学作品成，古文家则以为有道即毋虑文之不生者也。形式，文学之外表也；感情与思想，则文学之内容也。徒重形式之文学，中乏感情，则犹虚车徒饰，内无思想，则谓瘠义肥辞，此所以思想对形式言之之为质也。倘已有其情思而形式不足以称之者，其美又不备，此所以文学宜兼重文质之理也。古文家视文与华为文章以内事，质与实为文章以外事；今所云形式为文而感情思想为质者，则皆属文学以内事，故与昔人之论文质又不伴矣。

就文内之文质以论文，则从可认识与衡量文学之质地与价值；若就文外事以陟黜文章，则尊之者薄而当于理者亦鲜矣。轻文重道者率出于偏见，已不足论；即畴日之知重文者，亦有差等焉。《典论·论文》云："盖文章经国之大业，不朽之盛事。年寿有时而尽，荣乐止乎其身，二者必至之常期，未若文章之无穷。是以古之作者，寄身于翰墨，见意于篇籍，不假良史之辞，不托飞驰之势，而声名自传于后。"此重文之论已，然云经国之大业，非就文以论文者也。《文史通义·辨似》篇云："夫言所以明理，而文辞则所以载之之器也。虚车徒饰，而主者无闻，故溺于文辞者，不足与言文也。《易》曰：'物相杂，故曰文。'又曰：'其旨远，其辞文。'《书》曰：'政贵有恒，辞尚体要。'《诗》曰：'辞之辑矣，民之洽矣。'《记》曰：'毋剿说，毋雷同，则古昔，称先王。'《传》曰：'辞达而已矣。'曾子曰：

‘出辞气，斯远鄙倍矣。’经传圣贤之言，未尝不以文为贵也。盖文固所以载理，文不备则理不明也。且文亦自有其理，妍媸好丑，人见之者，不约而有同然之情，又不关于所载之理者，即文之理也。故文之至者，文辞非其所重尔，非无文辞也。而陋儒不学，猥曰：‘工文则害道。’故君子恶夫似之而非者也。”此亦未尝不以文为贵也。然以文为载理之器，所以贵文者恐理之不明，又明言溺于文辞者之不足与言文矣，非就文以论文者也。然以既知贵文，故亦语涉文理。章氏于他篇论文之处，多有真知灼见之语，至今不刊，所以贵文者虽仍嫌未足，然衡文者中之铮佼矣。

《文心雕龙·征圣》篇云：“夫作者曰圣，述者曰明，陶铸性情，功在上哲。夫子文章，可得而闻，则圣人之情，见乎文辞矣。先王圣化，布在方册；夫子风采，溢于格言。是以远称唐世，则焕乎为盛；近褒周代，则郁然可从。此政化贵文之征也。郑伯入陈，以文辞为功；宋置折俎，以多文举礼。此事迹贵文之征也。褒美子产，则云‘言以足志，文以足言’；泛论君子，则云‘情欲信，辞欲巧’。此修身贵文之征也。然则志足而言文，情信而辞巧，乃含章之玉牒，秉文之金科矣。”此论政化、事迹、修身之贵文，非就文外以申论也，罗举文外事以为贵文之征也。贵文之情，溢于言表。云“志足而言文，情信而辞巧”，情志，文学之内容；言辞，文学之形式也。志足，犹云思想充盈；情信，犹云感情真挚；言辞文巧，犹云形式优美也。无语不及文学以内事，又兼重文质，含章之玉牒，秉文之金科，其不果在于斯乎？衡文之巨擘，吐属自不凡矣。然刘氏生文弊时，志在矫俗，故《文心》首著《原道》《征圣》《宗经》之篇，而未序梦执礼器随孔之事，心虽重文，不敢一日而易其言，惧为时流张目也。

葛洪生典午之世，亦既尝慨叹虚华之研巧，思有以正之，独于论文，能祛偏见。《抱朴子·尚博》篇云："或曰：'著述虽繁，适可以骋辞耀藻，无补救于得失，未若德行不言之训。故颜、闵乃上，而游、夏乃次，四科之格，行本而学末。然则缀文固为余事，而吾子不褒崇其源，而独贵其流，可乎？'抱朴子答曰：'德行为有事，优劣易见；文章微妙，其体难识。夫易见者粗也，难识者精也。夫唯粗也，故铨衡有定焉；夫唯精也，故品藻难一焉。吾故舍易见之粗，而论难识之精，不亦可乎？'或曰：'德行者本也，文章者末也，故四科之序，文不居上。然则著纸者，糟粕之余事；可传者，祭毕之刍狗。卑高之格，是可识矣；文之体格，可得闻乎？'抱朴子答曰：'筌可以弃，而鱼未获，则不得无筌；文可以废，而道未行，则不得无文。若夫翰迹韵略之宏促，属辞比事之疏密，源流至到之修短，蕴藉汲引之深浅。其悬绝也，虽天外毫内，不足以喻其辽邈；其相倾也，虽三光熠耀，不足以方其巨细。龙渊铅铤，未足譬其锐钝；鸿羽积金，未足比其轻重。清浊参差，所禀有主，朗昧不同科，强弱各殊气。而俗士唯见能染毫画纸者，便概之一例，斯伯牙所以永思钟子，郢人所以格斤不运也。盖刻削者比肩，而班狄擅绝手之称；援琴者至众，而夔襄专知音之难。厩马千驷，而骐骥有邈群之价；美人万计，而威施有超世之容：盖有远过众者也。且文章之与德行，犹十尺之与一丈，谓之余事，未之前闻。夫上天之所以垂象，唐虞之所以为称，大人虎炳，君子豹蔚，昌旦定圣谥于一字，仲尼从周之郁，莫非文也。八卦生鹰隼之所被，六甲出灵龟之所负，文之所在，虽贱犹贵，犬羊之鞟，未得比焉。且夫本不必皆珍，末未必悉薄，譬若锦绣之因素地，珠玉之居蚌石，云雨生于肤寸，江河始于咫尺尔。则文章虽为德行之弟，未可呼为余事也。'”极论文德之均与品藻之难，属辞之殊与重文之旨，多可取处。而本不必珍，末不必薄之议论，尤卓尔足以摧陷道本文末之成说也。但洪自言“年二十余，乃计作细碎小文，妨弃功日，未若立一家之言，乃草创子书”，仍是立意为宗，不以能文为本。故惜其终有尚用之观念梗阻于心，不免辄就文外立论，不能进窥堂奥也。

文学尚用之观念何自昉乎？盖始于周代采诗以观风俗与春秋之世各国朝聘会盟时之赋诗喻志。《论语·子路》篇云：“子曰：‘诵诗三百，授之以政，不达；使于四方，不能专对。虽多，亦奚以为？’”诵诗之可否从政专对，是以能用为准也。子曰：“辞达而已矣。”亦似指使聘之辞。故《仪礼·聘礼》云：“辞无常，孙而说。辞多则史，少则不达，辞苟足以达，义之至也。”影响所及，人方言谈，亦往往藉诗以喻怀。《学而》篇云：“子贡曰：‘贫而无谄，富而无骄，何如？’子曰：‘可也，未若贫而乐，富而好礼者也。’子贡曰：‘诗云：“如切如磋，如琢如磨。”其斯之谓与？’子曰：‘赐也，始可与言诗已矣，告诸往而知来者。’”《八佾》篇云：“子夏问曰：‘“巧笑倩兮，美目盼兮，素以为绚兮。”何谓也？’子曰：‘绘事后素。’曰：‘礼后乎？’子曰：‘起予者商也，始可与言诗已矣。’”至于著书，亦喜因诗以明理，《孟》《荀》篇中多引诗句，皆此类也。

《汉书·艺文志》云：“《书》曰：‘诗言志，歌咏言。’故哀乐之心感，而歌咏之声发。诵其言谓之诗，咏其声谓之歌。故古有采诗之官，王者所以观风俗，知得失[1]，自考正也……《传》曰：‘不歌而诵谓之赋，登高能赋可以为大夫。’言感物造端，材知深美，可与图事，故可以为列大夫也。古者诸侯卿大夫交接邻国，以微言相感，当揖让之时，必称诗以谕其志，盖以别贤不肖而观盛衰焉。故孔子曰‘不学诗，无以言’也。春秋之后，周道寖坏，聘问歌咏，不行于列国，学诗之士，逸在布衣，而贤人失志之赋作矣。大儒孙卿及楚臣屈原，离谗忧国，皆作赋以风，咸有恻隐古诗之义。其后宋玉、唐勒，汉兴，枚乘、司马相如，下及扬子云，竞为侈丽闳衍之词，没其风谕之义。是以扬子悔之曰：‘诗人之赋丽以则，辞人之赋丽以淫。如孔氏之门用赋也，则贾谊升堂，相如入室矣，如其不用何？’自孝

[1] 知得失　底本脱，据《汉书》（P. 586）补。

武立乐府而采歌谣，于是有代赵之讴，秦楚之风，皆感于哀乐，缘事而发，亦可以观风俗，知薄厚云。”是以能用者为正，而以没其风谕者为变矣。

《法言·吾子》篇云：“或问：‘吾子少而好赋？’曰：‘然。童子雕虫篆刻。’俄而曰：‘壮夫不为也。’或曰：‘赋可以讽乎？’曰：‘讽乎！讽则已，不已，吾恐不免于劝也。’或曰：‘雾縠之组丽。’曰：‘女工之蠹矣。’”《论衡·别通》篇云：“空器在厨，金银涂饰，其中无物益于饥，人不顾也。肴膳甘醢，土釜之盛，入者乡之。古贤文之美善可甘，非徒器中之物也；读观有益，非徒膳食有补也。故器空无实，饥者不顾；胸虚无怀，朝廷不御也……自武帝以至今朝，数举贤良，令人射策甲乙之科，若董仲舒、唐子高、谷子云、丁伯玉，策既中实，文说美善，博览膏腴之所生也。使四者经徒能摘，笔徒能记疏，不见古今之书，安能建美善于圣王之庭乎？”又《超奇》篇云：“凡贵通者，贵其能用之也。即徒诵读，读诗讽术，虽千篇以上，鹦鹉能言之类也。”雾縠为女工之蠹，徒诵等能言之禽，其必有用乃可也。又《自纪》篇云：“盖实言无多，而华言无寡。为世用者，百篇无害；不为用者，一章无补。”其意更为显明。《抱朴子·辞意》篇云：“不能拯风俗之流遁，世涂之陵夷，通疑者之路，赈贫者之乏，何异春华不为肴粮之用，茝蕙不救冰寒之急？古诗刺过失，故有益而贵；今诗纯虚誉，故有损而贱也。”文之贵贱，云视刺过失与否而定。欧阳修《代人上王枢密求先集序书》云："甚矣言之难行也！事信矣，须文；文至矣，又系其所恃之大小，以见其行远不远也。《书》载尧舜,《诗》载商周,《易》载九圣,《春秋》载文武之法，荀孟二家载《诗》《书》《易》《春秋》者，楚之辞载《风》《雅》，汉之徒各载其时主、声名、文物之盛以为辞。后之学者，荡然无所载，则其言之不纯信，其传之不久远，势使然也。"文之存湮，云视有所载与否而知。是皆以"用"衡量文学之价值者也。

尚用之趋极端者，莫如唐之元白。元稹《乐府古题序》云："自《风》《雅》至于乐府，莫非讽兴当时之事，以贻后代之人。沿袭古题[1]，唱和重复，于文或有短长，于义咸为赘剩。尚不如寓意古题，刺美见事，犹有诗人引古以讽之义焉。曹、刘、沈、鲍之徒，时得如此，亦复稀少。近代唯诗人杜甫《悲陈陶》《哀江头》《兵车》《丽人》等，凡所歌行，率皆即事名篇，无复倚傍。余少时与白乐天、李公垂辈，谓是为当，遂不复拟赋古题。"白居易《与元九书》云："洎周衰秦兴，采诗官废。上不以诗补察时政，下不以歌泄道人情，乃至于谄成之风动，救失之道缺。于时六义始刓矣。国风变为骚辞，五言始于苏李。《诗》《骚》皆不遇者各系其志，发而为文。故河梁之句，止于伤别；泽畔之吟，归于怨思。彷徨抑郁，不暇及他耳。然去《诗》未远，梗概尚存。故兴离别，则引双凫一雁为喻；讽君子小人，则引

[1] 题　底本作"人"，据《元稹集》（P.255）改。

香草恶鸟为比。虽义类不具，犹得风人之什二三焉。于时六义始缺矣。晋宋以还，得者盖寡。以康乐之奥博，多溺于山水；以渊明之高古，偏放于田园。江鲍之流，又狭于此。如梁鸿《五噫》之例者，百无一二。于时六义寖微矣。陵夷至于梁陈间，率不过嘲风雪、弄花草而已。噫！风雪花草之物，《三百篇》中岂舍之乎？顾所用何如耳！设如'北风其凉'，假风以刺威虐；'雨雪霏霏'，因雪以愍征役；'棠棣之华'，感华以讽兄弟；'采采芣苢'，美草以乐有子也。皆兴发于此，而义归于彼。反是者，可乎哉？然则'余霞散成绮，澄江净如练''归花先委露，别叶乍辞风'之什，丽则丽矣，吾不知其所讽焉。故仆所谓嘲风雪、弄花草而已矣。于时六义亦尽去矣。唐兴二百年，其间诗人，不可胜数。所可举者，陈子昂有《感遇诗》二十首，鲍防有《感兴诗》十五篇。又诗之豪者，世称李杜。李之作，才矣奇矣，人不逮矣，索其风雅比兴，十无一焉。杜诗最多，可传者千余首。至于贯穿今古，覼缕格律，尽工尽善，又过于李焉。然撮其《新安吏》《石壕吏》《潼关吏》《塞芦子》《留花门》之章，'朱门酒肉臭，路有冻死骨'之句，亦不过三四十首。杜尚如此，况不逮杜者乎？仆常痛诗道崩坏，忽忽愤发，或废食辍寝[1]，不量才力，欲扶起之…… 自登朝来，年齿渐长，阅事渐多。每与人言，多询时务；每读书史，多求理道。始知文章合为时而

[1] 废食辍寝　底本作"废时忘寝"，据《白居易集》（P.1563）改。

著，歌诗合为事而作。”为时为事，原亦文学可取之题材，然若必时时有心为此，辄不免因文而造情，创作愈多，思亦愈复而情亦愈伪。白氏“美刺兴比，因事立题”之讽谕诗，多坐此病而不自觉，较之“事物牵于外，情理动于内，随感遇而形于叹咏”之感伤诗，乃不可及。缘后者适分胸臆，而前者牵课才外也。白氏因诗成谤，而名亦随之，尚未为失也，独惜其尽瘁于时事，而终于未窥作者之域耳。

王国维《静庵文集》云：“‘自谓颇腾达，立登要路津。致君尧舜上，再使风俗醇’，非杜子美之抱负乎？‘胡不上书自荐达，坐令四海如虞唐’，非韩退之之忠告乎？‘寂寞已甘千古笑，驰驱犹望两河平’，非陆务观之悲愤乎？如此者，世谓之大诗人矣。至诗人之无此抱负者，与夫小说、戏剧、图画、音乐诸家，皆以侏儒、优倡自处，世亦以侏儒、优倡畜之。所谓‘诗外尚有事在’，‘一命为文人，便无足观’，我国人之金科玉律也。呜呼！美术之无独立之价值也久矣。此无怪历代诗人多托于忠君爱国、劝善惩恶之意以自解免，而纯粹美术上之著述，往往受世之迫害，而无人为之昭雪者也。以是之故，所谓诗歌者，则咏史、怀古、感事、赠人之题目，弥漫充塞于诗界，而抒情叙事之作，什百不能得一，其有美术上之价值者，仅其写自然之美之一方面耳。甚至戏曲、小说之纯文学，亦往往以惩劝为旨，其有纯粹美术之目的，世非惟不知贵，且加贬焉。故曰‘中国无纯文学’也。”中国文学于演进期间，屡遭阻厄，卒不得发展久安于纯化之境地，览王氏之论，已可以推原厥故；而载道与尚用之说，皆遮蔽文学之翳障，从亦可寻其根柢矣。

文学以感情为君，思想为臣，若阏情以殉道，则轨迹失爽；或强情以尚用，则伦次乖违。非文学之不蓄思想也，勿篡夺感情而专擅以行斯可矣。沈德潜《说诗晬语》云："人谓诗主性情，不主议论，似也，而亦不尽然。试思二雅中何处无议论？杜老古诗中《奉先咏怀》《北征》《八哀》诸作，近体中《蜀相》咏怀诸葛诸作，纯乎议论。但议论须带情韵以行，勿近伧父面目耳。"理而不情，则失却文学之旨趣，故为归愚所讥。陈廷焯《白雨斋词话》云："李后主、晏叔原，皆非词中正声，而其词则无人不爱，以其情胜也。情不深而为词，虽雅不韵，何足感人？"情胜则韵，韵则感人，感人则人爱之，此文学之所以发自感情而又诉诸感情也。雅则主于思想，或雅而韵，或韵而雅，上选矣。是以归愚论诗，唯温柔敦厚是尚，以含蓄不尽为佳，知于感情之外并重视其思想也。《说诗晬语》又云："古今流传名句，如'思君如流水'，如'池塘生春草'，如'澄江净如练'，如'红药当阶翻'，如'月映清淮流'，如'芙蓉露下落'，如'空梁落燕泥'，情景俱佳，足资吟咏。然不如'南登霸陵岸，回首望长安'忠厚悱恻，得迟迟我行之意。"可以就窥其指归。

袁枚则力排其议，《答沈大宗伯论诗书》云："所云'诗贵温柔，不可说尽，又必关系人伦日用'，此数语有褒衣大袑气象。仆口不敢非先生，而心不敢是先生。何也？戴经不足据也，惟《论语》为足据。子曰：'可以兴，可以群。'此指含蓄者言之，如《柏舟》《中谷》是也；曰：'可以观，可以怨。'此指说尽者言之，如'艳妻煽方处''投畀豺虎'之类是也；曰：'迩之事父，远之事君。'此诗之有关系者也；曰：'多识于鸟兽草木之名。'此诗之无关系者也。仆读诗须折衷于孔子，故不得不小异于先生。"其于论诗，则力持"性灵"之说。《答施兰垞书》云："诗者各人之性情耳，与唐宋无与也。若拘拘然持唐宋以相敌，是子[1]之胸中有已亡之国号，而无自得之性情，于诗之本旨已失矣。"《随园诗话》云："凡诗之传者，都是性灵，不关堆垛。"《续元遗山论诗绝句》云："天涯有客号詅痴，误把钞书当作诗。钞到钟嵘《诗品》日，该他知道性灵时。"言均甚辨，惜其流连忘返，寖成漓薄之音，逞情率易，流弊靡穷。确士因主敦厚，过于重视思想，亦有拘迂之病。然而二者相较，拘者犹为上也。归愚选《国朝诗别裁》，不取王次回之艳诗。袁枚《再与沈大宗伯书》议之云："闻《别裁》中独不取王次回诗，以为艳体不足垂教，仆又疑焉。夫《关雎》即艳诗也，以求淑女之故，至于展转反侧。使文王生于今，遇先生，危矣哉！《易》曰：'一阴一阳之谓道。'又曰：'有夫妇然后有父子。'阴阳夫妇，艳诗之祖也。杜少陵，圣于诗者也，岂屑为王、杨、卢、骆哉？然

[1] 子　底本作"己"，据《袁枚全集》第2集（P.286）改。

尊四子以为万古江河矣。黄山谷，奥于诗者也，岂屑为杨、刘哉？然尊西昆以为一朝[1]郛郭矣。孔子不删郑卫之诗，而先生独删次回之诗，不已过乎？不特艳体宜收，即卢仝、李贺之险体亦宜收，然后选之道全。”沈氏摒《疑雨集》，故枚以选诗之道争，旨仍重在险艳，非必重在求全也。王昶《湖海诗传》云：“子才来往江湖，太邱道广，不论贽郎蠢夫，互相酬和。又取英俊少年，著录为弟子，授以《才调》等集，挟之以游东诸侯。更招士女之能诗画者十三人，绘为投诗之图，燕钗蝉鬓，傍柳随花，问业请前。而子才白须红舄，流盼旁观，悠然自得。亦以此索当涂之题句，于是人争爱之，所至延为上客。”其风流自赏，趋邪入魔，老而弥笃，可见一斑。故《文史通义·妇学》篇詈之云：“夫才须学也，学贵识也。才而不学，是谓小慧；小慧无识，是谓不才。不才小慧之人，无所不至。以纤佻轻薄为风雅，以造饰标榜为声名，炫耀后生，猖披士女，人心风俗，流弊不可胜言矣。夫佻达出于子衿，古之所有；矜标流于巾帼，前代所无。盖实不足而争骛于名，已非夫而藉人为重，男子有志，皆耻为之。乃至谊绝丝萝，礼殊授受，辄以缘情绮靡之作，托于斯文气类之通，因而听甲乙于胪传，求品题于月旦。此则钗楼勾曲，前代往往有之；静女闺姝，自有天地以来，未闻有是礼也。”小慧佻薄，真袁枚之的评哉！《白雨斋词话》云：

[1] 一朝　底本脱，据《袁枚全集》第2集（P.285）补。

"无论作诗作词，不可有腐儒气，不可有俗人气，不可有才子气。人第知腐儒气、俗人气之不可有，而不知才子气亦不可有也。尖巧新颖，病在轻薄，发扬暴露，病在浅尽。腐儒气、俗人气，人犹望而厌之；若才子气，则无不望而悦之矣，故得病最深。"自矜才情者，阅此得无惕省！

情感之表现于文学者，固以真为主，然轻薄浅尽之情，可以动俗而不足与于上流；自私自利之情，可以宣怀而难期人之知赏。皆感情之事有待于思想之裁成者也。《文史通义·质性》篇云："豪杰者出，以谓吾不漫然有言也，吾实有志焉，物不得其平则鸣也。观其称名指类，或如诗人之比兴，或如说客之谐隐，即小而喻大，吊古而伤时，嬉笑甚于裂眦，悲歌可以当泣，诚有不得已于所言者。以谓贤者不得志于时，发愤著书以自表见也，盖其旨趣，不出于《骚》也。吾读骚人之言矣：'纷吾有此内美，又重之以修能。'太史迁曰：'余读《离骚》，悲其志。'又曰：'明道德之广崇，治乱之条贯，其志洁，其行廉，皭然泥而不滓，虽与日月争光可也。'此贾之所以吊屈，而迁之所以传贾也，斯皆三代之英也。若夫托于骚以自命者，求其所以牢骚之故而茫然也。嗟穷叹老，人富贵而己贫贱也，人高第而己摈落也，投权要而遭按剑也，争势利而被倾轧也，为是不得志，而思托文章于《骚》《雅》，以谓古人之志也；不知中人以下，所谓'齐心同所愿，含意而未伸'者也。夫科举擢百十高第，必有数千贾谊痛哭以吊湘江，江不闻矣；吏部叙千百有位，必有盈万屈原搔首以赋《天问》，天厌之矣。孟子曰：‘有伊尹之志则可，无伊尹之志则篡也。’吾谓牢骚者，有屈、贾之志则可，无屈、贾之志则鄙也。然而自命为《骚》者且纷纷矣。”具征心私而目短者，思想之卑矣，虽真终鄙。且能以真情见楮墨者，亦往往凭识而始能；思不及此者，辄违性他骛而不知率真之为贵也。章氏又云：“《易》曰：‘一阴一阳之谓道。’阳变阴合，循环而不穷者，天地之气化也。人秉中和之气以生，则为聪明睿智；毗阴毗阳，是宜刚克柔克，所以贵学问也。骄阳沴阴，中于气质，学者不能自克，而以似是之非为学问，则不如其不学也。孔子曰：‘不得中行而与之，必也狂狷乎！狂者进取，狷者有所不为。’庄周、屈原，其著述之狂狷乎？屈原不能以身之察察受物之汶汶，不屑不洁之狷也；庄周独与天地精神相往来而不傲倪于万物，进取之狂也。昔人谓庄、屈之书，哀乐过人，盖言性不可见，而情之奇至如庄、屈，狂狷之所以不朽也。乡愿者流，托中行而言性天，剽伪易见，不足道也。于学见其人，而以情著于文，庶几狂狷可与乎？然而命骚者鄙，命庄者妄，狂狷不可见，而鄙且妄者纷纷自命也。夫情本于性也，才率于气也，累于阴阳之间者，不能无盈虚消息之机。才情不离乎血气，无学以持之，不能不受阴阳之移也。陶舞愠戚，一身之内，环转无端，而不自知。苟尽其理，虽夫子愤乐相寻，不过是也。其下焉者，各有所至，亦各有所通，大约乐至沉酣，而惜光景，必转生悲，而忧患既深，知其无可如何，则反为旷达。屈原忧极，故有轻举远游、餐霞饮瀣之赋；庄周乐至，故有后人不见天地之纯，古人大体之悲。此亦倚伏之至理也。若夫毗于阴者，妄自期许，感慨横生，贼夫骚者也；毗于阳者，狷狂无主，动称自然，贼夫庄者也。然而亦且循环未有已矣。"人之思想，可以内省其感情而钧陶之，使之就于正而无邪，亦可使之出于真而不妄，匡辅之功亦以伟矣。

主气之说，亦有视气之蓄发为思想之静动者。曾子曰："君子所贵乎道者三：动容貌，斯远暴慢矣；正颜色，斯近信矣；出辞气，斯远鄙倍矣。"君子之人，端而言，蠕而动，皆可以远于鄙倍，是晏子之抚殇对问所以不同于高子也。文辞亦犹言辞，辞气亦犹文气。曾子之云气，殆谓人之内蓄者为思想，而外发者为言文，诚明有自，修辞攸依也。

孟子曰："夫志，气之帅也；气，体之充也。夫志至焉，气次焉，故曰：'持其志，无暴其气。'志壹则动气，气壹则动志也。我知言，我善养吾浩然之气。其为气也，至大至刚，以直养而无害，则塞于天地之间。其为气也，配义与道；无是，馁也。是集义所生者，非义袭而取之也。行有不慊于心，则馁矣。必有事焉而勿正，心勿忘，勿助长也，无若宋人然。宋人有闵其苗之不长而揠之者，芒芒然归，谓其人曰：'今日病矣，予助苗长矣。'其子趋而往视之，苗则槁矣。天下之不助苗长者寡矣。以为无益而舍之者，不耘苗者也；助之长者，揠苗者也。诐辞知其所蔽，淫辞知其所陷，邪辞知其所离，遁辞知其所穷。生于其心，害于其政；发于其政，害于其事。圣人复起，必从吾言矣。”“志”犹感情，“气”犹思想，思想之充于体，繇集义所生也。他人之“言”，倚此而知之，孟子之“辩”，殆亦因是而未尝“馁”欤？言辞亦犹文耳，倘孟子而言文，亦必由是理矣。

柳宗元《答韦中立论师道书》云：“故吾每为文章，未尝敢以轻心掉之，惧其剽而不留也；未尝敢以怠心易之，惧其弛而不严也；未尝敢以昏气出之，惧其昧没而杂也；未尝敢以矜气作之，惧其偃蹇而骄也。抑之欲其奥，扬之欲其明，疏之欲其通，廉之欲其节，激而发之欲其清，固而存之欲其重。此吾所以羽翼夫道也。”不敢以昏气出之，则必以清明；不敢以矜气作之，则必以谦巽。清明谦巽之气，思想之纯也。以文羽翼夫道，乃道之文也；以道抑扬其文，又文之道矣。

《文史通义·文德》篇云：“凡言义理，有前人疏而后人加密者，不可不致其思也。古人论文，惟论文辞而已矣。刘勰氏出，本陆机氏说，而昌论文心；苏辙氏出，本韩愈氏说，而昌论文气，可谓愈推愈精矣。未见有论文德者，学者所宜深省也。夫子尝言‘有德必有言’，又言‘修辞立其诚’；孟子尝论‘知言’‘养气’，本乎‘集义’；韩子亦言‘仁义之途’，‘《诗》《书》之源[1]’，皆言德也。今云未见论文德者，以古人所言，皆兼本末，包内外，犹合道德文章而一之，未尝就文辞之中，言其

[1] 源 底本作“流”，据《文史通义》(P.60)改。

有才、有学、有识，又有文之德也。凡为古文辞者，必敬以恕。临文必敬，非修德之谓也；论古必恕，非宽容之谓也。敬非修德之谓者，气摄而不纵，纵必不能中节也；恕非宽容之谓者，能为古人设身而处地也。嗟乎！知德者鲜，知临文之不可无敬恕，则知文德矣……韩氏论文，‘迎而拒之，平心察之’，喻气于水，言为浮物；柳氏之论文也，不敢‘轻心掉之’，‘怠心易之’，‘矜气作之’，‘昏气出之’。夫诸贤论心论气，未即孔、孟之旨，及乎天人性命之微也。然文繁而不可杀，语变而各有当，要其大旨，则临文主敬，一言以蔽之矣。主敬则心平而气有所摄，自能变化从容以合度也。夫史有三长，才、学、识也，古文辞而不由史出，是饮食不本于稼穑也。夫识生于心也，才出于气也，学也者，凝心以养气，炼识而成其才者也。心虚难恃，气浮易弛。主敬者随时检摄于心气之间，而谨防其一往不收之流弊也。夫缉熙敬止，圣人所以成始而成终也，其为义也广矣。今为临文检其心气，以是为文德之敬而已尔。”心指人之理智而言，气指人之感情而言。“凝心以养气，炼识而成才”，犹谓人之宜以理智控驭其情感，以后天之学验充盈其先天之才性也。至推原昔贤之旨，则以检摄心气为行文之方，是就文以论文，犹云藉思想以匡辅感情之偏陂也。论气而不遐弃于文，故云前此未见有论文德者；论文而仍主本于集义所生之气，故云韩柳之论未及乎天人性命之微。意必气之静能依于德，蓄于中者为思想之善；气之动能持以敬，发于外者为文辞之美，然后为知文。是其气虽仍指感情而言，归极则主于思想也。

《诗品》云："晋中散嵇康，颇似魏文。过为峻切，讦直露才，伤渊雅之致。然托喻清远，良有鉴裁，亦未失高流矣。"峻切露才，其文学作品偏侧感情之激荡也；托喻清远，想象力极丰腴也；良有鉴裁，形式简练优美也。此其诗所以能未失高流也。惟云伤渊雅之致，其思想不足控驭奔放之感情，是美中之不足尔。张炎《词源》云："词欲雅而正，志之所之，一为情所役，则失其雅正之音。耆卿、伯可不必论，虽美成亦有所不免。如'为伊泪落'，如'最苦梦魂，今宵不到伊行'，如'天便教人，霎时厮见何妨'，又如'又恐[1]伊，寻消问息，瘦损容光'，如'许多烦恼，只为当时，一饷留情'，所谓变淳朴为浇漓矣。"所举诸例，皆情语也，乏理智之思想为其约束，乃转于浇漓。此非仅为情所"役"，实已为情所"没"，遂失其雅正之音也。

惟是情深而思卓之作，反遭浅俗者所讥议，亦往往而有矣。《文史通义·俗嫌》篇云："文字[2]涉世之难，俗讳多也。退之遭李愬之毁，欧阳辨师鲁之志，从古解人鲜矣。往学古文于朱先生。先生为《吕举人志》：'吕久困不第，每夜读甚苦。邻妇语其夫曰："吕生读书声高而音节凄悲，岂其中有不自得耶？"其

[1] 又恐　底本脱，据《词源》(P.69)补。

[2] 字　底本作"学"，据《文史通义》(P.93)改。

夫告吕。吕哭失声曰："夫人知我。假主文者能具夫人之聪，我岂久不第乎？"由是每读则向邻墙三揖。'其文深表吕君不遇伤心，而当时以谓佻薄，无男女嫌，则聚而议之……不知文字一途，乃亦崎岖如是。是以深识之士，黯默无言，自勒名山之业，将俟知音发之，岂与容悦之流较甘苦哉？"赏文之士，勿为容悦者所溷，勿伤深识者之心；必廉得其情之真伪，而明察其思之正奇，庶乎可。又如《文德》篇所云"为文者主敬"，犹孟子之云"收其放心"，以思想部勒其感情也；"衡文者主恕"，犹孟子之云"以意逆志"，情思并驭而设身处地也。创作者以感情为主而思想为辅，批评者以思理为主而情致为辅，虽于所重轻者稍有出入，偏枯则不可也。

《文心雕龙·乐府》篇云："匹夫庶妇，讴吟土风，诗官采言，乐盲被律，志感丝篁，气变金石。是以师旷觇风于盛衰，季札鉴微于兴废，精之至也。夫乐本心术，故响浃肌髓，先王慎焉，务塞淫滥……故知诗为乐心，声为乐体。乐体在声，瞽师务调其器；乐心在诗，君子宜正其文。'好乐无荒'，晋风所以称远；'伊其相谑'，郑国所以云亡。故知季札观辞，不直听声而已。若夫艳歌婉娈，怨志詄绝，淫辞在曲，正响焉生？然俗听飞驰，职竞新异。雅咏温恭，必欠伸鱼睨；奇辞切至，则拊髀雀跃。诗声俱郑，自此阶矣。""响浃肌髓"，情相感也；"务塞淫滥"，思无邪也。歌婉娈，志詄绝，而淫辞在曲，是纯正之思想未能摄持轶荡之感情也；倦雅咏，慕奇辞，乃郑卫之阶，是读者之迎拒亦足以摇动作者之笔端也。创文者能言形于情，文酌于理，情思交炼，不徇俗以求荣；赏文者能据理以裁度，缘情以会通，情理后先，不偏执于一隅。两尽其心，庶其可乎？

《论语·为政》篇云：“子曰：‘《诗》三百，一言以蔽之，曰：“思无邪。”’”此“思无邪”三字，不止于评三百篇之《诗经》也，可以悬为衡量一切文章之准；不止于言思想之正也，亦以言感情之贞；不止于示创作者以应奉之圭臬也，乃亦示赏鉴者以应取之态度。欧阳修《礼部唱和诗序》云：“古者《诗》三百篇，其言无所不有。惟其肆而不放，乐而不流，以卒归于正，此所以为贵也。”是“思无邪”一语之诠解矣。

《荀子·乐论篇》云：“夫乐者，乐也，人情之所必不免也。故人不能无乐，乐则必发于声音，形于动静，而人之道，声音动静、性术之变尽是矣。故人不能不乐，乐则不能无形；形而不为道，则不能无乱。先王恶其乱也，故制《雅》《颂》之声以道之，使其声足以乐而不流，使其文足以辨而不諰，使其曲直、繁省、廉肉、节奏足以感动人之善心，使夫邪污之气无由得接焉，是先王立乐之方也。”先王立乐，在尊人心之正而远于邪，盖为能由而不能知之匹夫匹妇计也；摛藻之士，自有理智可以绳束情感，允宜收其放心，以臻文学创作于盛大之域也。

《诗序》云：“上以风化下，下以风刺上，主文而谲谏，言之者无罪，闻之者足以戒，故曰‘风’。至于王道衰，礼义废，政教失，国异政，家殊俗，而‘变风’‘变雅’作矣。国史明乎得失之迹，伤人伦之废，哀刑政之苛，吟咏情性，以风其上，达于事变而怀其旧俗者也。故变风发乎情，止乎礼义。发乎情，民之性也；止乎礼义，先王之泽也。”云“发乎情”，明感情为文学之元素也；云“止乎礼义”，道其思想之背后有理智为之羁勒也。云“言之者无罪”，盖以其言出真情也；云“闻之者足以戒”，以其言含真理之故也。发乎情，自于人之本性，真情流露，非饰其情以徇文者也；止乎礼义，源于风俗之淳朴，思出自然，非矫其意以为高者也。情真故能感人，思正故能垂戒；不必惟用是尚，而自能既丽且则。此创作之极诣，《诗》之独有千古者以此。而后世衡文者，对于诗赋词曲，恒必折衷于《三百篇》者，傥亦此其故欤？

纪昀《云林诗钞序》云：“分支于《三百篇》者，为两汉遗音；沿波于屈、宋者，为六朝绮语。上下二千余年，刻骨镂心，千汇万状，大约皆此两派之变相耳。末流所至，一则标新领异，尽态于江西；一则抽秘骋妍，弊极于《玉台》《香奁》诸集。左右断断，更相笑也。余谓西河卜子，传《诗》于尼山者也。《大序》一篇，确有授受，不比诸篇《小序》，为经师递有增加。其中‘发乎情，止乎礼义’二语，实探《风》《雅》之大原。后人各明一义，渐失其宗。一则知‘止乎礼义’而不必其‘发乎情’，流而为金仁山《濂洛风雅》一派，使严沧浪辈激而为‘不涉理路，不落言筌’之论。一则知‘发乎情’而不必其‘止乎礼义’，自陆平原一语引入歧途，其究乃至于绘画横陈，不诚已甚欤？”文达博综今古，论旨遂能不倚不偏，且明其流派渊源之所自；而缘情之文宜并重思想之谊，从此亦可觇知矣。

第八章

中国文学批评之形式论

文字形音义影响文学之形式—后世趋文踵事增华—“榛楛勿翦蒙荣集翠”—简繁隐显—“镕裁”—戒丽靡后辞采—“言有序”与“言有物”—宫商清浊—文笔—永明体与“四声八病”—反声病说—四声之演成与四声说之成立—音律本于自然—双声叠韵—尚骈与复古—复古之先河—“奇”与“气”—针奇砭异—复古而变古创法而有体—主奇去陈言主气调音律—“神气”与“神理气味格律声色”—散骈行文之法—主散主骈与骈散兼用说—骈散大同小异互有短长—创格为优人文递进—古诗与古文律诗与骈文—文体之变革与因袭—西昆体与江西诗派

《文心雕龙·章句》篇云:“夫人之立言，因字而生句，积句而成章，积章而成篇。篇之彪炳，章无疵也;章之明靡，句无玷也;句之清英，字不妄也。振本而末从，知一[1]而万毕矣。”累字而成篇，文字所影响于文学者至巨且大也。我国文字，造字之方法，托始于象形，而终极于形声，叶落粪本，文学独有其形体之美，与其他谐声文字之国家不同。如汉赋或累用同部首之字，词曲中或者拆字以成文。此文学有关文字之形体因以形成其特殊之点者也。我国语言为单音语，文字亦属单缀音。同音字既多，乃轻重疾徐，渐有四声之别。单缀音既简，遂擘肌分理，剖析声韵之微，于考校文学声音之美，可谓已臻极诣。此文学有关文字之音韵因以形成其特殊之点者也。我国字简而用繁，故一字于其本义之外，引申义独多。若一字单用，辄不喻其指，故语言中之熟语，文辞中之词汇，应运而大行。此文学有关文字之义训因以形成其特殊之点者也。因文字与文学有此特殊之局面，故历代创作者，多殚其一生之精力于文学之形式，而衡文者亦多注目于此。辞令华采，诱致人之偏好者深，盖重文轻质，其机亦有伏于文字之特质者焉。

文字之运用既日新其业，文学之迁变因亦愈演而弥缛。是以《论衡·超奇》篇云:“周有郁郁之文者，在百世之末也。汉在百世之后，文论辞说，安得不茂? 喻大以小，推民家事，以睹王庭之义。庐宅始成，桑麻才有，居之历岁，子孙相续，桃李梅杏，掩丘蔽野，根茎众多，则华叶繁茂。汉氏治定久矣，

[1] 一 底本脱，据《文心雕龙注》(P.570)补。

土广民众，义兴事起，华叶之言，安得不繁？”认为后世日趋于文，有必然之理也。《抱朴子·钧世》篇云：“且夫古者事事醇素，今则莫不雕饰。时移世改，理自然也。至于罽锦丽而且坚，未可谓之减于蓑[1]衣；辎軿妍而又牢，未可谓之不及椎车也……若舟车之代步涉，文墨之改结绳，诸后作而善于前事，其功业相次千万者，不可复缕举也。世人皆知之快于曩矣，何以独文章不及古邪？”是论后世之雕饰不必逊于古昔之醇素也。《昭明文选序》云：“若夫椎轮为大辂之始，大辂宁有椎轮之质；增冰为积水所成，积水曾微增冰之凛。何哉？盖踵其事而增华，变其本而加厉。物既有之，文亦宜然。”直谓踵事增华，为文章进步之征象矣。

文章之事，始简而终繁，必然之事，殆无疑义。以人文日繁，而载文之工具日便，外内表里，相资而弥盛也。然同时之文，或一篇之内，其繁与简，不可假此以例彼矣。缘文章为精炼之语言，意蕴以多为贵，故宜尚简而汰繁耳。陆机《文赋》云：“石韫玉而山辉，水怀珠而川媚。彼榛楛之勿翦，亦蒙荣于集翠；缀《下里》于《白雪》，吾亦济夫所伟。”则以为文有美句，不嫌其累，美恶相杂，不害其文，未免过言矣。陆云《与兄平原书》云：“兄文章之高远绝异，不可复称言，然犹皆欲微多，但清新相接，不以为病耳。若复令小省，恐其妙欲不见，可复

[1] 蓑　底本作“蘘”，据《抱朴子》（P.255）改。

称极。不审兄由以为尔不？”意诤士衡之文繁，虽因清新而繁不为病，若复令少省，则更益其妙也。《文心雕龙·镕裁》篇云：“至如士衡才优，而缀辞尤繁；士龙思劣，而雅好清省。及云之论机，亟恨其多，而称‘清新相接，不以为病’，盖崇友于耳。夫美锦制衣，修短有度，虽玩其采，不倍领袖。巧犹难繁，况在乎拙？而《文赋》以为榛楛勿翦，庸音足曲，其识非不鉴，乃情苦芟繁也。”缘情以入理，可服士衡兄弟之心。黄侃云：“此段极论文之不宜繁，自是正论。然士衡所云‘榛楛勿翦，蒙荣集翠’，亦有此一理。古人文伤繁者，不仅士衡一人，阅之不以繁为病者，必由有新意清气以弥缝之也。”夫“蒙荣”云者，因翡翠之来集于林，而榛楛赖以逃于斧斤耳。吝而勿翦，病轻可略；奚不全美，情苦芟繁。恃清新之气行于中，虽无廓清之功，幸有捋撦之力。然在才优者固不免于此累而终悬一累，若持本以徇末，转以新意清气以弥缝其缺失，无是理矣。姚永朴云：“此谓瑕不能掩瑜者也。若夫‘混妍蚩而成体，累良质而为瑕’，此则又谓瑜不能掩瑕者也。古今文章，自有此二种，后人乃或谓士衡以榛楛为可勿翦，何啻痴人说梦。”其解“榛楛之勿翦，亦蒙荣于集翠”，则似之矣。若夫“缀《下里》于《白雪》，吾亦济夫所伟”，亦何啻于“混妍蚩而成体，累良质而为瑕”，而士衡不以为嫌，则彦和何尝“说梦”欤？

《史通·叙事》篇云：“夫国史之美者，以叙事为工，而叙事之工者，以简要为主。简之时义大矣哉！历观自古，作者权舆，《尚书》发踪，所载务于寡事；《春秋》变体，其言贵于省文。斯盖浇淳殊致，前后异迹，然则文约而事丰，此述作之尤美者也。始自两汉，迄乎三国，国史之文，日伤繁富。逮晋以降，流宕愈远，寻其冗句，摘其烦词，一行之间，必谬增数字；尺纸之内，恒虚费数行。夫聚蚊成雷，群轻折轴，况于章句不节，言词莫限，载之兼两，曷足道哉……盖饵巨鱼者，垂之千钓，而得之在于一筌；捕高鸟者，张其万罝，而获之由于一目。夫叙事者，或虚益散辞，广加闲说，必取其所要，不过一言一句耳。苟能同夫猎者渔者，既执而罝钓必收，其所留者，唯一筌一目而已，则庶几骈枝尽去，而尘垢都捐，华逝而实存，滓去而沈在矣。嗟乎！能损之又损，而玄之又玄，轮扁所不能语斤，伊挚所不能言鼎也……然章句之言，有显有晦。显也者，繁词缛说，理尽于篇中；晦也者，省字约文，事溢于句外。然则晦之将显，优劣不同，较可知矣。夫能略小存大，举重明轻，一言而巨细咸该，词组而洪纤靡漏，此用晦之道也……盖作者言虽简略，理皆要害，故能疏而不遗，俭而无缺。譬如用奇兵者，持一当百，能全克敌之功也。若才乏俊颖，思多昏滞，费词既甚，叙事才周，亦犹售铁钱者，以两当一，方成贸迁之价也。”崇简而病繁，言多当理。惟云古史省文，而汉后烦富，以为浇淳殊致，未免过泥。先秦载籍托于简札，繁文实难；汉后文章发于楮墨，成篇始易。繁固为疵，简亦未足，故远古经籍有待于传注，而近古文章或将为削繁也。云简与繁，求其有当而已。钱大昕《与友人书》云："文有繁有简，繁者不可减之使少，犹之简者不可增之使多[1]。《左氏》之繁，胜于《公》《谷》之简，《史记》《汉书》互有繁简。谓文未有繁而能工者，非通论也。"可救刘氏之偏陂已。

《文心·镕裁》篇又云："句有可削，足见其疏；字不得减，乃知其密。精论要语，极略之体；游心窜句，极繁之体。谓繁与略，随分所好。引而申之，则两句敷为一章；约以贯之，则一章删成两句。思赡者善敷，才核者善删。善删者，字去而意留；善敷者，辞殊而意显。字删而意缺，则短乏而非核；辞敷而言重，则芜秽而非赡。"繁简必各得其宜，斯为贵耳。然"才核者善删"，其过者难免因简而入悭，故宜济之以润泽；"思赡者善敷"，其过者难免因繁而入芜，故宜救之以洗炼。勿恃"清新"，莫遑"要害"，心知利钝，允执厥中，斯可矣。至于论古今文事，宜知昔简今繁之必然。不必让古之过简，亦无须效法古之尚简，而笔削复初也；不必慨今之太繁，亦未可坚信今之宜繁，而流宕无检也。理本易明，行文者则多有不暇及此者矣。

自炎汉之衰，骛文之风日盛，寖至华而不实，流弊滋多。为文者迷于当局，尽瘁摛藻修辞之事；衡文者清于旁观，渐萌用淳反本之思。李充《翰林论》云："应休琏五言诗百数十篇，以风规治道，盖有诗人之旨。"又云："潘安仁之为文也，犹翔

[1] 增之使多　底本作"使之增多"，据《潜研堂集》(P.607)改。

禽之羽毛，衣被之绡縠。”徒文为饰，非所尚已。挚虞《文章流别论》云：“古诗之赋，以情义为主，以事类为佐；今之赋，以事形为本，以义正为助。情义为主，则言省而文有例矣；事形为本，则言当而辞无常矣。文之烦省，辞之险易，盖由于此。夫假象过大，则与类相远；逸辞过壮，则与事相违；辩言过理，则与义相失；丽靡过美，则与情相悖。此四过者，所以背大体而害政教。是以司马迁割相如之浮说，扬雄疾‘辞人之赋丽以淫。’”丽靡之文，亦深排之。《文心雕龙·情采》篇云：“是以联辞结采，将以明理，采滥辞诡，则心理愈翳。固知翠纶桂饵，反所以失鱼，‘言隐荣华’，殆谓此也。是以‘衣锦褧衣’，恶文太章；《贲》象穷白，贵乎反本。夫能设模以位理[1]，拟地以置心，心定而后结音，理正而后摛藻，使文不灭质，博不溺心，正采耀乎朱蓝，间色屏于红紫，乃可谓雕琢其章，彬彬君子矣。”“博不溺心，间色屏于红紫”，冀人不为文字特质所诱，徒溺于形式之美，而能“文不灭质，正采耀乎朱蓝”，兼重文学之内容也。虽然，不为所溺者鲜矣。

裴子野《雕虫论》云：“古者四始六义，总而为诗，既形四方之风，且彰君子之志，劝美惩恶，王化本焉。后之作者，思存枝叶，繁华蕴藻，无以自通。若悱恻芳芬，楚骚为之祖；靡曼容与，相如和其音。由是随声逐影之俦，弃指归而无执，赋

[1] 理　底本作“体”，据《文心雕龙注》（P.538）改。

诗歌颂，百帙五车，蔡邕等之俳优，扬雄悔为童子。圣人不作，雅郑谁分……自是闾阎年少，贵游总角，罔不摈落六艺，吟咏情性。学者以博依为急务，谓章句为专鲁，淫文破典，斐尔为功。无被于管弦，非止乎礼义，深心主卉木，远志极风云。其兴浮，其志弱，巧而不要，隐而不深，讨其宗途，亦有宋之遗风也。若季子聆音，则非兴国；鲤也趋室，必有不敢。荀卿有言，'乱代之征，文章匿而采'，斯岂近之乎？"论江左群骛形式之非也。裴氏原属史家，故能不为时流所溺；然亦以就史而论文，遐弃性情而推原王化，非知文之论，乃亦不足服当世之心耳。

梁简文帝《答湘东王书》云："故玉徽金铣，反为拙目所嗤；《巴人》《下里》，更合郢中之听。《阳春》高而不和，妙声绝而不寻。竟不精讨锱铢，核量文质，有异巧心，终愧妍手。是以握瑜怀玉之士，瞻郑邦而知退；章甫翠履之人，望闽乡而叹息。诗既若此，笔又如之。徒以烟墨不言，受其驱染；纸札无情，任其摇襞。甚矣哉！文之横流，一至于此！"又论文章灭绝情辞者之非也。《南史·简文帝纪》云："帝辞藻艳发，然伤于轻靡，时号宫体。"章炳麟《国故论衡·论式》云："简文变古，志在桑中。"盖重情感而不恤放荡，尚辞藻而卒溺其心者矣。

操觚之士，言志者本于情，载道者主于思。情思内蓄而文采外发者为不少矣，舜英徒艳或质木无文者亦多有之。且自两汉赋家为文而造情，既始作其俑，后世因文而灭情，遂至"俪采百字之偶，争价一句之奇”矣。自唐、宋古文家倡文以明道，而中乏其实，后世摹文而远道，遂至“穿鑿经传，移此俪彼，以为浮薄”矣。良以情思不能缘无以生有，辞藻则可旁取而近研，故“言有序”者车载斗量，而“言有物”者乃如凤毛麟角也。

东汉之后，文学之观念渐纯，内容知本抒情，形式渐趋骈俪。因情以生文，则言中有物；用偶以为体，则交错成姿。彬彬文质，盛极一时。惜其末流，务为繁苛，偏重形式，睽绝情思。文笔声病之说张于外，月露风云之状充于中，而文章徒具躯壳矣。

范晔《狱中与甥侄书》云：“常耻作文士。文患其事尽于形，情急于藻，义牵其旨，韵移其意。虽时有能者，大较多不免此累，政可类工巧图缋，竟无得也。常谓情志所托，故当以意为主，以文传意。以意为主，则其旨必见；以文传意，则其词不流。然后抽其芬芳，振其金石耳。此中情性旨趣，千条百品，屈曲有成理，自谓颇识其数。尝为人言，多不能赏，意或异故也。性别宫商，识清浊，斯自然也。观古今文人，多不全了此处，纵有会此者，不必从根本中来。言之皆有实证，非为空谈。年少中，谢庄最有其分。手笔差易，文不拘韵故也。吾思乃无定方，特能济难适[1]轻重，所禀之分，犹当未尽。但多公家之言，少于事外远致，以此为恨，亦由无意于文名故也。”“事尽于形，

[1] 适　底本作“识”，据《后汉书》（P.2519）改。

情急于藻，义牵其旨，韵移其意”，论当时文士急于韵藻而忽于情意，可谓能切中时弊也。“以意为主，则其旨必见；以文传意，则其词不流。然后抽其芬芳，振其金石”，谓宜先文学之质而后其文，所见亦卓。然又云“宫商自然”“手笔差易”，仍未忘情于形式。宫商祭音律之先河，手笔导文笔之先路。时之所趋，方兴未艾，虽才之雄者不能斡转而逆施；矧其推波而逐澜，几何不为时流张目乎？

《南史·陆厥传》云：“永明时，盛为文章，吴兴沈约、陈郡谢朓、琅琊王融，以气类相推毂，汝南周颙善识声韵。约等文皆用宫商，将平上去入四声，以此制韵，有平头、上尾、蜂腰、鹤膝。五字之中，音韵悉异；两句之内，角徵不同，不可增减。世呼为‘永明体’。”沈约《宋书·谢灵运传论》云：“若夫敷衽论心，商榷前藻，工拙之数，如有可言。夫五色相宣，八音协畅，由乎玄黄律吕，各适物宜。欲使宫羽相变，低昂互节，若前有浮声，则后须切响。一简之内，音韵尽殊；两句之中，轻重悉异。妙达此旨，始可言文。至于先士茂制，讽高历赏，子建函京之作，仲宣灞岸[1]之篇，子荆零雨之章，正长朔风之句，并直举胸情，非傍诗史。正以音律调韵[2]，取高前式。自灵均以来，多历年代，虽文体稍精，而此秘未睹。至于高言妙句，音韵天成，皆暗与理合，匪由思至。张、蔡、曹、王，

[1] 灞岸　底本作“霸上”，据《魏晋南北朝文论选》(P.297)改。

[2] 韵　底本作“均”，据《魏晋南北朝文论选》(P.297)改。

曾无先觉，潘、陆、颜、谢，去之弥远。世之知音者，有以得之，知此言之非谬；如曰不然，请待来哲。”以为音律之妙，前贤未睹，切响浮声，诩为创获。

陆厥乃书以质之云：“自魏文属论，深以清浊为言；刘桢奏书，大明体势之致。岨峿妥帖之谈，操末续巅之说，兴玄黄于律吕，比五色之相宣。苟此秘未睹，兹论为何所指邪？故愚谓前英已早识宫徵，但未屈曲指的，若今论所申[1]……意者亦质文时尽，古今好殊，将急[2]在情物，而缓于章句。情物文之所急，犹且美恶相半；章句意之所缓，故合少而谬多。义在于斯，必非不知明矣……一人之思，迟速天悬；一家之文，工拙壤隔。何独宫商律吕必责其如一邪？论者乃可言未穷其致，不得言曾无先觉也。”以为前贤已知音律，乃非所急，故亦未穷其致也。沈约又作书答之云：“若以文章之音韵，同弦管之声曲，则美恶妍媸不得顿相乖反。譬犹子野操曲，安得忽有阐缓失调之声？以《洛神》比陈思他赋，有如异手之作，故知天机启则律吕自调，六情滞则音律顿舛也。士衡虽云炳若缛锦，宁有濯色江波之中，复有一片是卫文之服？此则陆生之言，即复不尽者矣。韵与不韵有精粗，轮扁不能言，老夫亦不尽辨此。”则仍坚持前人未睹之见，虽昔人偶得自然中节之文，终乏有意为工之技也。因与永明诸贤制四声八病之论。四声，平上去入也；八病，

[1] 申　底本作“由”，据《全齐文·全陈文》（P.250）改。
[2] 急　底本作“意”，据《全齐文·全陈文》（P.250）改。

平头、上尾、蜂腰、鹤膝、大韵、小韵、旁纽、正纽也。诗则必讲声病，文则必重音律，勇于自是，毛目备举，以相标榜而夸耀世人。吁亦文之病已！休文《答北魏甄琛书》云：“作五言诗者，善用四声，则讽咏而流靡；能达八体，则陆离而华洁。”自矜之情，溢于言表。以为由其型范，文可妍美；舍此不由，终归媸恶也。

钟嵘《诗品》力抨其非云：“昔曹、刘殆文章之圣，陆、谢为体贰之才，锐精研思，千百年中而不闻宫商之辨，四声之论。或谓前达偶然不见，岂其然乎？尝试言之，古曰诗颂，皆被之金竹，故非调五音，无以谐会。若‘置酒高堂上’‘明月照高楼’，为韵之首。故三祖之词，文或不工，而韵入歌唱，此重音韵之义也，与世之言宫商异矣。今既不被管弦，亦何取于声律耶？齐有王元长者，尝谓余云：‘宫商与二仪俱生，自古词人不知之。惟颜宪子乃云律吕音调，而其实大谬；唯见范晔、谢庄颇识之耳。’尝欲造《知音论》，未就。王元长创其首，谢朓、沈约扬其波。三贤或贵公子孙，幼有文辩，于是士流景慕，务为精密，襞积细微，专相陵架。故使文多拘忌，伤其真美。余谓文制，本须讽读，不可蹇碍，但令清浊通流，口吻调利，斯为足矣。至平上去入，则余病未能；蜂腰鹤膝，闾里已具。”

吾人须知沈侯等倡人工音律之说，乃文学批评上分析归纳之结晶，可以示初学者以矩范，而畀赏鉴者以准绳。至于创作之侪，于触发之文仍必以“天机启则律吕自调”为极则，于锻炼之际亦宜以“器写人声，声非学器”为依归，未可矫揉声辞，削趾适屦。且声律所以饰言，而辩丽本于情性，何能舍本逐末，谓识声律为已尽文章之能事乎？职在批评者，发见文学之原理原则，为读者之向导，供作家之参观则是矣；讵得挥麈文坛，自居老马？永明诸贤，以创作家兼司批评之事，未免不明分际。而又自负太过，乃思以声律之说牢笼百代，是召讥之所由；南朝文士又多才力太低，竟奉声律之说局促终身，是文敝之所昉。隽哲之士，有盼倩之淑姿，取声律如铅黛，以饰其容，何必伤其真美？六朝之文，资佐于声音之美，文质兼宜者盖有之矣；声律之论，演为唐代之律诗绝句，情辞并茂者蔚为大观矣。然则音律之本身，又岂文学上之桎梏欤？纪晓岚云：“齐梁文格卑靡，惟此学独有千古。钟记室以私憾排之，未为公论也。”“文格卑靡”，过于重视文学之形式使然；“独有千古”，声律之说允为重大之发现，在文学批评史上为不朽也。

黄侃云：“为文须讲声律，其说始于魏、晋之际。而遗文粲然可见者，惟士衡《文赋》数言 …… 细审其旨，盖谓文章音节，须令谐调。本之《诗传》‘情发于声，成文为音’之说，稽之左氏‘琴瑟专一，谁能听之’之言，故非士衡所创获也。”盖论文之音律，其来甚远。然或言成文之旨，或言相和之宜，偶及声文，无关宏旨。即《文赋》中“暨声音之迭代，若五色之相宣”数语，亦不过枝节之辞，论无体系。区分条目而揭橥音律为文律者，实自约等始也。

我国语文之音，上古仅有平与入。周初有上声，三国之末始有去声，元代北音始缺入声而有阳平。此据西人艾德金氏所著《北京官话文典》云然，可略得中国语文四声渐增之迹。陈寅恪先生《四声三问》云："初问曰：'中国何以成立一四声之说？即何以适定为四声，而不定为五声或七声，抑或其他数之声乎？'答曰：'所以适定为四声，而不定为其他数之声者，以除去本易分别，自为一类之入声，复分别其余之声，为平、上、去三声。综合通计之，适为四声也。但其所以分别其余之声为三声者，实依据及摹拟中国当日转读佛经之三声，而中国当日转读佛经之三声，又出于印度古时声明论之三声也……中国语之入声皆附有 K、P、T 等辅音之缀尾，可视为一特殊种类，而最易与其他之声分别；平、上、去则其声响高低相互距离之间虽有分别，但应分别之为若干数之声，殊不易定。故中国文士依据及摹拟当日转读佛经之声，分别定为平、上、去之三声，合入声共计之，适为四声。于是创为四声之说，并撰作声谱，借转读佛经之声调，应用于中国之美化文。此四声之说所以成立，及其所以适为四声，而不为其他数声之故也。'再问曰：'四声说之成立，由于中国文士依据及摹拟转读佛经之声，既闻命矣。果如所言，天竺经声流行中土，历时甚久，上起魏晋，下迄隋唐，六七百年间，审音文士、善声沙门亦已众矣，然则无论何代何人，皆可以发明四声之说，何以其说之成立，不后不先，适值南齐永明之世？而创其说者，非甲非乙，又适为周颙、沈约之徒乎？’答曰：‘南齐武帝永明七年二月二十日，竟陵王子良大集善声沙门于京邸，造经呗新声，实为当时考文审音之一大事。在此略前之时，建康之审音文士及善声沙门讨论研究，必已甚众而且精，永明七年竟陵京邸之结集，不过此新学说研究成绩之发表耳。此四声说之成立所以适值南齐永明之世，而周颙、沈约之徒又适为此新学说代表人之故也。’”可知四声之所由定，并其说成立于永明年间之原委。四声之分备于汉末，四声之论又定于齐初，于时双声叠韵之辨已严，反切之用渐广，八病之说亦有所附丽。故声病说之起，事有可以然者，不必夺永明之创获；势亦有所必至者，休文之夸亦嫌其浅耳。冯班《钝吟杂录》云：“沈侯云：‘一简之内，音韵尽殊；两句之中，轻重悉异。’详此则八病俱去，亦不在曲折分其名目也。”永明诸人，如能存此洒落之心，未必过分矜夸而来无谓之讥诮；秉笔之士，如能探其骊珠所在，何须窘步相寻而成卑靡之文风。非时人才智不及来者也，庐山中人不识庐山面目，徒兴后世之喟叹矣。

《文心雕龙·声律》篇云：“凡声有飞沉，响有双叠。双声隔字而每舛，叠韵杂句而必睽。沉则响发而断，飞则声飏不还，并辘轳交往，逆鳞相比。迂其际会，则往蹇来连，其为疾病，亦文家之吃也。夫吃文为患，生于好诡，逐新趣异，故喉唇纠纷。将欲解结，务在刚断。左碍而寻右，末滞而讨前，则声转于吻，玲玲如振玉；辞靡于耳，累累如贯珠矣。是以声画妍媸，寄在吟咏，吟咏滋味，流于字句。气力穷于和韵。异音相从谓之和，同声相应谓之韵。韵气一定，故余声易遣；和体抑扬，故遗响难契。属笔易巧，选和至难；缀文难精，而作韵甚易。虽纤意曲变，非可缕言；然振其大纲，不出兹论。”所论要亦不出休文“音韵尽殊，轻重悉异”八字，盖述者而非创者也。论文不能不举其法，然不敢据己见以规范天下，遂溯声律本于自然之理，使人仍有自行悟入之余地。故此篇先具论云：“夫音律所始，本于人声者也。声含宫商，肇自血气，先王因之以制乐歌。故知器写人声，声非学器者也。故言语者，文章神明，枢机吐纳，律吕唇吻而已。古之教歌，先揆以法，使疾呼中宫，徐呼中徵。夫商徵响高，宫羽声下，抗喉矫舌之差，攒唇激齿之异，廉肉相准，皎然可分。今操琴不调，必知改张；摘文乖张，而不识所调。响在彼弦，乃得克谐；声萌我心，更失和律。其故何哉？良由内听难为聪也。故外听之易，弦以手定；内听之难，声与心纷。可以数求，难以辞逐。”原声音之本，详内外之分，既明文理，亦迪人心。彦和颠沛造次，不失批评之态度；说尚声律，未必枉道以从人矣。

《人间词话》云：“双声叠韵之论，盛于六朝，唐人犹多用之。至宋以后，则渐不讲，并不知二者为何物。乾嘉间，吾乡周松霭（春）著《杜诗双声叠韵谱括略》，正千余年之误，可谓有功文苑者矣。其言曰：‘两字同母，谓之双声；两字同韵，谓之叠韵。’余按用今日各国文法通用之语表之，则两字同一子音者，谓之双声，如《南史·羊元保传》之‘官家恨狭，更广八分’，官、家、更、广四字，皆从 K 得声。《洛阳伽蓝记》之‘狞奴慢骂’，狞、奴二字，皆从 N 得声，慢、骂二字，皆从 M 得声也。两字同一母音者，谓之迭韵，如梁武帝之‘后牖有朽柳’，后、牖、有三字，双声而兼叠韵，有、朽、柳三字，有母音皆为 U。刘孝绰之‘梁皇长康强’，梁、长、强三字，其母音皆为 ian 也。自李淑《诗苑》伪造沈约之说，以双声叠韵为诗中八病之二，后世诗家多废而不讲，亦不复用之于词。余谓苟于词之荡漾处多用叠韵，促节处多用双声，则其铿锵可诵，必有过于前人者。惜世之专讲音律者，尚未悟此也。”辨双声叠韵之分甚详，而明其用甚彰，惟音例间有不合今之国音者，读者详之。我国通行之连绵字已成词汇者，大抵两字非为双声（如参差、零落、驰骋、芳菲皆双声），即属叠韵（如徘徊、彷徨、逍遥、缤纷皆叠韵）。八病中韵纽之病，指词汇以外者而言也。邹汉勋《五韵论》释沈约“五字之中，音韵悉异”云：“音谓[1]同纽，韵谓同类。言五字诗一句之中，非正用重言连语，不得复用同韵同音之字，犯之即为病。”说为近是。

我国文字既属单音，演为词汇，又悉用两字，求其整饬，比并非难，故以骈行文，易臻工巧。又以哲学观点偏于二元，影响文理，亦匪浅鲜。《文心雕龙·丽辞》篇云：“造化赋形，支体必双；神理为用，事不孤立。夫心生文辞，运裁百虑，高

[1] 谓 《续修四库全书》第248册（P.341）作“目”。

下相须，自然成对。”移造化之律以例文，明骈俪之合于自然之理；即就文而论文，丽辞比事，亦出于文理之自然，非矫饰而到也。东汉以降，人文日盛，文事日繁，辞达而外，兼及文章之美。才智为文，渐趋骈俪，初非有意相谋约也，亦随顺自然而形成者。迨声病之说起，辞文必偶，音律必谐，文格日趋严格，无意变为有意，如日之中，如月之盈，盈中而食昃方来，尚偶而弊端随起。穷变通久，往复无常，理必然耳。《文心》著《丽辞》之篇，所以倡也，乃篇末云：“若气无奇类，文乏异采，碌碌丽辞，则昏睡耳目。必使理圆事密，联璧其章，迭用奇偶，节以杂佩，乃其贵耳。”已为圆融之论。于时“碌碌丽辞，昏睡耳目”者已极夥颐，彦和平章文事，独抱隐忧。人嚣鼎沸，不闻木铎之警时；风末气衰，因召隋唐之复古矣。

李谔上隋文帝书云：“臣闻古先哲王之化民也，必变其视听，防其嗜欲，塞其邪放之心，示以淳和之路。五教六行为训民之本，《诗》《书》《礼》《易》为道义之门，故能家复孝慈，人知礼让，正俗调风，莫大于此。其有上书献赋，制诔镌铭，皆以褒德序贤，明勋证理，苟非惩劝，义不徒然。降及后代，风教渐落。魏之三祖，更尚文词，忽君人之大道，好雕虫之小艺。下之从上，有同影响，竞骋文华，遂成风俗。江左齐梁，其弊弥甚。贵贱贤愚，唯务吟咏。遂复遗理存异，寻虚逐微，竞一韵之奇，争一字之巧。连篇累牍，不出月露之形；积案盈箱，唯是风云之状。世俗以此相高，朝廷据兹擢士，禄利之路既开，爱尚之情愈笃。于是闾里童昏，贵游总丱，未窥六甲，先制五言。至如羲皇舜禹之典，伊傅周孔之说，不复关心，何尝入耳？以傲诞为清虚，以缘情为勋绩，指儒素为古拙，用词赋为君子。故文笔日繁，其政日乱。良由弃大圣之轨模，构无用以为用也。损本逐末，流偏华壤，递相师祖，久而愈扇。及大隋受命，圣道聿兴，屏出轻浮，遏止华伪。自非怀经抱质，志道依仁，不得引预搢绅，参厕缨冕。开皇四年，普诏天下，公私文翰，并宜实录。其年九月，泗州刺史司马幼之文表华艳，付所司治罪。自是公卿大臣，咸知正路，莫不钻仰坟集，弃绝华绮，择先王之令典，行大道于兹世。”以有用为文实，以遗理为文弊。痛诋齐梁之文，而已作仍出俪偶。希旨以示为体国之臣，非必有复古之真志者也。

唐初史家，撝哜今古，旁观不溺，论始由衷。多能折衷华实，补偏救弊。中唐以前，文学之士，亦多有不甘扬尾闾之余波，蓄志摹先汉之古语者。独以史家志不在文，而文士又拟古而不能创新，初肇其端，力乃未雄。逮夫昌黎、柳州之身，而文风丕变，既时机之已熟，亦关才力之精到也。

韩愈虽以道自命，而究未能乐其实，言凡及道者，皆空疏肤廓，言中无物。偶发心得之论，皆偏于文章之形式者耳。《进学解》云：“先生口不绝吟于六艺之文，手不停披于百家之编。记事者必提其要，纂言者必钩其玄。贪多务得，细大不捐。焚膏油以继晷，恒兀兀以穷年。先生之业，可谓勤矣。”提要钩玄，摘钞札记，储备文章之材料也。又云："沉浸酿郁，含英咀华，作为文章，其书满家。上规姚姒，浑浑无涯，《周诰》《殷盘》，佶屈聱牙，《春秋》谨严，《左氏》浮夸，《易》奇而法，《诗》正而葩。下逮《庄》《骚》，太史所录，子云、相如，同工异曲。先生之于文，可谓闳其中而肆其外矣。"沉浸含咀，赏鉴前文，晋窥文章之作法也。规往古以闳其中，所取者在佶屈聱牙，葩法浮夸，则其肆于外者可知矣。《南阳樊绍述墓志铭》云："惟古于词必己出，降而不能乃剽贼。后皆指前公相袭，从汉迄今用一律。寥寥久哉莫觉属，神徂圣伏道绝塞，既极乃通发绍述，文从字顺各识职，有欲求之此其躅。"《答李翊书》云："始者非三代两汉之书不敢观，非圣人之志不敢存。处若忘，行若遗，俨乎其若思，茫乎其若迷。当其取于心而注于手也，惟陈言之务去，戛戛乎其难哉！"词必己出，陈言务去，示创词炼字之方也。黄鲁直《与洪驹父书》云："所寄《释权》一篇，词笔纵横，极见日新之效。更须治经，探其渊源，乃可到古人耳。《青琐祭文》语意甚工，但用字时有未安处。自作语最难。老杜作诗，退之作文，无一字无来处，盖后人读书少，故谓韩、杜自作此语耳。古之能为文章者，真能陶冶万物，虽取古人之陈言，入于翰墨，如灵丹一粒，点铁成金也。文章最为学[1]者末事，然学之又不可不知其曲折，幸熟思之。"山谷一生于诗文

[1] 学 《黄庭坚全集》(P.475)作"儒"。

极摹仿之能事，因亦以“到古人”之域勖其甥。工部“恐与齐梁作后尘”，昌黎“惟古于词必已出”，所以变旧而创新者，非山谷所及知矣。故昌黎于文章形式之论，辄非后世所能望其项背；然凡所云者，皆行文之道，非行道之文也。

昌黎论文之精语，曰“奇”，曰“气”，奇为文辞之极则，气为声律之要诀。文之崇奇，由性之好奇；违时复古，亦标新立异之心性使然也。文之主气，盖以文祖扬雄而祧孟子，因孟轲之养气而悟文气之说也。其《答刘正夫书》云：“夫百物朝夕所见者，人皆不注视也，及睹其异者，则共观而言之。夫文岂异于是乎？汉朝人莫不能文，独司马相如、太史公、刘向、扬雄为之最。然则用功深者，其收名也远。若皆与世沉浮，不自树立，虽不为当时所怪，亦必无后世之传也。足下家中百物，皆赖而用也，然其所珍爱者，必非常物。夫君子之于文，岂异于是乎？今后进之为文，能深探而力取之、以古圣贤人为法者，虽未必皆是，要若有司马相如、太史公、刘向、扬雄之徒出，必自于此，不自于循常之途也。若圣人之道，不用文则已，用则必尚其能者。能者非他，能自树立，不因循者是也。”不因循而尚奇，韩氏文章形式论之骨干也。其文章之成就自于此，亦局于此。“起衰”之心缘此以兴，未能乐道之实者，盖亦坐此而废矣。

韩氏为古文家之宗主，余子咸缵其意绪而为说辞。皇甫湜《答李生书》云：“来书所谓‘今之工文，或先于奇怪’者，顾其文工与否耳。夫意新则异于常，异于常则怪矣；词高则出于众，出于众则奇矣。虎豹之文，不得不炳于犬羊；鸾凤之音，不得不锵于乌鹊；金玉之光，不得不炫于瓦石。非有意先之也，乃自然也。必崔巍然后为岳，必滔天然后为海。明堂之栋，必挠云霓；骊龙之珠，必固深泉。”异于常，出于众，奇与怪之所以为高，故为文必尚奇也。李翱《答王载言书》云：“创意造言，皆不相师，故其读《春秋》也，如未尝有《诗》也；其读《诗》也，如未尝有《易》也[1]；其读《易》也，如未尝有《书》也；其读屈原、庄周也，如未尝有《六经》也。故义深则意远，意远则理辩，理辩则气直，气直则辞盛，辞盛则文工。如山有恒、华、嵩、衡焉，其同者高也，其草木之荣，不必均也；如渎有淮、济、河、江焉，其同者出源到海也，其曲直浅深色黄白，不必均也；如百品之杂焉，其同者饱于腹也，其味咸酸苦辛，不必均也。此因[2]学而知者也。此创意之大归也。”创意不求其均同于人，犹韩氏尚奇而不因循之旨也。又云：“天下语文章，有六说焉。其尚异者则曰文章辞句奇险而已，其好理者则曰文章叙意苟通而已，其溺于时者则曰文章必当对，其病于时者则曰文章不当对，其爱难者则曰文章宜深不当易，其爱易者则曰文章宜通不当难。此皆情有所偏，滞而不流，未识文章之所主也。”似作持平之论已，乃又云：“陆机曰：‘怵他人之我先。’韩退之曰：‘唯

[1] 也　底本脱，据《李文公集》(P.29)补。
[2] 因　底本脱，据《李文公集》(P.29)补。

陈言之务去。'假令述笑哂之状曰'莞尔'，则《论语》言之矣；曰'哑哑'，则《易》言之矣；曰'粲然'，则谷梁子言之矣；曰'攸尔'，则班固言之矣；曰'辴然'，则左思言之矣。吾复言之，与前文何以异也？此造言之大归。"造言必求其异于前文，犹韩氏词必己出不剽贼之意也。

孙樵《与王霖秀才书》云："鸾凤之音必倾听，雷霆之声必骇心。龙章虎皮，是何等物？日月五星，是何等象？储思必深，摛辞必高，道人之所不道，到人之所不到，趋怪走奇，中病归正。以之明道，则显而微；以之扬名，则久而传。前辈作者正如是，譬玉川子《月蚀诗》，杨司城《华山赋》，韩吏部《进学解》，冯常侍《清河壁记》，莫不拔地倚天，句句欲活。读之如赤手捕长蛇，不施控骑生马，急不得暇，莫可捉搦。又似远人入大兴城，茫然自失，讵比十家县，足未及东郭，目已极西郭耶？"倾听骇心，走奇趋怪，惊奇以求胜，转致徇末以造文。"以之明道"，谈何容易；"以之扬名"，盖所襟期矣。刘大櫆《论文偶记》云："文贵奇，所谓珍爱者必非常物。然有奇在字句者，有奇在意思者，有奇在笔者，有奇在邱壑者，有奇在气者，有奇在神者。字句之奇，不足为奇，气奇则真奇矣。读古人文，于起灭转接之间，觉有不可测识处，便是奇气。"起灭转接之间可见奇气，是文章音节之气也。赏前修之文取其奇，则自为文时必以擅"不可测识"之奇为得意，从可知已。

惟张耒乃不足于有意以为奇，其《答李推官书》云："江淮河海之水，理达之文也，不求奇而奇至矣。激沟渎而求水之奇，此无见于理，而欲以言语句读为奇之文也。六经之文，莫奇于《易》，莫简于《春秋》。夫岂以奇与简为务哉？势自然耳。传曰：'吉人之辞寡。'彼岂恶繁而好寡哉？虽欲为繁而不可得也。自唐以来至今，文人好奇者不一，甚者或为缺句断章，使脉理不属，又取古书训诂希于见闻者，衣被而说合之。或得其字，不得其句，或得其句，不知其章，反复咀嚼，卒亦无有。此最文之陋也。"说中肯綮，古文家之末流骛奇而才不逮者，多如此矣。《文史通义·砭异》篇云："古人于学求其是，未尝求异于人也。学之至者，人望之而不能至，乃觉其异耳，非其自有所异也……声色臭味有据，而礼义无形。有据则庸愚皆知率循，无形则贤智不免于自用也。故求异于人，未有不出于自用者也。治自用之弊，莫如以有据之学，实其无形之理义，而后趋不入于歧途也。夫内重则外轻，实至则名忘，凡求异于人者，由于内不足也。自知不足，而又不胜其好名之心，斯欲求异以加人，而人亦卒莫为所加也。内不足，不得不矜于外；实不至，不得不骛于名，又人情之大抵类然也。以人情之大抵类然，而求异者，固亦不免于出此，则求异者，何尝异人哉？特异于坦荡之君子耳。"说砭文人之好异，非有所专指也，昌黎之于道与文，其似未免此累欤？

黄庭坚《答王观复书》云："南阳刘勰尝论文章之难，云：'意翻空而易奇，文征实而难巧。'此语亦是沈谢辈为儒林宗主，时好奇语，故后生立论如此。好作奇语，自是文章病，但当以理为主，理得而辞顺，文章自然出群拔萃。观杜子美到夔州以后诗、韩昌黎自潮州还[1]朝后文章，皆不烦绳削而自合矣。往年尝问东坡先生作文章之法，东坡云：'但熟读《礼记·檀弓》，当得之。'既而取《檀弓》一篇，读数百过，然后知后世作文章不及古人之病，如观日月也。文章盖自建安以来，好作奇语，故其气象萎薾。其病自今犹在。惟陈伯玉、韩退之、李习之，近世欧阳永叔、王介甫、苏子瞻、秦少游，乃无此病耳。"则以工丽纤巧为奇，而不足于骈俪之过烦绳削，乃不知昌黎之不自于循常之途，正所谓好奇者也。

韩氏学古人之文而遗古人之道，所以仍能起布衣而振衰八代，远承秦汉而衣被词人者，以其能复古而变古，创法而有体，虽道之理矇昧，而文之理昭晰也。先秦、西汉之文，创制而无法，得在天矫自如，失在镕裁未当。故自东迁以降，俪偶渐生，比辞骈句以中交错之规，切响浮声以写阴阳之妙，此文之理也，未可厚非。洎其未流，渐成文弊，昌黎遂起而力革之。然若尽去其文法，中无所主，而唯古人是学，摹拟则变"天矫自如"为邯郸学步，因应则加"镕裁未当"为杂乱无章。隋文以后，盛唐以前，若干文士已开复古之先路，善作而未能善成者以此。昌黎所悟于文者深，复古文之用奇，以敌八代之尚偶，

[1] 还　底本作"退"，据《黄庭坚全集》第2册（P.470）改。

“惟陈言之务去”，不堕前人之窠臼。此于文章之辞藻能复古而变古也。古文散漫，不如骈文之整饬，昌黎乃行之以气，“气盛则言宜”，故于文之起灭转接之间，别有铿锵之节奏，虽散行之文而于无形中仍具整饬之美。此于文章之音律能创法而有体也。韩氏于道无会于心，于文则颇有得。无会于心者乃企而求之，揭橥以为天下倡，当时莫倾其心，后世相率以伪；有得于衷者反轻而贱之，举隅以为后学资，所以鼓天下而动之者仍在此而不在彼也。

其《答李翊书》云：“如是者亦有年，犹不改，然后识古书之正伪，与虽正而不至焉者，昭昭然白黑分矣。而务去之，乃徐有得也。当其取于心而注于手也，汩汩然来矣。其观于人也，笑之则以为喜，誉之则以为忧，以其犹有人之说者存也。如是者亦有年，然后浩乎其沛然矣。吾又惧其杂也，迎而拒之，平心而察之，其皆醇也，然后肆焉。虽然，不可以不养也。行之乎仁义之途，游之乎《诗》《书》之源，无迷其途，无绝其源，终吾身而已矣。气，水也；言，浮物也。水大，而物之浮者大小毕浮。气之与言犹是也，气盛，则言之短长与声之高下者皆宜。”无迷其途，无绝其源，终身以之，殆自知于道尚无所得也。实有未至而名已浮于天下，不得不以道自任，揠苗助长矣。此所云“气”，亦藉孟子至大至刚而塞于天地之间者，移以为短长高下而注于文章之内，化“集义所生”之气为“能文为本”之气。质言之，即通常所云之“文气”——文章音律之抑扬顿挫而已。

李德裕《文章论》云:“魏文《典论》称‘文以气为主,气之清浊有体’,斯言尽之矣。然气不可以不贯,不贯则虽有英辞丽藻,如编珠缀玉,不得为全璞之宝矣。鼓气以势壮为美,势不可以不息,不息则流宕而忘返。亦犹丝竹繁奏,必有希声窈眇,听之者悦闻;如川流迅激,必有洄洑逶迤,观之者不厌。从兄翰常言‘文章如千兵万马,风恬雨霁,寂无人声’,盖谓是矣。”气壮而不可忘返,音繁而间以希声,正谓文气之抑扬顿挫也。乃引魏文语,以气之清浊为声之抗坠,盖因类并及,未暇细辨子桓之心耳。又云:“沈休文独以音韵为切,重轻为难,语虽甚工,旨则未远矣。夫荆璧不能无瑕,随珠不能无纇,文旨既妙,岂以音韵为病哉? 此可以言规矩之内,未可以言文外意也……譬诸音乐,古辞如金石琴瑟,尚于至音;今文如丝竹鞞鼓,迫于促节:则知声律之为弊也甚矣。”散文主气,变化无方,骈文尚谐,音声有制,故文饶持矩内文外之说,设至音促节之喻。要之,皆足以罄昌黎所未言,可供气盛言宜之说解焉。

刘大櫆论神与气,亦阐述此旨。《论文偶记》云:“行文之道,神为主,气辅之。曹子桓、苏子由论文,以气为主,是矣。然气随神转,神浑则气灏,神远则气逸,神伟则气高,神变则气奇,神深则气静,故神为气之主。至专以理为主,则未尽其妙。盖人不穷理读书,则出词鄙倍空疏,人无经济,则虽累牍,不适于用。故义理、书卷、经济者,行文之材料;神气、音节者，行文之能事也。”所云“神气”，似指人之情感个性才识思想之整体，其虚而静以主于内者曰“神”，实而动以形于外者曰“气”，前者其体，后者其用也。又云：“文章最要气盛，然无神以主之，则气无所附，荡乎不知其所归。神气者，文之最精处也；音节者，文之稍粗处也；字句者，文之最粗处也。然予谓文而至于字句，则文之能事尽矣。盖音节者，神气之迹也；字句者，音节之规也。神气不可见，于音节见之；音节无可准，于字句准之。音节高则神气必高，音节下则神气必下，故音节为神气之迹。一句之中，或多一字，或少一字；一字之中，或用平声，或用仄声；同一平字仄字，或用阴平、阳平、上声、去声、入声，则音节迥异，故字句为音节之矩。积字成句，积句成章，积章成篇，合而读之，音节见矣；歌而咏之，神气出矣。近人论文，不知有所谓音节者，至语以字句，必笑以为末事。此论似高实谬，作文若字句安顿不妙，岂复有文字乎？”则谓神气形于音节，而音节寓于字句。是神气役音律，而音律役辞藻也。刘氏溯洄以求之，缘自赏文者言，故因表而寻里也。又云：“凡行文字句短长，抑扬高下，无一定之律，而有一定之妙；可以意会，而不可以言传。学者求神气而得之音节，求音节而得之字句，思过半矣。其要只在读古人文字时，设以此身代古人说话，一吞一吐，皆由彼而不由我。烂熟后，我之神气即古人之神气，古人之音节都在我喉吻间。合我喉吻者，便是与古人神气音节相似处，自然铿锵发金石。”教人诵读古人文字之字句以识其音节，藉音节而进以求索古人之神气。迹渐一而心渐同，然后退以部署[1]己之篇章，当可仿佛得之。字句，视而可见也；音节，读诵之而约略可以领悟也。神气，形而上者也，玄而论之，谓可以意会，而不可以言传也；质而论之，虽直谓古文家之神气即指音律而言，无不可也。古文家恒喜悬假象于前，藉以为重。文而已，乃必云由文以之道；音律而已，乃必云因音律以求神气。论之愈高，即之愈渺，欲求明审，必泯其高论而裁其切实者存之。

姚鼐《古文辞类纂序》云："凡文之体类十三，而所以为文者八，曰：神、理、气、味、格、律、声、色。神理气味者，文之精也；格律声色者，文之粗也。然苟舍其粗，则精者亦胡以寓焉？学者之于古人，必始而遇其粗，中而遇其精，终则御其精者而遗其粗者。文士之效法古人，莫善于退之，尽变古人之形貌，虽有摹拟，不可得而寻其迹也。其他虽工于学古，而迹不能忘，扬子云、柳子厚于斯盖尤甚焉，以其形貌之过于似古人也。而遽摈之，谓不足与于文章之事，则过矣，然遂谓非学者之一病，则不可也。"心有神理而言有格律，质有气味而文有声色，此循海峰文气之说，而广其意旨也。格律声色，文之形式也，略尽之矣；神理气味，文之内容也，所举未备。曾国藩云："有气则有势，有识则有度，有情则有韵，有趣则有味。

[1] 署　底本作"属"，据文意酌改。

古文绝好文字，大约于此四者之中，必有所长。”情韵，犹感情也，识度，犹思想也，趣味，犹想象也，气势，犹形式也，乃并赅之。又云：“雄奇以行气为上，造句次之，选字又次之。然未有文不古雅而句能古雅，句不古雅而气能古雅者；亦未有字不雄奇而句能雅奇，句不雄奇而气能雄奇者。是文章之雄奇，其精处在行气，其粗处全在造句选字也。余好古人雄奇之文，以昌黎为第一，扬子云次之，二公之行气，本之天授。至于人事之精能，昌黎则造句之工夫居多，子云则选字之工夫居多。”姚、曾二氏之论，皆檃栝刘氏神气音节精粗规迹之说而明其步骤本末也。“始而遇其粗者”，初学之士皆尝如是矣；“中而遇其精者”，中才以上皆可勉而致也。“终则御其精者”，子云、子厚诸人皆优为之矣。“而遗其粗者”，则昌黎最善抉剔，所以独高；子云、子厚不能忘迹，所以为亚。论神气声色之精粗，文气之雄奇与古雅，而兼及古人之短长，盖亦许昌黎之能复古而变古，且能示范于来兹也。古文家自韩柳下逮桐城竭其心力于文字间者，皆置重于文章之辞藻与音律，览其辞说，可以略得梗概矣。

古文家以“奇”炼辞句，以“气”约声律，探得此二字者，则言如寸辖制轮，非然者则似隔靴搔痒。方苞《又书货殖传后》[1]云：“《春秋》之制义法，自太史公发之，而后之深于文者亦具

[1]《又书货殖传后》 底本作《书史记货殖传后》，据《方苞集》（P.58）改。

焉。义即《易》之所谓'言有物'也，法即《易》之所谓'言有序'也。义以为经而法纬之，然后为成体之文……夫纪事之文，成体者莫如左氏，又其次则昌黎韩子。然其后义法，皆显然可寻。"又其《书史记十表后》云："十篇之序，义并严密，而辞微约，览者或不能遽得其条贯。而义法之精密，必于是乎求之，始的然有其准焉。欧阳氏《五代史》志考叙论，遵用其义法，而韩柳书经子后语，气韵亦近之，皆其渊源之所渐也。"首揭义法之说，而言殊空洞。钱大昕《与友人书》云："方氏文波澜意度，颇有韩、欧阳、王之规模，视世俗冗蔓揉杂之作，固不可同日语，惜乎其未喻古文之义法尔。夫古文之体，奇正、浓淡、详略，本无定法。要其为文之旨有四：曰明道，曰经世，曰阐幽，曰正俗。有是四者，而后以法律约之，夫然后可以羽翼经史，而传之天下后世。至于亲戚故旧聚散存没之感，一时有所寄托，而宣之于文，使其姓氏附见集中者，此其人事迹原无足传，故一切缺而不载。非本有所纪而略之，以为文之义法如此也。方氏以世人诵欧公王恭武、杜祁公诸志，不若黄梦升、张子野诸志之熟，遂谓功德之崇，不若情辞之动人心目。然则使方氏援笔[1]而为王、杜之志，亦将舍其勋业之大者，而徒以应酬之空言了之乎？……盖方所谓古文义法者，特世俗选本之古文，未尝博览而求其法也。法且不知，而义于何有？昔刘原

[1] 援笔　底本脱，据《潜研堂集》(P.607)补。

父讥欧阳公不读书，原父博闻，诚胜于欧阳，然其言未免太过。若方氏乃真不读书之甚者。”讥议方氏之不明古文义法。以为古文之义在明道等四者，目寓情之作为应酬之空言。吾人细审欧阳修之文，其学之根柢委不足与唐宋八大家中之余七子抗轭，但其独具之长，端在文中情感丰沛，迥非余子所可及。《泷冈阡表》等缘情之作无论已，即如《送徐无党南归序》等诠理之篇，若“予窃悲其人，文章丽矣，言语工矣，无异草木繁华之飘风，鸟兽好音之过耳也。方其用心与力之劳，亦何异众人之汲汲营营？而忽焉以死者，虽有迟有速，而卒与三者同归于泯灭。夫言之不可恃也盖如此！今之学者，莫不慕古圣贤之不朽，而勤一世以尽心于文学间者，皆可悲也”之笔，亦有浓郁之感情因素隐约其间，此永叔之所以蒙“不读书”之诮，而其文转有动人之实，终传而不朽也。钱氏赏文，未能辨此，尚用而不主情，则已坠身于古文家所悬之假象中；义且见欺，而法于何有？方、钱二人，其于亡羊均矣。

魏禧《宗子发文集序》云：“人生耳目所闻见，身所经历，莫不有其所以然之理。虽市侩优倡、大猾逆贼之情状，灶婢丐夫[1]米盐凌杂鄙亵之故，皆必深思而谨识之，酝酿蓄积，沉浸而不轻发。及其有故临文，则大小浅深，各以类触，沛乎若决陂池之不可御。譬之富人积财，金玉布帛，竹头木屑，粪土之

[1] 夫　底本作“妇”，据《魏叔子文集》（P.412）改。

属，无不豫贮。初不必有所用之，而当其必需，则粪土之用，有时与金玉同功。”又其《答施愚山侍读书》云：“所谓炼识者，博学于文，而知理之要，炼于物务，识时之所宜。理得其要，则言不烦而躬行可践；识时宜，则不为高论，见诸行事而有功。是故好奇异以为文，非真奇也，至平至实之中，狂生小儒皆有所不能道，是则天下之至奇矣。”论酝酿蓄积，博文知理以行文之方，已达化臭腐为神奇之旨，惜其止言炼识蓄奇而未兼及气也。

侯方域《与任王谷论文[1]书》云：“行文之旨，全在裁制，无论细大，皆可驱遣。当其闲漫纤碎处，反宜动色而陈，凿凿娓娓，使读者见其关系，寻绎不倦。至大议论人人能解者，不过数语发挥，便须控驭，归于含蓄。若当快意时，听其纵横，必一泻无复余地矣。譬如渴虹饮水，霜隼搏空，瞥然一见，瞬息灭没，神力变态，转更夭矫。”汪琬《答陈霭公书》云：“古人之于文也，扬之欲其高，敛之欲其深，推而远之欲其雄且骏。其高也如垂天之云，其深也如行地之泉，其雄且骏也如波涛之汹涌，如万骑千乘之奔驰。而及其变化离合一归于自然也，又如神龙之蜿蜒，而不露其首尾，盖凡开阖呼应操纵顿挫之法，无不备焉……前贤之学于古人者，非学其辞也，学其开阖、呼应、操纵、顿挫之法而加变化焉，以成一家者是也。后生小

[1] 论文　底本无，据《侯方域文》(P.37)增。

子不知其说，乃欲以剽窃模拟当之，而古文于是乎亡矣。”一论为文驱制、纵收、呼应、顿挫之法，已迫及古文家行文之道。所未至者，既遗措辞之方，又止言气之迹而未论其体也。

曾国藩《日记》云：“退之以扬子云化《史记》，子厚以《老》《庄》《国语》化六朝，介甫以周秦诸子化退之，子固以《三礼》化西汉，老苏以贾长沙、晁家令化《孟子》《国策》，东坡以《庄子》《孟子》化《国策》。于此可求脱胎之法，即可求变化之法。若拘步一家之文，即能与之并，不能成一家言。朱子之文杰出，尚不免为子固所掩，况其他乎？八家惟韩、欧、东坡门径最大，故变化处多。老苏惟《权书》能化，子厚惟辨诸子、记山水能化，子固惟目录序能化，以其与生平文格不相似，而实能深入古人妙处。”脱胎变化，谓以奇炼辞也；又谓“文章之雄奇，其精处在行气，其粗处全在造句选字”，明文之行气以运奇也。又其《复陈右铭书》云：“自唐以后，善学韩公者，莫如王介甫氏。而近世知言君子，惟桐城方氏、姚氏，所得尤多。因就数家之作，而考其风旨，私立禁约，以为必不可犯者，而后其法严，而道始尊。大抵剽窃前言，句摹字拟，是为戒律之首。称人之善，依于庸德，不宜褒扬溢量，动称奇行异征，邻于小说诞妄者之所为。贬人之恶，又加慎焉。一篇之内，端绪不宜繁多，譬如万山旁薄，必有主峰；龙衮九章，但挈一领。否则首尾横决，陈义芜杂，滋多戒也。识度曾不异人，或乃竟为僻字涩句，以骇庸俗，斫自然之元气，斯又才士之所同蔽，戒律之所必严。明兹数者，持守勿失，然后下笔，造次皆有法度，乃可专精以理吾之气。”文奇不在异征与僻字，首戒剽窃前言，创奇而道中庸之论也。如山之峰，如衣之领，首尾衔接，所谓一气贯串也。专精以理气，有气则有势，明文之以气为本也。才甫论奇变与神气，姬传称御精遗粗，神理气味，皆探骊而得珠矣。

古文家之于文，如水之盈科而后进也。其始也流湿就下；其继也奔原泄谷，敛之则河不容舠，搏之则水跃过颡，夭矫变化，莫知纪极，储为湖水，其明如镜，万壑奔流，挟鱼藻而走沙石；其终也入瀚海而泄尾闾，则善刀而藏之，踌躇以满志矣。为文者，方伸楮之时，固有成竹在胸，及文思汩汩而方至，则往往一凭感兴，手不停书，迨所之既倦，戛然而止。返求初意，已多不符合，然殊不嫌其不足，往往胜其所先虑，虽雌黄点染，蔑以加矣。是以古文适于直觉的创造也。苏轼《文说》云：“吾文如万斛泉源，不择地而出。在平地滔滔汩汩，虽一日千里无难。及其与山石曲折，随物赋形，而不可知也。所可知者，常行于所当行，常止于不可不止，如是而已矣。其他，虽吾亦不能知也。”灵感之来去无常，故己亦不能知耳。是以论文者每谓散文之毗于阳而骈文之毗于阴也。

骈文家以章句为基石，以镕裁为意匠。五步一楼，十步一阁，或回廊绕地，或长桥行空，必绮交脉注，不杂不紊。某处辟园亭，某处植花木，某处导清流，某处设钓矶，虽布置各出巧心，而视听不容乱意。譬隔萝玩月，不覆浓阴；嘉木听禽，不劳飞瀑。或杖藜于山坳，或鼓棢于水滨，或箕坐而看云，或低徊而觅句。文思之出，如茧抽丝；文笔之随，如冰融水。丝尽冰澌，则一篇已毕。“方其搦翰，气倍辞前，暨乎篇成，半折心始”，然后月锻季炼，殆琢磨而弥工矣。是以骈文适于反省的创造也。

《文心雕龙·章句》篇云：“然章句在篇，如茧之抽绪，原始要终，体必鳞次。启行之辞，逆萌中篇之意；绝笔之言，追媵前句之旨。故能外文绮交，内义脉注，跗萼相衔，首尾一体。若辞失其朋，则羁旅而无友；事乖其次，则飘寓而不安。是以搜句忌于颠倒，裁章贵于顺序。斯固情趣之指归，文笔之同致也。”意求不紊，故必恪执起承之律，与文思汩汩然而至者自不侔矣。《镕裁》篇云：“规范本体[1]谓之镕，剪截浮词谓之裁。裁则芜秽不生，镕则纲领昭畅，譬绳墨之审分，斧斤[2]之斫削矣……绳墨以外，美材既斫，故能首尾圆合，条贯统序。若术不素定，而委心逐辞，异端丛至，骈赘必多。”镕以规范全篇，裁以制定字句，而术必素定，不可委心逐辞。盖非以气行文，不能任气以使笔，散骈运思造文之不同，览此而昭然矣。

至于摛藻修辞之法，则《事类》篇云：“夫山木为良匠所度，经书为文士所择，木美而定于斧斤，事美而制于刀笔。研思之

[1] 本体　底本作“文采”，据《文心雕龙》(P.543)改。
[2] 斤　底本无，据《文心雕龙》(P.543)补

士，无惭匠石矣。”骈文殆融化古之美辞以入篇章也。韩愈《进学解》云：“夫大木为宲，细木为桷，欂栌侏儒，椳闑扂楔，各得其宜。施以成室者，匠氏之工也。玉札丹砂，赤箭青芝，牛溲马勃，败鼓之皮，俱收并蓄，待用无遗者，医师之良也。”古文盖杂取字之形义以创词汇者。“匠氏之工”，骈文家之取材似之矣，古文家其“医师之良”哉！

错综材料而梳织以为文之法，散则主之以气，骈则综之以意，散则贵参差，骈则求整饬，其不同矣；至于立意必后先一贯，措辞必因宜适变，则所同耳。苏洵《上欧阳内翰书》云：“执事之文，纡余委备，往复百折，而条达疏畅，无所间断，气尽语极，急言竭论，而容与闲易，无艰难劳苦之态。”纡余委备，往复百折，而容与闲易，无艰难困苦之态者，辞能因宜适变也；条达疏畅，无所间断者，意能先后一贯也。三苏恒喜就文以论文，故语涉文法者多也。刘大櫆云：“文贵参差。天之生物，无一无偶，而无一齐者。故虽排比之文，亦以随势屈曲贯注为佳。”随势屈曲，适变之意也，贯注仍是一以贯之。

陆机《文赋》云：“若夫丰约之裁，俯仰之形，因宜适变，曲有微情。或言拙而喻巧，或理朴而辞轻；或袭故而弥新，或沿浊而更清；或览之而必察，或研之而后精。譬犹舞者赴节以投袂，歌者应弦而遣声。是盖轮扁所不得言，故亦非华说之所能精。”则详说因宜适变之效，而以遣声投袂喻文从一贯之理也。《文心·定势》篇云：“夫情致异区，文变殊术，莫不因情立体，即体成势也。势者，乘利而为制也。如机发矢直，涧曲湍回，自然之趣也。圆者规体，其势也自转；方者矩形，其势也自安。文章体势，如斯而已。是以模经为式者，自入典雅之懿；效《骚》命篇者，必归艳逸之华。综意浅切者，类乏蕴藉；断辞辨约者，率乖繁缛。譬激水不漪，槁木无阴，自然之势也……奇正虽反，必兼解以俱通；刚柔虽殊，必随时而适用。若爱典而恶华，则兼通之理偏，似夏人争弓矢，执一不可以独射也。若《雅》《郑》而共篇，则总一之势离，是楚人鬻矛誉楯，两难得而俱售也。”则进探“因宜”之本，而敷陈“适变”之枝，兼通适用，而求合于“总一”之势也。今时言修辞者，亦有寓杂多于整一之律，无区散骈，未有背总一之理而能成章者。

谢、沈以前，骈文之格未严；韩、柳之后，古文之法始立。后世为文与衡文者，入主出奴，各行所是。亦有折衷二体，散骈归一者。侯方域《与任王谷书》云：“仆少年溺于声伎，未尝刻意读书，以此文章浅薄，不能发明古人之旨。然其大略，亦颇闻之矣。大约秦以前之文主骨，汉以后之文主气。秦以前之文若六经，非可以文论也。其他如老、韩诸子，《左传》《战国策》《国语》，皆敛气于骨者也。汉以后之文，若《史》《汉》，若八家，最擅其胜，皆运骨于气者也。敛气于骨者，如泰华三峰，直与天接，层岚危磴，非仙灵变化，未易攀陟；寻步计里，必蹶其趾。姑举明文如李梦阳者，亦所谓蹶其趾者也。运骨于气者，如纵舟长江大海间，其中烟屿星岛，往往可自成一都会，即飓风忽起，波涛万状，东泊西注，未知所底，苟能操舵觇星，立意不乱，亦可自免漂溺之失。此韩、欧诸子所以独嵯峨于中流也。六朝选体之文，最不可恃。士虽多而将嚣，或进或止，不按部伍。譬如用兵者，调遣旗帜声援，但须知[1]此中尚有小小行阵，遥相照应，未必全无益。至于摧锋陷敌，必更有牙队健儿，衔枚而前，若徒恃此，鲜有不败。今之为文，解此者罕矣。高者又欲舍[2]八家跨《史》《汉》而趋先秦，则是不筏而问津，无羽翼而思飞举，岂不怪哉？”是主张行文宜散者也。所云骨犹章法也，气犹音律也。秦前之文“敛气于骨”者，行文由于创立之章法而不由人工之音律者也。汉后之文“运骨于气”者，行文由于揣摩而得之音律，以统摄自于摹仿而成之章法者也。“敛气于骨”者主于创造，无一定之法则可循，故不可学；“运骨于气”者因于摹仿，有基本之律令可守，故能学也。习散文者，多以骈偶于文家为下格，故自宋代以降，言文者辄目俪语为俳。盖以其摛辞必双，板滞而少变化，崇律惟合，浅简而易安排，不若古文之能首尾一气而夭矫多姿也。

阮元《文言说》云：“孔子于《乾》《坤》之言，自名曰‘文’，此千古文章之祖也。为文章者……而惟以单行之语，纵横恣肆，动辄千言万字，不知此乃古人所谓直言之言，论难之语，非言之有文也，非孔子之所谓文也。《文言》数百字……不

---

[1] 知　底本脱，据《侯方域文》（P.38）补。

[2] 舍　底本作“言”，据《侯方域文》（P.38）改。

但多用韵，抑且多用偶。即如‘乐行’‘忧违’，偶[1]也；‘长人’‘合礼’，偶也……凡偶皆文也。于物两色相偶而交错之，乃得名为‘文’，‘文’即象其形也。然则千古之文，莫大于孔子之言《易》。孔子以用韵比偶之法错综其言，而自名曰‘文’；何后人必欲反孔子之道，而自名曰‘文’，且尊之曰‘古’也。”是主张行文宜骈者也。举孔子《易传·文言》与《考工》《说文》释文之旨以明文之宜用韵比偶，错综其言。缘骈俪之文，是自汉后袭古渐变而成；散行之文，是韩柳救偏革古而创。故骈文家恒喜以文章正统自居而讥古文家为妖星别派也。至其论行文宜骈之理，则于所作《四六丛话序》及之，云：“载稽往古，统论斯文。日月以对待耀采，草木以错比成华，玉十瑴而皆双，锦百两而名匹[2]。明堂斧藻，视画绘以成文；阶戺[3]笙镛，听铿锵而应节。自周以来，体格有殊，文章无异。”则举宇宙与生事咸必对待为用之理，以证文之宜偶；阐其华采为饰之形，以明文之尚丽也。彼意中之古文，“以气行则机杼大变，驱成语则光景一新。然而衣辞锦绣，布帛伤其无华；工谢雕几，虞业呈其朴凿”矣。

李兆洛《骈体文钞序》云：“天地之道，阴阳而已。奇偶也，方圆也，皆是也。阴阳相并俱生，故奇偶不能相离，方圆必相

[1] 偶　底本作“隅”，据《揅经室集》（P.606）改。
[2] 匹　底本作“束”，据《揅经室集》（P.739）改。
[3] 戺　底本作“戹”，据《揅经室集》（P.739）改。

为用。道奇而物偶，气奇而形偶，神奇而识偶。孔子曰：‘道有变动，故曰“爻”。爻有等，故曰“物”。物相杂，故曰“文”。’又曰：‘分阴分阳，迭用柔刚，故《易》六位而成章。’相杂而迭用，文章之用，其尽于此乎！六经之文，班班俱存。自秦迄隋，其体递变，而文无异名。自唐以来，始有古文之目，而目六朝之文为骈俪。而为其学者，亦自以为与古文殊路。既歧奇与偶为二，而于偶之中，又歧六朝与唐与宋为三。夫苟第较其字句，猎其影响而已，则岂徒二焉三焉而已，以为万有不同可也。夫气有厚薄，天为之也；学有纯驳，人为之也；体格有变迁，人与天参焉者也；义理无殊途，天与人合焉者也。得其厚薄纯杂之故，则于其体格之变，可以知世焉；于其义理之无殊，可以知文焉。文之体至六代而其变尽矣，沿其流极而溯之，以至乎其源，则其所出者一也。吾甚惜夫歧奇偶而二之者之毗于阴阳也：毗阳则躁剽，毗阴则沉膇，理所必至也。于相杂迭用之旨，均无当也。”则申阴阳相并与天人相参之理，以明散骈之当兼用也。《国故论衡·文学总略》云：“近世阮元以为孔子赞《易》，始著《文言》，故文以俪偶为主，又牵引文笔之说以成之。夫有韵为文，无韵为笔，则骈散诸体，一切是笔非文，藉此证成，适足自陷。既以《文言》为文，《序卦》《说卦》，又何说焉？且文辞之用，各有体要。《彖》《象》为占繇，占繇故为韵语；《文言》《系辞》为述赞，述赞故为俪辞；《序卦》《说卦》为目录笺疏，目录笺疏故为散录。必以俪辞为文，何缘《十翼》不能一致？岂波澜既尽，有所谢短乎？盖人有陪贰，物有匹偶，爱恶相攻，刚柔相易，人情不能无然，故辞语应以为俪。诸事有综会，待条牒然后明者，《周官》所陈，其数一二三四是也。反是或引端竟末，若《礼经》《春秋经》《九章算术》者，虽欲为俪无由。犹耳目不可只，而胸腹不可双，各任其事。舍是二者，单复固恣意矣。未有一用单者，亦未有一用复者，顾张弛有殊耳。文之名实，未在是也；所以为古文者，亦未在是也。”则推人情所本与造物所赋之形，以示骈散之当兼用也。

原夫散骈之体，虽用奇用偶，划然对峙，但以骈文系袭古而变古，古文系变古而复古，同出于古，辙由一途。骈文融古之辞以藻今，讲浮切之声响以为音律；古文创今之辞以胤古，务铿锵之节奏以为抑扬。咸重声辞，理无二致，故曾文正公有“古文之道，与骈体相通”之语也。骈文华丽其长而轻靡其短，赢于对衬以剖抒，绌于警策以动人。氤氲含蓄，谁其能先；磊落卓绝，时而居后。古文矫健其长而粗犷其短，力能飘逸以去来，辞难相将而论列。挺拔秀出，则庶几矣；微婉沉郁，终有歉焉。故曾氏又有“古文之道，无施不可，但不可说理”之论也。且骈文循古而渐进，章法谨严而嫌平板，音律整饬而术浅肤；古文惩偏而崛兴，章法突兀而虑漫滮，音律雄奇而乏准绳。故骈文适于反省的创造，以式美为指归；古文宜于直觉的创造，以思奇为能事。骈文重感情而轻思想，难臻文学之极诣，其弊又在文主缘情而终竟文乏情条；古文重思想而轻感情，已爽文学之旨趣，其弊又在主明道而实已中无道体。揆其所善，固各有专长；及其所亏，亦两难兼美也。包世臣《艺舟双楫·文谱》云："是故讨论体势，奇偶为先。凝重多出于偶，流美多出于奇。体虽骈，必有奇以振其气；势虽散，必有偶以植其骨。仪厥错综，致为微妙。""凝重"，反省的创造之特色也；"流美"，直觉的创造之特色也。"振其气"，假用奇之铿锵也；"植其骨"，借用偶之藻饰也。

刘开《与王子卿太守论骈体书》云："夫文辞一术，体虽百变，道本同源，经纬错以成文，玄黄合而为采。故骈之与散，并派而争流，殊涂而合辙。千枝竞秀，乃独木之荣；九子异形，本一龙之产。故骈中无散，则气壅而难疏；散中无骈，则辞孤而易瘠。两者但可相成，不能偏废。且夫乌生于东，兔没于西者，两曜各用其光耀也；狐不得南，豹无以北者，一水独限其方域也。物之然否因乎地，言之等量判乎人。世儒执墟曲之见，腾陷井之波，宗散者鄙俪词为俳优，宗骈者以单行为薄弱，是犹恩甲而仇乙，是夏而非冬也。夫骈散之分，非理有参差，实言之浓淡，或为绘绣之饰，或为布帛之温。究其要归，终无异致；推厥所自，俱出圣经。夫经语皆朴，惟《诗》《易》独华。《诗》之比物也杂，故辞婉而妍；《易》之造象也幽，故辞惊而创。骈语之采色，于是乎出。《尚书》严重而体势本方，《周官》整齐而文法多比，《戴记》工累叠之语，《系辞》开属对之门。《尔雅》释天以下，句皆珠连；《左氏》叙事之中，言多绮合。骈语之体制，于是乎生。是则文有骈散，如树之有枝干，草木之有花萼，初无彼此之别。所可言者，一以理为宗，一以辞为主耳。夫理未尝不藉乎辞，辞亦未尝能外乎理。而偏胜之弊，遂至两歧，始则土石同生，终乃冰炭相格。求其合而一之者，其惟通方之识，绝特之才乎？”“气壅而难疏”，音律之单调乃昏睡耳目也；“辞孤而易瘠”，章法之汗漫又呈其朴凿也。“殊涂而同辙”，“土石同生”，同出于古也；“并派而争流”，“冰炭相格”，各不相让已。间尝思之，以为东汉以后，不可以不尚骈俪，无骈俪则何由见文辞之丽密以进步乎？隋唐以后，不可以不倡古文，无古文则奚以救文事之淫靡以补偏乎？后世能愈出愈新，超越散骈之樊篱，别标帜志者，乃称优也；融散骈于一炉而冶之者，得其中；偏执一隅，而终于局促辕下者，为劣矣。云“仪厥错综，致为微妙”，云“求合而一之者，其惟通方之识，绝特之才乎”也者，犹不过取法乎中之论而已。

人文之发展，恒循螺旋而往复，递革而递进。古既有诗矣，渐讲声病之说，而形成律诗近体。不旋踵又有古诗，此所云古诗，必坚持与律诗对垒，复古而尽去其与律谐者，是摹古而创制，非尽复于古也。入后乃融合古律为杂偶之歌行与非古非律之绝句之体，如年时之周而复始，已非往岁矣。古既有文矣，渐求声律之和，而形成骈四俪六。不旋踵又有古文，此所云古文，必坚持与四六对垒，复古而尽去其与骈合者，亦复古而创制，非尽复于古也。入后乃融合散骈为奇偶兼用与情理浑通之体，如海浪之偃而又起，已非前水矣。

律诗与骈文，皆循古而渐变，虽其格律苛细，而章法若有予夺之常型，果能亦步亦趋，可以随造其境，所谓刻鹄不成尚类鹜者也；古诗与古文，皆复古而突变，虽似舒卷自如，而气势实揽弥纶之重任，视人奔轶绝尘，己则瞠乎其后，所谓按图索骥者，多失于骊黄也。《人间词话》云："散文易学而难工，骈文难学而易工；近体诗易学而难工，古体诗难学而易工；小令易学而难工，长调难学而易工。"其论散骈之文与小令长调之词则是矣，论古诗与近体，颇觉暌剌于事实。词中之长调以缛丽为尚，于文近骈，于诗近律。难学者，以其调长限韵，不免窘步；易工者，以其律合耀采，可以名家也。小令以气韵为高，于文近散，于诗近绝。易学者，以其字少韵简，稍研已就；难工者，以其意主清空，不可强幾也。律诗则与骈文同工，须调平仄，所以难学；能缛而止，所以易工。古诗实与古文同科，不严绳墨，所以易学；争奇探赜，所以难工。律诗绝句，虽同称近体，但形式已不悉同，气格尤悬霄壤，未宜相提并论。小令与律诗皆短章，貌同而心异，小令逸而律诗谨也；长调与古诗皆长篇，迹似而旨殊，长调拘而古诗放也。王氏率尔比并之以为说，其亦未尝细参寻欤？

文学随时代而俱进者也，滥觞流为江河，事始简而终巨。巨则变生，有因袭者，有变革者，有折衷者。因袭者终必落伍，折衷者愿而寡功，往往变革者能持风气而新天下矣。然变革者必知时，察时穷而变旧，觇往迹而革新，非可以率意更张也。《论衡·自纪》篇云："文士之务，各有所从。或调辞以巧文，或辩伪以实事。必谋虑有合，文辞相袭，是则五帝不异事，三王不殊业也。美色不同面，皆佳于目；悲音不共声，皆快于耳。酒醴异气，饮之皆醉；百谷殊味，食之皆饱。谓文当前合，是谓舜眉当复八采，禹目当复重瞳。"是以变古为高也。《抱朴子·钧世》篇云："故新剑以诈刻加价，弊方以伪题见宝也。是以古书虽质朴，而俗儒谓之堕于天也；今文虽金玉，而常人同之瓦砾也……若夫俱论宫室，而奚斯路寝之颂，何如王生之赋灵光乎？同说游猎，而《叔畋》《卢铃》之诗，何如相如之言上林乎？并美祭祀，而《清庙》《云汉》之辞，何如郭氏《南郊》之艳乎？等称征伐，而《出车》《六月》之作，何如陈琳《武军》之壮乎？则举条可以览焉。"是明文学之革而愈进也。

《史通·言语》篇云："夫《三传》之说，既不袭于《尚书》；而两汉之词，又多违于《战策》。足以验氓俗之递改，知岁时之不同。而后来作者，通无远识，记其当世口语，罕能从实而书，方复追效昔人，示其稽古。是以好丘明者，则偏模《左传》；爱子长者，则全学史公。用使周、秦言辞，见于魏、晋之代；楚、汉应对，行于宋、齐之日。而伪修混沌，失彼天然，今古以之不纯，真伪由是相乱……盖江芈骂商臣曰：'呼！役夫，宜君王废汝而立职。'汉王怒郦生曰：'竖儒！几败乃公事。'单固谓杨康曰：'老奴，汝死自其分！'乐广叹卫玠曰：'谁家生得宁馨儿！’斯并当时侮嫚之词，流俗鄙俚之说，必播以唇吻，传诸讽诵。而世人皆以为上之二言不失清雅，而下之两句殊为鲁朴者，何哉？盖楚汉事隔，事已成古；魏晋年近，言犹类今。已古者即谓之文，犹今者乃惊其质。夫天地长久，风俗无恒，后之视今，亦犹今之视昔，而作者皆怯书今语，勇效昔言，不其惑乎？苟记言则约附五经，载话则依凭三史，是春秋之俗，战国之风，亘两仪而并存，经千载而如一，奚以今来古往，质文之屡变者哉？”既斥因袭古昔言辞之不当，又明质文代变之理，当可以发矇瞶也。

至王世贞《李于鳞先生传》云：“今夫《尚书》《庄》《左氏》《檀弓》《考工》[1]《司马》，其成言班如也，法则森如也。吾摭其华而裁其衷，琢句成辞，属辞成篇，以求当于古之作者而已。”盖攀龙之所心期，而元美之所同许也，模拟因袭，遂不免为古人之厮隶矣。故袁宏道力抨其失，其《雪[2]涛阁集序》云：“夫法因于敝而成于过者也。矫六朝骈俪饤饾之习者，以流丽胜，饤饾者[3]固流丽之因也，然其过在于轻纤，盛唐诸人以阔大矫之。已阔矣，又因阔而生莽，是故续盛唐者以情实矫之。已实矣，又因实而生俚，是故续中唐者以奇僻矫之。然奇则其境必狭，而僻则务为不根以相胜，故诗之道至晚唐而益小。有

[1] 工　底本作“功”，据《王世贞文选》（P.93）改。
[2] 雪　底本作“灵”，据《袁宏道集》（P.177）改。
[3] 者　底本脱，据《袁宏道集》（P.178）补。

宋欧、苏辈出，大变晚习，于物无所不收，于法无所不有，于情无所不畅，于境无所不取。滔滔莽莽，有若江湖。今之人徒见宋之不唐法，而不知宋因唐而有法者也……近代文人始为复古之说以胜之。夫复古是矣，然至以剿袭为复古，句比字拟，务为牵合，弃目前之景，摭腐滥之词，有才者诎于法而不敢自伸其才，无之者拾一二浮泛之语，帮凑成诗。智者牵于习，而愚者乐其易。一倡亿和，优人驺从，共谈雅道。吁，诗至此抑可羞哉！”法因于敝而成于过，理有固然。然而矫枉者必知过正为求其直，心必仪于直而不可专骛于过也。公安兄弟矫摹古之失，实坐有意为过之弊。中郎《与张幼于书》云：“世人喜唐，仆则曰唐无诗；世人喜秦、汉，仆则曰秦、汉无文；世人卑宋黜元，仆则曰诗文在宋、元诸大家。昔老子欲死圣人，庄生讥毁孔子，然至今其书不废。荀卿言性恶，亦得与孟子同传。何者？见从己出，不曾依傍半个古人，所以他顶天立地，今人虽讥讪得，却是废他不得……一个八寸三分帽子，人人戴得，以是言诗，安在而不诗哉？不肖恶之深，所以立言亦自有矫枉之过。”不讳言过，乃以过而不中，且既不主摹秦、汉之文与盛唐之诗，而必重视宋、元之诗文，仍不能创制以新天下。心过而才不足，其所操抑末，昙花一现，亦其质性之不可久也。

钟惺《诗归序》云：“诗文气运不能不代趋而下，而作诗者之意兴，虑[1]无不代求其高。高者，取异于途径耳。夫途径者，不能不异者也，然其变有穷者也；精神者，不能不同者也，然其变无穷者也。操其有穷者以求变，而欲以其异与气运争，吾以为能为异而终不能为高。其究途径穷，而异者与之俱穷，不亦愈劳而愈远乎？此不求古人真诗之过也。今非无学古者，大要取古人极肤、极狭、极熟，便于口手[2]者，以为古人在是……惺与同邑谭子元春忧之，内省诸心，不敢先有所谓学古，但求古人真诗所在。真诗者，精神所为也。察其幽情单绪，孤行静寄，于喧杂之中，而乃以其虚怀定力，独往冥游于廖廓之外。如访者之几于一逢，求者之幸于一获，入者之欣于一[3]至。不敢谓吾之说，非即向者千变万化不出古人之说，而特不敢以肤者、狭者、熟者塞之也。”其“愈劳愈远”之论，何尝不中彼“千变万化不出古人”者膏肓之病？惜其所命为“真诗”者，乃以“幽情单绪，孤行静寄”者为归，遂入于孤僻之途而不能出。盖竟陵诸子思而不学，敢于肆臆以逞说辞，勇于立异而失平正，不免如己所谓“能为异而终不能为高”，其亦不善变者矣。

《文心雕龙·通变》篇云：“夫设文之体有常，变文之数无方。何以明其然耶？凡诗赋书记，名理相因，此有常之体也；

[1] 虑　底本脱，据《钟伯敬小品》（P.1）补。

[2] 手　底本脱，据《钟伯敬小品》（P.1）补。

[3] 获，入者之欣于一　底本无，据《钟伯敬小品》（P.2）增。

文辞气力，通变则久，此无方之数也。名理有常，体必资于故实；通变无方，数必酌于新声。故能骋无穷之路，饮不竭之源。然绠短者衔渴，足疲者辍[1]涂，非文理之数尽，乃通变之术疏耳。故论文之方，譬诸草木，根干丽土而同性，臭味晞阳而异品矣。”则主张资故实而创新声，勖人达通变之旨而日新其业也。黄侃《札记》云：“此篇大指，示人勿为循俗之文，宜反之于古。其要语曰：‘矫讹翻浅，还宗经诰，斯斟酌乎质文之间，而檃栝乎雅俗之际，可与言通变矣。’此则彦和之言通变，犹补弊救偏云尔。文有可变革者，有不可变革者。可变革者，遣辞捶字，宅句安章，随手之变，人各不同。不可变革者，规矩法律是也，虽历[2]千载，而粲然如新。由之则成文，不由之而师心自用，苟作聪明，虽或要誉一时，徒党猥盛，曾不转瞬而为人唾弃矣。拘者规摹古人，不敢或失；放者又自立规则，自以为救患起衰。二者交讥，与不得已，拘者犹为上也。”

彦和生于趋文丧质之时，制救弊补偏之策，对时症以下药，故处方以反古。然而矫讹翻浅，还宗经诰，其方法耳；斟酌乎质文之间，檃栝乎雅俗之际，则通变之正鹄也。故云：“榷而论之，则黄、唐淳而质，虞、夏质而辨，商、周丽而雅，楚、汉侈而艳，魏、晋浅而绮，宋初讹而新。从质及讹，弥近弥澹。何则？竞今疏古，风末气衰也。”起衰以正讹，则盍反其本矣。

[1] 者辍　底本“者”后衍一“考”字，据《文心雕龙注》(P.519)删。
[2] 虽历千载　底本“历”后衍一“年”字，据《文心雕龙札记》(P.104)删。

又云："夫夸张声貌，则汉初已极。自兹厥后，循环相因，虽轩翥出辙，而终入笼内。"纪晓岚评之云："言前代佳篇，虽巨手[1]不能凌越，以见汉篇之当师，非教人以因袭。宜善会之。"盖"参伍因革，通变之数也"。魏、晋以降，操觚者过于斤斤于形式。彦和是以虑其穷竭，明其宜变，祈其通久耳。使彦和生今之世，当不能再酌满清三百年学术文章因袭繁衍之余波，必励新而斥旧。何则？矫俗制宜，识者之所贵于明通变也。黄氏一则曰："师心自用，苟作聪明，虽或要誉一时，徒党猥盛，曾不转瞬而为人唾弃矣。"再则曰："小智自私，讦言欺世，既违故训，复背文条，于此而欲以善变成名，适为识者所嗤笑耳。"三则曰："变古乱常而欲求新，吾未见其果能新也。"又曰："体统既昧，虽有巧心，亦谓之不善变矣。"又曰："不博不精而好变古，必有陷泞之忧矣。"语多诮让，盖针对今世新文学运动而发也。吁！亦泥已。夫文章优劣之权衡，在质文雅俗之间。文则代变，而不变者质，文质彬彬，袪野与史；本无择于文体之古今也，不专于文章之形貌也。彦和云："凭情以会通，负气以适变，采如宛虹之奋鬐，光若长离之振翼，乃颖脱之文矣。"情、气，质也；采、光，文也。许文质之并重，正以惩时文之偏重形式也。黄氏云："可变革者，遣辞捶字，宅句安章；不可变革者，规矩法律。"夫规矩法律与宅句安章，岂其甚相远欤？

---

[1] 手　底本作"干"，据《文心雕龙十卷》卷六"通变"评语改。

咸不过文章之形式耳，章句辞字则视为可变之末节，规矩法律乃奉为不刊之鸿范，未免崎重而畸轻。黄氏之论，是强摘刘氏戒靡振衰之心，以张己拘迂返古之目者也，故不可从。《国故论衡·辨诗》云：“语曰：‘在心为志，发言为诗。’此则吟咏情性，古今所同，而声律调度异焉。魏文侯听今乐则不知倦，古乐则卧，故知数极而迁，虽才士弗能以为美……宋世诗势已尽，故其吟咏情性，多在燕乐。今词又失其声律，而诗龙奇愈甚。考征之士，睹一器，说一事，则纪之五言，陈数首尾，比于马医歌括。及曾国藩自以为功，诵法江西诸家，矜其奇诡，天下鹜逐。古诗多诘诎不可诵，近体乃与杯珓谶辞相等。江湖之士，艳而称之，以为至美。盖自《商颂》以来，歌诗失纪，未有如今日者也。物极则变，今宜取近体一切断之。古诗断自简文以上。唐有陈、张、李、杜之徒，稍稍删取其要，足以继风雅，尽正变。夫观王粲之《从军》，而后知杜甫卑闒也；观潘岳之《悼亡》，而后知元稹凡俗也；观郭璞之《游仙》，而后知李贺诡诞也；观《庐江府吏》《雁门太[1]守》叙事诸篇，而后知白居易鄙倍也。淡而不厌者陶潜，则王维可废也；矜而不蕫者谢灵运，则韩愈可绝也。要之，本情性，限辞语，则诗[2]盛；远情性，熹杂书，则诗衰。”断之全盛之时，而揆诸情性之本，视声律调度之异，与夫数迁物变之常，佥为事之所应有，理

[1] 太　底本作“大”，据《国故论衡》(P.74)改。
[2] 诗　底本作“思”，据《国故论衡》(P.74)改。

之所应由。平心明理，无所忿懥于心，故能不失其正也。

《日知录》云："诗文之所以代变，有不得不变者。一代之文，沿袭已久，不容人人皆道此语。今且千数百年矣，而犹取古人之陈言，一一而摹仿之，以是为诗，可乎？故不似则失其所以为诗，似则失其所以为我。李、杜之诗，所以独高于唐人者，以其未尝不似，而未尝似也。知此者可与言诗也已矣。""不似则失其所以为诗"，谓不似其神也，不似其神，谓中乏感情、想象与思想之质也；"似则失其所以为我"，谓仅似其貌也，仅似其貌，谓徒袭古人形式之文也。文学创作者，务不失其所以为文学者，尤不宜失其所以为我者，知此者可与言文学也已矣。

吴之振《宋诗钞序》云："自嘉、隆以还，言诗家尊唐而黜宋。宋人集覆瓿糊壁，弃之若不克尽，故今日搜购最难得。黜宋诗者曰'腐'，此未见宋诗也。宋人之诗，变化于唐，而出其所自得，皮毛落尽，精神独存，不知者或以为'腐'。后人无识，倦于讲求，喜其说之省事而地位高也，则群奉'腐'之一字，以废全宋之诗。故今之黜宋者，皆未见宋诗者也。"宋人过于重视诗之形制，以为圣道之遗也，而意不足于以诗余名家。然方其倚声为词之时，性情既真，形式又能掞张自如，文质兼茂，遂划然映现一代之辉光。及洒翰而为诗，以诗之古风律绝，形式之变已穷，虽计出神奇，终落臭腐。宋初西昆一派，即专意于形式之美而终以无所就者。杨亿《西昆酬唱集序》云："予景德中忝佐修书之任，得接群公之游。时今紫微钱君希圣，秘阁刘君子仪，并负懿文，尤精雅道，雕章丽句，脍炙人口。予得以游其墙藩而资其模楷，二君成人之美，不我遐弃，博约诱掖，置之同声。因以历览遗编，研味前作，挹其芳润，发于希慕，更迭唱和，互相切劘。而予以固陋之姿，参酬继之末。入兰游雾，虽获益以居多；观海学山，叹知量而中止。既恨其不至，又犯乎不韪；虽荣于托骥，亦愧乎续貂。间然于兹，颜厚何已。凡五、七言律诗二百四十七章，其属而和者，又十有五人。析为二卷，取玉山策府之名，命之曰《西昆酬唱集》云尔。"历览研味，唱和切劘，佣其耳目，囚其心志，终不免为温、李之奴仆矣。能革此风者，若欧阳、王、苏，又未免遐弃性情，别取思理。衍以为山谷、后山江西诗派之诗，黄诗诚有如姚鼐所称"傲兀磊落之气，足与古今作俗诗者澡濯胸胃，导启性灵"，陈诗诚有如任渊所谓"读后山诗，似参'曹洞'禅，不犯正位，忌死语。非冥搜旁引，莫穷其用意深处"者矣，既精神之独存，将文心之止于此乎？是以其质既乖，而其文终难逃于腐，吴氏雕朽之论，何以服人心哉？《人间词话》云："陆放翁跋《花间集》，谓：'唐、宋、五代诗愈卑，而倚声辄简古可爱。能此不能彼，未可以理推也。'《提要》驳之，谓：'犹能举七十斤者，举百斤则蹶，举五十斤则运掉自如。'其言甚辨。然谓词必易于诗，余未敢信。善乎陈卧子之言曰：'宋人不知诗而强作诗，故终宋之世无诗。然其欢愉愁苦之致，动于中而不能抑者，类发于诗余，故其所造独工。'五代词之所以独胜，亦以此也。四言敝而有《楚辞》，《楚辞》敝而有五言，五言敝而有七言，古诗敝而有律绝，律绝敝而有词。盖文体通行既久，染指遂多，自成习套。豪杰之士，亦难于其中自出新意，故遁而作他体，以自解脱。一切文体所以始盛终衰者，皆由于此。故谓文学后不如前，余未敢信，但就一体论，则此说固无以易也。”一代有一代之文学，豪杰之士，宜善觑时宜，有以自树，万里之逸步，必不甘作庭间之回骤矣。

下编

结论

第九章
个性时地与文学创作

个性形成风格 — 风格不可强同 — “木有瘿石有晕犀有通” — 时世与文学 — 起衰变常与淈泥扬波 — 改革亦由时变 — 中国文学南北不同 — 个性时地之运用

文学以感情为宰，感情之发，原于人之天性。其想象活动之迹，思想构成之因，人各异趋。故人生而各具不同之个性，发为文章亦各具不同之风格。《典论·论文》云：“文以气为主，气之清浊有体，不可力强而致。譬诸音乐，曲度虽均，节奏同检，至于引气不齐，巧拙有素，虽在父兄，不能以移子弟。”“气”即指人之个性，个性或浊或清；“引气”即沿个性而成风格，风格或拙或巧。父兄不能移其子弟，缘人心不同，其异如面也。文学界之能光怪陆离，各放异彩者，缘人有不同之个性为其枢机耳。《文赋》云：“体有万殊，物无一量，纷纭挥霍，形难为状。辞程才以效伎，意司契而为匠，在有无而黾勉，当浅深而不让。虽离方而遁圆，期穷形而尽相。故夫夸目者尚奢，惬心者贵当，言穷者无隘，论达者唯旷。”“体有万殊，物无一量”，文章作风，不偶同也；“司契而为”匠者意，云人之个性，浅深不可予夺也；“离方遁圆，穷形尽相”，文学最高之理想标准也；“尚奢，贯当，无隘，唯旷”，依个性以成独特之风格，各达其一体也。个性之与文，其犹酸咸之与醢醝欤？

《文心雕龙·才略》篇云：“汉室陆贾，首发奇采，赋孟春而选典诰，其辩之富矣。贾谊才颖，陵轶飞兔，议惬而赋清，岂虚至哉？枚乘之《七发》，邹阳之《上书》，膏润于笔，气形于言矣……王褒构采，以密巧为致，附声测貌，泠然可观。子云属意，辞人[1]最深，观其涯度幽远，搜选诡丽，而竭才以钻思，故能理赡而辞坚矣……张衡通赡，蔡邕精雅，文史彬彬，隔世相望。是则竹柏异心而同贞，金玉殊质而皆宝也。”大抵就人之个性以铨其文之风格者也。又云：“魏文之才，洋洋清绮。旧谈抑之，谓去植千里。然子建思捷而才俊，诗丽而表逸；子桓虑详而力缓，故不竞于先鸣。而乐府清越，典论辩要，迭用短长，亦无懵焉。但俗情抑扬，雷同一响，遂令文帝以位尊减才，思王以势窘益价，未为笃论也……陆机才欲窥[2]深，辞务索广，故思能入巧而不制繁。士龙朗练，以识检乱，故能布采鲜净，敏于短篇……孟阳、景阳，才绮而相埒，可谓鲁卫之政，兄弟之文也。”则论兄弟之文章，风格有同有不同，明

[1] 人　底本作“文”，据《文心雕龙注》（P.699）改。
[2] 窥　底本作“穷”，据《文心雕龙注》（P.700）改。

巧拙之有素，为丕说张目矣。

王通《中说》云："子谓文士之行可见。谢灵运小人哉，其文傲，君子则谨；沈休文小人哉，其文冶，君子则典。鲍照、江淹，古之狷者也，其文急以怨；吴均、孔珪，古之狂者也，其文怪以怒；谢庄、王融，古之纤人也，其文碎；徐陵、庾信，古之夸人也，其文诞。或问孝绰兄弟，子曰：'鄙人也，其文淫。'或问湘东王兄弟，子曰：'贪人也，其文繁。'谢朓，浅人也，其文捷；江总，诡人也，其文虚。皆古之不利人也。子谓颜延之、王俭、任昉'有君子之心焉，其文约以则'。"王应麟《困学纪闻》云："梁简文《诫子当阳公书》曰：'立身之道，与文章异，立身先须谨重，文章且须放荡。'斯言非也。文中子谓文士之行可见，放荡其文，岂能谨重其行乎？"言为心声，文章与其人之个性，理难背驰，放荡其行，亦未有能谨重其文者也。

《四库书目·清献集提要》云："其诗谐婉多姿，乃不类其为人。王士祯《居易录》，称[1]其五言律中《暖风》一首,《芳草》一首,《杜鹃》一首[2],《寒食》一首,《观水》一首，谓数诗掩卷读之，岂复知铁面者所为？"伉直之人，其性情必笃重；诗之谐婉，亦自敦厚之情。故韩偓义能屡触逆臣之锋，诗乃善香奁之体；范、韩诸公，皆一时勋德众望，而词有情致。赵抃申弹

[1] 称　底本作"积"，据《四库全书总目提要》(P.3948)改。
[2]《杜鹃》一首　底本脱，据《四库全书总目提要》(P.3948)补。

劾之章，自多危言；至于形诸吟咏，何必仍施铁面？谓其诗不类其为人，殆既重其人又爱其诗，遂故作分歧之论，非疑作品之爽于其个性也。又《临川集提要》云：“然此百卷之内，菁华具在，其波澜法度，实足自传不朽。朱子《楚辞后语》，谓安石‘致位宰相，流毒四海，而其言与生平行事心术略无毫发肖，夫子所以有“于予改是”之叹’。斯诚千古之定评矣。”安石之文，多矫其情以为高者，文不由性，是其伪耳。

《抱朴子·辞意》篇云：“夫才有清浊，思有修短，虽并属文，参差万品。或浩漾而不渊潭，或得事情而辞钝，违物理而文工。盖偏长之一致，非兼通之才也。暗于自料，强欲兼之，违才易务，故不免嗤也。”示人以个性不同，为文强欲兼擅者，不免蹉跌也。苏轼《送人序》云：“夫学以明理，文以述志，思以通其学，气以达其文。古之人，道其聪明，广其闻见，所以学也；正志完气，所以言也。王氏之学，正如脱椠，案其形模而出之，不待修饰而成器耳，求为桓璧彝器，其可乎？”示人以个性不同，为文有如脱椠者，难成佳构也。又《答李端叔书》云：“得罪以来，深自闭塞。扁舟草屦，放浪山水间，与樵渔杂处，往往为醉人所推骂，辄自喜渐不为人识。平生亲友，无一字见及，有书与之亦不答，自幸庶几免矣。足下又复创相推与，甚非所望。木有瘿，石有晕，犀有通，以取妍于人，皆物之病也。谪居无事，默自观省，回视三十年以来，所为多其病者。足下所见，皆故我非今我也。无乃闻其声不考其情，取其华而遗其实乎？”木之有瘿，石之有晕，犀之有通，其在人者，犹特异之个性也。人不为文则已，为文则必暴其瘿晕，乃足以自见。东坡获罪朝廷，谓将遐弃诗文，韬光息迹，故有声情华实之论，非文人之本心也。

人生而具七情，有情斯贵相悦以解。故人必有同情于他人之心，亦有冀得他人同情之愿。同情无所谓公，邀情无所谓私，盖源于人性之本，自然而然。作家之创造作品，必因缘于浓厚之同情心，亦殷盼知音者之首肯。此所以表现为人生欲望之一，闷情而无以自见者，迫生不如死也。子瞻非有凿坏之志，其所云与渔樵杂处，自喜不为人识者，矫情之语以寓愤忾耳，居黄冈日，何尝废诗文之表现耶？陶潜固恬澹自适，不慕荣利之人，似可以喑默一生矣，然犹有深曲之情怀，遂印鸿泥于此世，虽不磬折于仕禄，难忘情于篇章。“口业不停诗有债”，东坡虑之既熟矣。

人间二大，曰空曰时，人生其中，配德于天地，阴阳消长，息息相关。人秉个性以为文，又不能不受时地环境之消息也。《文心雕龙·体性》篇云：“气以实志，志以定言，吐纳英华，莫非情性。是以贾生俊发，故文洁而体清；长卿傲诞，故理侈而辞溢；子云沉寂，故志隐而味深；子政简易，故趣昭而事博；孟坚雅懿，故才密而思靡；平子淹通，故虑周而藻密；仲宣躁锐，故颖出而才果；公幹气褊，故言壮而情骇；嗣宗倜傥，故响逸而调远；叔夜俊侠，故兴高而采烈；安仁轻敏，故锋发而韵流；士衡矜重，故情繁而辞隐。触类以推，表里必符，岂非自然之恒资，才气之大略哉！”文章出于才气之自然，明情性为文学之本也。又云：“夫情动而言形，理发而文见，盖沿隐以至显，因内而符外者也。然才有庸俊，气有刚柔，学有浅深，习有雅郑，并情性所铄，陶染所凝。是以笔区云谲，文苑波诡者矣。”情性铄铸文思，自已为个性所支配；陶染凝结文采，盖亦受环境之影响也。故其《时序》篇云：“时运交移，质文代变，古今情理，如可言乎！昔在陶唐，德盛化钧，野老吐‘何力’之谈，郊童含不识之歌。有虞继作，政阜民暇，‘薰风’诗于元后，‘烂云’歌于列臣，尽其美者何？乃心乐而声泰也。至大禹敷土，‘九序’咏功，成汤圣敬，‘猗欤’作颂。逮姬文之德盛，《周南》勤而不怨；大王之化淳，《邠风》乐而不淫。幽厉昏而《板》《荡》怒，平王微而《黍离》哀。故知歌谣文理，与世推移，风动于上，而波震于下者……自[1]献帝播迁，文学蓬转，建安之末，区宇方辑。魏武以相王之尊，雅爱诗章；文帝以副君之重，妙善辞赋；陈思以公子之豪，下笔琳琅。并体貌英逸，故俊才云蒸。仲宣委质于汉南，孔璋归命于河北，伟长从宦于青土，公幹徇质于海隅。德琏综其斐然之思，元瑜展其翩翩之乐。文蔚、休伯之俦，于叔、德祖之侣，傲雅觞豆之前，雍容衽席之上，洒笔以成酣歌，和墨以藉谈笑。观其时文，雅好慷

[1] 自　底本作“至”，据《文心雕龙注》（p.673）改。

慨。良由世积乱离，风衰俗怨，并志深而笔长，故梗概而多气也…… 自中朝贵玄，江左称盛，因谈余气，流成文体。是以世极迍邅，而辞意夷泰。诗必柱下之旨归，赋乃漆园之义疏。故知文变染乎世情，兴废系乎时序，原始以要终，虽百世可知也。”例时世之兴衰，成文章之乐慨；论文学之风气，由时尚之所趋。值其人，生其时，风云际会，令名永馨；生其人而不值其时，盖所以埋没英才者必不少矣。至能违时尚，挽颓风，持风气而新之者，其唯峭拔之才乎！《诗品序》云：“永嘉时，贵黄老，稍尚虚谈。于时篇什，理过其辞，淡乎寡味。爰及江表，微波尚传，孙绰、许询、桓庾诸公，诗皆平典似《道德论》，建安风力尽矣。先是郭景纯用俊上之才，变创其体；刘越石仗清刚之气，赞成厥美。然彼众我寡，未能动俗。逮义熙中，谢益寿斐然继作。元嘉中，有谢灵运，才高词盛，富艳难踪，固已含夸刘、郭，凌轹潘、左。故知陈思为建安之杰，公干、仲宣为辅；陆机为太康之英，安仁、景阳为辅；谢客为元嘉之雄，颜延年为辅：斯皆五言之冠冕，文词之命世也。”《国故论衡·辨诗》云：“世言江左遗彦，好语玄虚，孙、许诸篇，传者已寡。陶潜皇皇，欲变其奏，其风力终不逮。玄言之杀，语及田舍；田舍之隆，旁及山川云物，则谢灵运为之主。然则风雅道变，而诗又几为赋。颜延之与谢灵运，深浅有异，其归一也。”孙、许虚谈平典，刘、郭初改玄风；靖节虽移情乎田舍，康乐乃建纛于词林。衡文者贯穿今古，贵能起衰，钟记室之所以入灵运于高流，而抑渊明于中品者，或此其故欤？

人多因循于旧俗，士辄徇俗以骛名。故虽风末气衰，而趋向者累累；或有卓识变常，则寡和而落落。欧阳修《苏氏文集序》云："天圣之间，予举进士于有司。见时学者务以言语声偶擿裂，号为时文，以相夸尚。而子美独与其兄才翁及穆参军伯长作[1]为古歌诗杂文。时人颇共非笑之，而子美不顾也。其后天子患时文之弊，下诏书，讽勉学者以近古，由是其风渐息，而学者稍趋于古焉。独子美为于举世不为之时，其始终自守，不牵世俗趋舍，可谓特立之士也。"择善而固执之以为风气先者，弥足尊贵也。《文史通义·说林》云："风会所趋，庸人亦能勉赴；风会所去，豪杰有所不能振也。汉廷重经术，卒史亦能通六书，吏民上书，讹误辄举劾。后世文学之士，不习六书之义者多矣。岂后世文学之士，聪明智力，不如汉廷卒史之良哉？风会[2]使然也。越人相矜以燕语，能为燕语者[3]，必其熟游都会，长于阅历，而口舌又自调利过人者也。及至燕，则庸奴贱婢，稚女髫童，皆燕语矣；以是矜越语之大夫，岂通论哉？仲尼之门，五尺童子，羞称五霸，必谓五尺童子，其才识过于管仲、狐、赵诸贤焉，夫子之所不许也。五谷之与稊稗，其贵贱之品，有一定矣。然而不熟之五谷，犹逊有秋之稊稗焉。而

[1] 作　底本脱，据《欧阳修全集》(p.614)补。
[2] 会　底本作"气"，据《文史通义》(P.122)改。
[3] 能为燕语者　底本脱，据《文史通义》(P.122)补。

托一时风会所趋者，诩然自矜其涂辙，以谓吾得寸木，实胜彼之岑楼焉，其亦可谓不达而已矣。”淈泥而扬波以自附于骥尾者，无足矜夸已。

虽然，变革者固有特达之识，有意于更张，然亦须乘弩末之时而存鲁缟也。程廷祚《复家鱼门论古文书》云：“开皇之世，李谔上书论文体，深斥齐、梁之弊，谓宜屏黜轻浮，遏止华伪。唐之中叶，柳冕与杜黄裳书，言文雅不振，当尊经术，卑文士，以正人心，而美风俗。以时考之，乃狂澜之欲颓，百川将入于沧溟矣。退之安得自矜一人之力，其所乘之时然也。”是以为退之之倡行古文，亦时为之也。欧阳修《记旧本韩文后》云：“道固有行于远而止于近，有忽于往而贵于今者，非惟世俗好恶之使然，亦其理有当然者。孔、孟惶惶于一时，而师法于千万世；韩氏之文，没而不见者二百年，而后大施于今。此又非特好恶之所上下，盖其久而愈明，不可磨灭，虽蔽于暂而终耀于无穷者，其道当然也。”则以为古文之大施于世，理有当然。云道之不可磨而灭，古文家之夸也，穷变通久，亦时使之然耳。

我国自人文初创，至今已有四千余年之历史，时变世迁，人文亦递革而递进。重以我国幅员广袤，长江大河，限绝南北，文学之性质，显见南北之不同。孟子自范之齐，望见齐王之子，喟然叹曰：“居移气，养移体。大哉居乎！夫非尽人之[1]子与？”尽人子也，而所居不同，其气质自异。叔向之母云：“深山大泽，实生龙蛇。”晏婴答楚王问曰：“橘生淮南则为橘，生于淮北则为枳。叶徒相似，其实味不同。所以然者何？水土异也。”水土于万物，其影响之巨如一焉。《礼记·中庸》云：“子路问强。子曰：‘南方之强与？北方之强与？抑而强与？宽柔以教，不报无道，南方之强也，君子居之；衽金革，死而不厌，北方之强也，而强者居之。’”明言南人北人个性之不同也。《日知录》云：“‘饱食终日，无所用心，难矣哉’，今日北方之学者是也。‘群居终日，言不及义，好行小慧，难矣哉’，今日南方之学者是也。”黄汝成云：“疆域既殊，材质斯异，自非魁瑰[2]，多囿土[3]俗。秦、晋僿鲁，吴、越剽诡，凡有撰述，视彼情性。南北异学，自古然矣。”则因个性有不同，而南北之文学表现亦异其趣也。《北史·文苑传叙论》云：“暨永明天监之际，太和天保之间，洛阳江左，文雅尤盛。彼此好尚，雅有异同。江左宫商发越，贵于清绮；河朔词义贞刚，重乎气质。气质则理胜其辞，清绮则文过其意。理深者便于时用，文华者宜于咏歌。此其南北词人得失之大较也。”则因南北文学之异趣，而进论其短长矣。

[1] 之　底本脱，据《孟子注疏》(p.2769)补。
[2] 瑰　底本作“瓌”，据《日知录集释》(P.315)改。
[3] 土　底本作“士”，据《日知录集释》(P.315)改。

刘师培著文专论南北文学之不同云："荀子有言：'君子居楚而楚，居夏而夏。'夏为北音，楚为南音，音分南北，此为明征……声音既殊，故南方之文，亦与北方迥别。大抵北方之地，土厚水深，民生其间，多尚实际；南方之地，水势浩洋，民生其际，多尚虚无。民崇实际，故所著之文，不外记事、析理二端；民尚虚无，故所作之文，或为言志、抒情之体……惟《诗》篇三百，则区判北、南。《雅》《颂》之诗，起于岐、丰，而《国风》十五，太师所采，亦得之河、济之间，故讽咏遗篇。大抵治世之诗，从容揄扬；衰世之诗，悲哀刚劲。记事之什，雅近典谟。北方之文，莫之或先矣。惟周、召之地，在南阳、南郡之间，故《二南》之诗，感物兴怀，引辞表旨，譬物连类，比兴二体，厥制益繁，构造虚词，不标实迹，与《二雅》迥殊。至于哀窈窕而思贤才，咏汉广而思游女，屈、宋之作，于此起源。《鼓钟篇》云：'以《雅》以《南》。'非《诗》分南北之证欤……昌黎崛起北陲，易偶为奇，语重句奇，闳中肆外。其魄力之雄，直追秦、汉，虽摹拟之习未除，然起衰之功，不可没也。习之、持正、可之，咸奉韩文为圭臬，古质浑雄，唐代罕伦。子厚与昌黎齐名，然栖身湘、粤，偶有所作，咸则《庄》《骚》，谓非土地使然欤……宋代文人，惟老苏之作，间近昌黎。欧、曾之文，虽沉详整静，茂美渊懿，训词深厚，然'平弱'之讥，曷云克免？岂非昌黎之文，固非南人所能效哉？若东坡之文，出入苏、张、庄、老间，亦为南体。苏门四子，更无论矣。北宋诗体，初重西昆，派沿温、李。苏诗精言明理，有东晋之风。西江一体，虽遒峭坚凝，一洗凡艳，然雄厚之气，远逊杜、韩。岂非杜韩之诗，亦非南人所克效欤 …… 自元以降，惟剧曲一端，区分南北。若诗文诸体[1]，咸依草附木，未能自辟涂辙，故无派别之可言。大抵北人之文，猥琐铺叙，以为平通，故朴而不文；南人之文，诘屈雕琢，以为奇丽，故华而不实 …… 清代中叶，北方之士，咸朴塞蹇冗，质略无文，南方文人，则区骈、散为二体。治散文者，工于离合激射之法。以神韵为主，则便于空疏，以子居、皋闻为差胜；治骈文者，一以摘句寻章为主，以蔓衍炫俗，或流为诙谐，以稚威、容甫为最精。若夫诗歌一体，或崇声律，或尚修辞，或矜风调，派别迥殊，然雄健之作，概乎其未闻也。故观乎人文，亦可以察时变矣。"论指周洽而精辟，文分南北，信不为诬。

孔子曰："知者乐水，仁者乐山。知者动，仁者静。"知者性喜动，故乐流逝之水；仁者性喜静，故乐兀立之山。而山谷之生民，习于静止之环境，故性静而居仁；水滨之众庶，习于波动之环境，故性动而多智。后先因果，更迭而相依也。文分南北，就其大较而言，擅场者必善用其个性时地之宜者也，故命世之才，足为此说张目。其南或北之人，宜各从所长而心识所短，庶因材以立体，勿举鼎而绝膑也。然文章之事，变化已

[1] 若诗文诸体　底本"若"前有一"余"字，据《中国中古文学史讲义》（P.263）删。

多，率性而有节，不患迷失。材劣者株守虚实，则恃若筌蹄；才高者并御情理，可从如骖靳。故文区南北，有此说矣，亦有是理矣，然不必视同永恒不刊文章之玉律，奉为亘古不移进退之法螺，生南而必怯于雄刚，生北而遂安于朴塞也。且也今兹交通日繁，南北无阻，欧风东渐，四海一家，人文综合，已非昔比。志于文者，要当发挥其个性，珍持其感情，以固其根本。认识时代，化臭腐为神奇，追日新之盛业，以畅其枝干；运用环境，挹群山之雨露，溉廛里之芝兰，以润其华萼。兼采厥长，遐弃其短，甄陶镕冶，继往开来，创为体制，主一代之文风，时机已熟矣，豪杰之士，勖之而已。

第十章

文学之表里与真善美

科学之真伦理之善文学之美—感情真思想善形式美—道德衡文与其反动—文人无行—重情与好名—名祟讥减职卑多诮——“梓材之士”—真善之里纯美之表—“端而言蠕而动”—“天生成腔子”—义理考据词章—“兼得其长”与“悉通其义”—“心声心画”—“美善相乐”

科学以“真”为目的，伦理之学以“善”为指归，文学艺术以“美”为极诣。分别划然，不容相溷。然试藉真善美之谊纳诸文学之域，可以云感情与想象宜达其真，思想冀臻于善，形式务期其美。不可偏倚，彬彬为盛。载道之文，善而不必美；言志之文，真而不必善；摛藻之文，美而不必善与真。若为文能感情真挚，想象丰富，思想高善，而形式优美，则臻首选矣。

我国向时，儒家对于文学，一贯持尚用之说，以文学为施教之具，德业之华，又执道德律为衡定文学价值之绳尺。自汉迄清，儒家思想时复南面，是以尚用观念，深入人心，而甚少移易也。

《论语·学而》篇云:“子曰:‘弟子入则孝,出则弟。谨而信,泛爱众而亲仁。行有余力,则以学文。’”明谓德先而文后也。扬子《法言·吾子》篇云:“或问:‘君子尚辞乎?’曰:‘君子事之为尚。事胜辞则伉,辞胜事则赋,事事辞称则经。足言足容,德之藻矣。’”《颜氏家训·勉学》篇云:“夫学者,犹种树也,春玩其华,秋登其实。讲论文章,春华也;修身利行,秋实也。”皆孔子“余力学文”说解之辞耳。《论语·述而》篇云:“子曰:志于道,据于德,依于仁,游于艺。”明谓德本而文末也。《法言·君子》篇云:“或问:‘君子言则成文,动则成德,何以也?’曰:‘以其弸中而彪外也。般之挥斤,羿之激矢,君子不言,言必有中也;不行,行必有称也。’”《论衡·书解》篇云:“故曰德弥盛者文弥缛,德弥彰者人弥明。大人德扩,其文炳;小人德炽,其文斑。官尊而文繁,德高而文积。”皆引申孔子“据德游艺”之义而为说也。《论语·雍也》篇云:“子曰:‘君子博学于文,约之以礼,亦可以弗畔矣夫。’”明谓德为文之律也。《诗序》云:“故变风发乎情,止乎礼义。发乎情,民之性也;止乎礼义,先王之泽也。”韩愈《答尉迟生书》云:“夫所谓文者,必有诸其中。是故君子慎其实,实之美恶,其发也不掩。本深而末茂,形大而声宏,行峻而言厉,心醇而气和。昭晰者无疑,优游者有余。体不备不可以为成人,辞不足不可以为成文。”皆孔子“博文约礼”之发挥矣。

坐是文道相倚，文史不分，文学观念甚为含混，文学价值亦因以低估。偶有能脱却道德之桎梏者，自然趋于纯文学之轨路，别开生面，而文学因亦昌盛于一时。司马相如论赋之语云："合纂组以成文，列锦绣而为质，一经一纬，一宫一商，此赋之迹也。赋家之心，苞括宇宙，总揽人物。斯乃得之于内，不可得而传。"云"赋之迹"，谓文学之形式也；云"赋家之心"，谓想象也。乃无一语及道与德，其临文之态度可就而觇知之。梁简文帝《诫当阳公大心书》云："立身之道，与文章异，立身先须谨重，文章且须放荡。"判立身与文章为二事，与儒家所主张者迥不相侔。若就文以论文，自以此派文不徇道者为差胜。然长卿因重想象而失之太夸，简文因重文章而失之放荡，反对思想之善，遂亦灭绝感情之真，徒骋想象，竞骛形式，亦文家之疵病也。

且也文如其人，从可知已。司马相如家徒四壁立，而之临邛时，从车骑，雍容闲雅甚都，以琴挑文君，以赋干武帝，身多失德故文轻思想，行尚虚浮故辞重夸饰，文人无行，相如其尤也。魏征论简文帝云："太宗聪睿过人，神采秀发，多闻博达，富赡词藻。然文艳用寡[1]，华而不实，体穷淫丽，义罕疏通，哀思之音，遂移风俗。"缘其"志在桑中"，故亦"体穷淫丽"耳。

魏文帝《与吴质书》云："观古今文人，类不护细行，鲜能

---

[1] 文艳用寡　底本脱，据《南史》（P.252）补。

以名节自立。”《颜氏家训·文章》篇云：“自古文人，多陷轻薄。屈原露才扬己，显暴君过；宋玉体貌容冶，见遇俳优。东方曼倩滑稽不雅，司马长卿窃资无操；王褒过章《僮约》，扬雄德败《美新》；李陵降辱夷虏，刘歆反复莽世；傅毅党附权门，班固盗窃父史；赵元叔抗竦过度，冯敬通浮华摈压；马季常佞媚获诮，蔡伯喈同恶受诛；吴质诋忤乡里，曹植悖慢犯法；杜笃乞假无厌，路粹隘狭已甚；陈琳实号粗疏，繁钦性无检格；刘桢倔强输作，王粲率躁见嫌。孔融、祢衡，诞傲致殒；杨修、丁廙，扇动取毙。阮籍无礼败俗，嵇康凌物凶终；傅玄[1]忿斗免官，孙楚矜夸凌上；陆机犯顺履险，潘岳干没取危；颜延年负气摧黜，谢灵运空疏乱纪；王元长凶贼自贻，谢元晖侮慢见及。凡此诸人，皆其翘秀者，不能悉纪，大较如此。”展卷以观，盖文士必多蹁闲，幸告无过者鲜矣。颜氏又论其致此之由云：“每尝思之，原其所积。文章之体，标举兴会，发引性灵，使人矜伐，故忽于持操，果于进取。今世文人，此患弥切。一事惬当，一句清巧，神厉九霄，志凌千载，自吟自赏，不觉更有傍人。加以砂砾所伤，惨于矛戟；讽刺之祸，速乎风尘。深宜防虑，以保元吉。”以为文人重情而好胜，有以致之。《文史通义·针名》篇云：“风尚循环，如春兰秋菊之互相变易，而不相袭也。人生其间，才质所优，不必适与之合也。好名者则必屈

[1] 玄　底本作“元”，据《颜氏家训集解》（P.222）改。

曲以徇之，故于心术多不可问也。唇亡则齿寒，鲁酒薄而邯郸围，此言势有必至，理有固然也。学问之道，与人无忮忌，而名之所关，忮忌有所必至也；学问之道，与世无矫揉，而名之所在，矫揉有所必然也。故好名者，德之贼也。”则以为文人好名，而心术日险矣。

重情之文，于重道者为反动，故于思想力避庸俗。好奇之末流乃好诡，诡谲失正则魔胜于道。文学重感情，而道德凭理智，感情激越，往往跋扈荡检，非理智所能羁絷，其与道德乖忤之处必多。想象多夸饰，夸则成矜浮之性；形式主文丽，文则没淳朴之质。作家与作品交乘影响，辄沉于寡德叛道之泥淖而不能自拔，由此故也。

徐陵《玉台新咏序》云：“夫凌云概日，由余之所未窥；千门万户，张衡之所曾赋。周王璧台之上，汉帝金屋之中，玉树以珊瑚作枝，帘珠以玳瑁为柙。其中有丽人焉，其人也，五陵豪族，充[1]选掖庭；四姓良家，驰名永巷。亦有颍川新市，河间观津，本号娇娥，曾名巧笑。楚王宫里，无不推其细腰；卫国佳人，俱言讶其纤手。阅诗敦礼，岂东邻之自媒；婉约风流，异西施之被教……虽非图画，入甘泉而不分；言异神仙，戏阳台而无别。真可谓倾国倾城，无对无双者也。加以天精开朗，逸思雕华，妙解文章，尤工诗赋。琉璃砚匣，终日随身；翡翠

[1] 充　底本作“克”，据《玉台新咏》（P.1）改。

笔床，无时离手。清文满箧，非惟芍药之花；新制连篇，宁止蒲萄之树。九日登高，时有缘情之作；万年公主，非无累德之辞。其佳丽也如彼，其才情也如此……于是燃脂暝写，弄笔晨书，撰录艳歌，凡为十卷。曾无参于雅颂，亦靡滥于风人。泾渭之间，若斯而已……娈彼诸姬，聊同弃日；猗欤彤管，丽矣香奁。”“凌云概日，由余之所未窥；千门万户，张衡之所曾赋”，好诡之情，成竹久蓄胸中；尚夸之旨，临文倏奔腕下。“猗欤彤管，丽矣香奁”，信有征矣；“婉约风流，阅诗敦礼”，殆或缺乎？既以“时有缘情之作”，遂致“非无累德之辞”，虽能“靡滥于风人”，终竟“无参于雅颂”。跋扈荡检，自此阶矣；缘情累德，可无戒诸？是盖魏收之所以讥徐陵为“亡国之才，丽以艳”也。

虽然，古今来神奸巨憝，岂必文辞之士而已？文人相轻，而相知者鲜，不免有吹毛求疵，天下之恶皆归之之事。《文心雕龙·程器》篇云：“略观文士之疵：相如窃妻而受金，扬雄嗜酒而少算；敬通之不循廉隅，杜笃之请求无厌；班固谄窦以作威，马融党梁而黩货；文举傲诞以速诛，正平狂憨以致戮；仲宣轻脆以躁竞，孔璋偬[1]恫以粗疏；丁仪贪婪以乞货，路粹铺啜而无耻；潘岳诡诪于愍、怀，陆机倾仄于贾、郭；傅玄刚隘而詈台，孙楚狠愎而讼府。诸有此类，并文士之瑕累。文既有之，

[1] 偬　底本作“惚”，据《文心雕龙注》（p.719）改。

武亦宜然。古之将相，疵咎实多。至于管仲之盗窃，吴起之贪淫，陈平之污点，绛、灌之谗嫉，沿兹以下，不可胜数。孔光负衡据鼎，而仄媚董贤，况班、马之贱职，潘岳之下位哉？王戎开国上秩，而鬻官嚣俗，况马、杜之磬悬，丁、路之贫薄哉？然子夏无亏于名儒，浚冲不尘乎竹林者，名崇而讥减也。若夫屈、贾之忠贞，邹、枚之机觉，黄香之淳孝，徐幹之沉默，岂曰文士必其玷欤？盖人禀五材，修短殊用，自非上哲，难以求备。然将相以位隆特达，文士以职卑多诮，此江河所以腾涌，涓流所以寸折者也。"是持平之论。篇首云："《周书》论士，方之梓材，盖贵器用而兼文采也。是以朴斫成而丹雘施，垣墉立而雕杇附。"明质之有待于文也。继云："而近代辞人，务华弃实。故魏文以为'古今文人，类不护细行'。韦诞所评，又历诋群才，后人雷同，混之一贯，吁可悲矣！"则谓辞人因文丧质而召讥也。篇末乃云："是以君子藏器，待时而动，发挥事业。固宜蓄素以弸中，散采以彪外。楩楠其质，豫章其干。摛文必在纬军国，负重必在任栋梁。穷则独善以垂文，达则奉时以骋绩。若此文人，应梓材之士矣。"是鉴于"职卑多诮"，故勖人"以成务为用"也。就文外以申论，似非评文宜有事。试稍变其辞意云："《周书》论士，方之梓材，盖示文质之相须，而贵二者之兼有也。是以朴斫成而丹雘施，垣墉立而雕杇附。而近代辞人，务华弃实……是以君子成篇，缘真情以涉想，本善思以生文，固宜蓄素以弸中，散采以彪外，情感如楩楠以为质，思想如豫章以为干，想象如以质干任栋梁，形式如以丹雘涂榱桷。若此文人，应梓材之士矣。”

文学固艺术中之一种，由美的情绪所组成。然纯美之中，必渟蓄真善之性，真善之里必孳生纯美之表。金玉之质坚致而色光润，于物为贵；虎豹之皮斑斓而性鸷猛，于禽为尊。金玉其外，败絮其中者，或犬羊之质而虎豹之文者，物类之最贱而可鄙者也。故文章不宜专骛于形式之美。《文心雕龙·情采》篇云：“昔诗人什篇，为情而造文；辞人赋颂，为文而造情。何以明其然？盖风雅之兴，志思蓄愤而吟咏情性，以讽其上，此为情而造文也；诸子之徒，心非郁陶，苟驰夸饰，鬻声钓世，此为文而造情也。故为情者要约而写真，为文者淫丽而烦滥。”“心非郁陶”，中乏其情也；“苟驰夸饰”，徒骋想象形式也；“淫丽而烦滥”，文学离却真情便无是处也。《白雨斋词话》云：“板桥词，如‘把夭桃斫断，煞他风景；鹦哥煮熟，佐我杯羹。焚砚烧书，椎琴裂画，毁尽文章抹尽名。荥阳郑，有慕歌家世，乞食风情’[1]，似此拙劣不堪语，想彼亦自以为沉着痛快也。”是想象因奇入诡，遂矫揉其情思，而尽暴其拙劣矣。《词概》云：“周美成词，或称其无美不备。余谓论词莫先于品，美成词富艳精工，只是当不得个‘贞’字。是以士大夫不肯学之，学之则不知终日意萦何处矣。”是思想违贞远善，虽富艳精工，

[1] 此句底本作“毁尽文章抹尽名荥。阳郑有教歌家世，乞食风情”，今据《白雨斋词话》（P.173）改。

美而有玷也。故文学创作，一则求其感情与想象之真，再则求其思想之善，三则求其形式之美，表里相济，弸中彪外，糅真善美而为一，庶为得之。

《人间词话》云：“‘昔为倡家女，今为荡子妇。荡子行不归，空床难独守’‘何不策高足，先据要路津？无为守贫贱，轗轲长苦辛’，可谓淫鄙之尤。然无视为淫词、鄙词者，以其真也。”意若谓情之真已，虽淫鄙不嫌，似也；然因情真乃可以幸无过，淫鄙终非美德。持此二诗以较诸“思君令人老，岁月忽已晚。弃捐勿复道，努力加餐饭”“人生非金石，岂能长寿考？奄忽随物化，荣名以为宝”，则何如耶？《词话》又云：“龚定庵诗云：‘偶赋凌云偶倦飞，偶然闲慕遂初衣。偶逢锦瑟佳人问，便说寻春为汝归。’其人之凉薄无行，跃然纸墨间。余辈读耆卿、伯可词，亦有此感。视永叔、希文小词何如耶？”定庵之诗风格儇薄，缘其为人凉薄无行，故文学之感情未尝不真，思想则睽剌于善也；于此亦得云“然无视为儇薄之诗者，以其真也”欤？

张炎《词源》云：“词欲雅而正，志之所之，一为情所役，则失其雅正之音。”文学固主感情，然亦须于思想之背后有理智以持之，真而又善，然后美也。王世贞《弇州山人词评》云：“故词须宛转绵丽，浅至儇俏，挟春月烟花于闺幨内奏之。一语之艳，令人魂绝；一字之工，令人色飞，乃为贵耳。至于慷慨磊落，纵横豪爽，抑亦其次。不作可耳，作则宁为大雅罪人，勿儒冠而胡服也。”则必推“浅至儇俏”为极工，将置温婉含蓄之词于何地？夫人而知其据论太偏也。田同之《西圃词说》云：“王元美论词云：‘宁为大雅罪人。’予以为不然。文人之才，何所不寓，大抵比物流连，寄托居多，《国风》《骚》《雅》，同扶名教。即宋玉赋美人，亦犹主文谲谏之义。良以端之不得，故长言咏叹，随指以托兴焉。必欲如柳屯田之‘兰心蕙性’‘枕前言[1]下’等言语，不几风雅扫地乎？”虽倾侧于文学尚用之说，然可正弇州之失。“名教之中，自有乐地；儒雅之内，自有风流”，奚必恣澜漫，伤大雅，然后得自命为文士哉？

真、善、美，皆由人而估定其价值者，盖人生情知之三准，终极而如一。纯真者必善亦必美，纯善者必美亦必真，纯美者必真亦必善也。人罕能得其全，乃降而务其偏；然不可以局而蔽于一偏之见。宗其一而挟其二可也，肆其一而叛其二则不可也，以兹三者表异而里通也。《易·文言》云：“子曰：‘君子进德修业。忠信，所以进德也；修辞立其诚，所以居业也。’”进德则所蓄善，善而立其诚则真，真即善也，善即真也；以诚修辞则美，是真善与美纠缠如一也。《荀子·劝学篇》云：“君子之学也，入乎耳，箸乎心，布乎四体，形乎动静。端而言，蠕而动，一可以为法则。”其充于中者足，则自然能真，本然已善，必然而美；无所矫揉，不劳跻攀，非假藻饰也。《晏子春秋》云：

[1] 前言　底本作“藉”，据《词话丛编》（P.1452）改。

“景公病疽，在背。高子、国子请公曰：‘职当抚疡。’高子进而抚疡。公曰：‘热乎？’曰：‘热。’‘热何如？’曰：‘如火。’‘其色何如？’曰：‘如未熟李。’‘大小何如？’曰：‘如豆。’‘堕者何如？’曰：‘如屦辨。’二子者出，晏子请见。公曰：‘寡人有病，不能胜衣冠以出见夫子，夫子其辱视寡人乎？’晏子入，呼宰人具盥，御者具巾，刷手温之，发席傅荐，跪请抚疡。公曰：‘其热何如？’曰：‘如日。’‘其色何如？’曰：‘如苍玉。’‘大小何如？’曰：‘如璧。’‘其堕者何如？’曰：‘如珪。’晏子出。公曰：‘吾不见君子，不知野人之拙也。’”高子与晏子所言者皆真也，高子以野而见拙，晏子以善而见美。言之与文，岂相远乎。

朱子云：“文字自有一个天生成腔子，古人文字自贴这天生成腔子。”所谓“天生成腔子”者，真、善、美浑同之境也，浅者得其十之一二，深者得其十之八九，盖未有十分完足者，故云“贴”也。《后汉书·黄宪传论》云：“黄宪言论风旨，无所传闻。然士君子见之者，靡不服深远，去玼吝。将以道周性[1]全，无德而称乎？余曾祖穆侯，以为宪隤然其处顺，渊乎其似道，浅深莫臻其分，清浊未议其方。若及门于孔氏，其殆庶乎！”“道周性全”者，转若无德而称，文章之能臻真善美浑同之境而如天成者，其亦唯“不着一字，尽得风流”之无文可见

[1] 性　底本作“行”，据《后汉书》（P.632）改下文径改，不再出校记。

者欤？此无文可见之型，为批评者所悬之理想标准，为创作者能几而不能达之境地。虽不能至，心向往之，则其文进；浅尝辄止，守阙抱残，则其文穷。《文心雕龙·体性》篇云："故辞理庸俊，莫能翻其才；风趣刚柔，宁或改其气；事义浅深，未闻乖其学；体式雅郑，鲜有反其习……故宜摹体以定习，因性以练才。文之司南，用此道也。"想象有"庸俊"，刚柔源"感情"，浅深指"形式"，思想别"雅郑"。"摹体以定习"，规范前文以企思想之善也；"因性以练才"，反求诸身以达感情想象之真也。真善蓄中，而美形于外矣。

《静志居诗话》引虞伯生告袁伯长云："文章之妙，惟浙中庖者知之。若川中之为庖也，粗块而大脔，浓醯而厚酱，非不果然餍也，而饮食之味微矣。浙中之庖则不然，凡水陆之产，皆择取柔甘，调其湆齐，澄之有方，而洁之不已。视之泠然水也，而五味之和，各得所求，羽毛鳞甲之珍，不易故性。为文之妙，亦犹是耳。""择取柔甘，羽毛鳞甲之珍不易故性"，犹文中之感情真挚也；"调其湆齐"，凡羞有湆者不以齐，大羹不和，犹思想之明善也；"澄之有方"，想象之翻移有体也；"洁之不已"，形式之镕裁得宜也；"五味之和各得所求"，真善美之配备匀称；"视之泠然水也"，则几乎其且臻"不着一字，尽得风流"之境矣。至彼"粗块而大脔，浓醯而厚酱"者，或其情之如火如荼，或其文之既炫既烂，不能素以为绚，衣锦尚絅，斯亦末矣。

我国昔时析义理、考据、词章为三，或主专精，或主兼有。义理之学，究天之“理”者，近于科学，以真为道；原人之“心”者，近于伦理之学，以善为体。考据之学，运用之方法近于科学，以真为事；词章之学，表现之技术接于纯文学，以美为归。先秦之文，多以立意为宗，不以能文为本，义理之学也，宋、明理学家阐扬之；两汉整理经籍，考据之学也，清儒补苴之；六朝、唐、宋之骈文古文，词章之学也，后世宪章之。各得一偏，分立门户，盖皆昧于迹分理合、异趋同归之旨者也。姚鼐《述庵文钞序》云：“余尝论学问之事有三端焉，曰：义理也，考证也，文章也。是三者苟善用之，则皆足以相济；苟不善用之，则或[1]至于相害。今夫博学强识而善言德行者，固文之贵也；寡闻而浅识者，固文之陋也。然而世有言义理之过者，其辞芜杂俚近，如语录而不文；为考证之过者，至繁碎缴绕，而语不可了当。以为文之至美，而反以为病者，何哉？其故由于自喜之太过，而智昧于所当择也。夫天之生才，虽美不能无偏，故以能兼长者为贵。而兼之者又有害焉，岂非能尽其天之所与之量[2]，而不以才自蔽者之难得欤？”盖已知大才必能合三者以相济，而己则惧其相害而专力于文章一途也。《文史通义·说林》云：“人之有能有不能者，无论凡庶圣贤，有所不免者也。以其所能而易其不能，则所求者可以无弗得也。主义理者拙于辞

[1] 或　底本作“皆”，据《惜抱轩诗文集》（p.61）改。
[2] 量　底本作“美”，据《惜抱轩诗文集》（p.61）改。

章，能文辞者疏于征实。三者交讥，而未有已也。义理存乎识，辞章存乎才，征实存乎学，刘子元所以有三长难兼之论也。一人不能兼，而咨访以为功，未见古人绝业不可复绍也。私心据之，惟恐名之不自我擅焉，则三者不相为功，而且以相病矣。”又《博约》篇云：“道欲通方，而业须专一，其说并行而不悖也。圣门身通六艺者七十二人，然自颜、曾、赐、商，所由不能一辙。再传而后，荀卿言《礼》，孟子长于《诗》《书》，或疏或密，途径不同，而同归于道也。后儒途径所由寄，则或于义理，或于制数，或于文辞，三者其大较矣。三者致其一，不能不缓其二，理势然也。知其所致为道之一端，而不以所缓之二为可忽，则于斯道不远矣。徇于一偏，而谓天下莫能尚，则出奴入主，交相胜负，所谓物而不化者也。是以学必求其心得，业必贵于专精，类必要于扩充，道必抵于全量。性情喻于忧喜愤乐，理势达于穷变通久，博而不杂，约而不漏，庶几学术醇固，而于守先待后之道，如或将见之矣。”言中肯綮。入主出奴者，其可以已乎！

董仲舒《春秋繁露·玉杯》篇云：“《诗》《书》序其志，《礼》《乐》纯其美，《易》《春秋》明其知。六学皆大，而各有所长。《诗》道志，故长于质；《礼》制节[1]，故长于文；《乐》咏德，故长于风；《书》著功，故长于事；《易》本天地，故长于数；

[1] 制节　底本作“节制”，据《春秋繁露》（P.13）改。

《春秋》正是非，故长于治。人能兼得其所长，而不能遍举其详也。”《诗》《书》序志主情，故长于事质，犹真也；《易》《春秋》明知主思，故长于治数，犹善也；《礼》《乐》长于文风，乃主于纯美耳。“不能遍举其详”者，《诗》《书》《易》《礼》《乐》《春秋》六经之学，未必可以均衡臻极，而求备于一人也。而“能并得其所长”者，真、善、美三者表里相资相成而人秉其彝，实可以好是懿德于一身焉。

萧绎《金楼子·立言》篇云：“古之学者有二，今之学者有四。夫子门徒，转相师受，通圣人之经者，谓之儒；屈原、宋玉、枚乘、长卿之徒，止为辞赋，则谓之文。今之儒博穷子史，但能识其事，不能通其理者，谓之学；至如不便为诗如阎纂，善为章奏如伯松，若此之流，泛谓之笔；吟咏风谣，流连哀思者，谓之文。而学者率多不便属辞，守其章句，迟于通变，质于心用。学者不能定礼乐之是非，辨经教之宗旨，徒能扬榷前言，抵掌多识，然而挹源知流，亦足可贵。笔退则非谓成篇，进则不云取义，神其巧惠，笔端而已。至如文者，惟须绮縠纷披，宫徵靡曼，唇吻遒会，情灵摇荡。而古之文笔，今之文笔，其源又异。至如彖系风雅，名墨农刑，虎炳豹郁，彬彬君子。卜谈四始，李言七略，源流已详，今亦置而不辨。潘安仁清绮若是，而评者止称情切，故知为文之难也。曹子建、陆士衡皆文士也，观其辞致侧密，事语坚明，意匠有序，遗言无失，虽不以儒者命家，此亦悉通其义也。遍观文士，略尽知之。至于谢玄晖始见贫小，然而天才命世，过足以补尤[1]。任彦升甲部阙如，才长笔翰，善辑流略，遂有龙门之名，斯亦一时之盛。夫今之俗，搢绅稚齿，闾巷小生，学以浮动为贵，用百家则多尚轻侧，涉经记则不通大旨，苟取成章，贵在悦目。龙首豕足，随时之义；牛头马髀，强相附会。事等张君之弧，徒观外泽；亦如南阳之里，难就穷检矣。射鱼指天，事徒勤而靡获；适郢首燕，马虽良而不到。夫挹酌道德，宪章前言者，君子所以行也。是故言顾行，行顾言。原宪云：'无财谓之贫，学道不行谓之病。'末俗学徒，颇或异此。或假兹以为伎术，或狎之以为戏笑。若谓为伎术者，犁靬眩人，皆技术也；若以为戏笑者[2]，少府斗获，皆戏笑也。未闻强学自立，和乐慎礼，若此者也。口谈忠孝，色方在于过鸿；形服儒衣，心不则于德义。既弥乖于本行，实有长于浇风。一失其源，则其流已远。与其不陨获于贫贱，不充诎于富贵，不畏君王，不累长上，不闻有司者，何其相反之甚？"以为笔则重在取义，文则重在情灵，文士与儒行，"悉通其义"者为高。而惟"言顾行，行顾言，挹酌道德，宪章前言"者是尚。为文固须"绮縠纷披，宫徵靡曼，"而"徒观外泽者"为偏；固须"流连哀思，情灵摇荡"，而"浮动轻侧"者为病。殆糅感情之真，思想之善，形式之美，三位一体以衡文者也。末谓"口谈忠孝，色方在于过鸿；形服儒衣，心不则于德义"，是戒伪也。修辞立其诚，其"苟取悦目"

[1] 尤　底本作"充"，据《金楼子校笺》(P.966)改。

[2] 若以为戏笑者　底本脱，据《金楼子校笺》(P.967)补。

者卑矣。立诚则必务本，故以不陨获于贫贱，不充诎于富贵者为贤，彬彬君子，必和乐慎礼，然后形于文笔者始有辉光耳。

文学以“美”为极诣，与科学之“真”、伦理之“善”，若无与也，然文学因人而创作，文学家不能遐弃人寰而独存，其所表现于文学者如美丽之花，其蓓蕾中必亦蕴蓄有真善之质也。创作者凭直觉以生文，似无倚于科学，不关于道德也，然文学家之于创作，运思于先而镕裁于后，“真”与“善”之观念仍将纷沓而来，瞬间直觉之审“美”非创作活动之全部也。是创作者达其感情之“真”与思想之“善”之时，已杂糅科学之“真”与伦理之“善”而不可强分，然后其形式之“美”乃足以代表一切之“美”。故知纯美之表，有真善之里也。《法言·问神》篇云：“言，心声也；书，心画也。声画形，君子小人见矣。声画者，君子小人之所以动情乎。”真善与美，表里相倚，人间灵性所以能交感之理，未可以一隅局之也。

《论语·八佾》篇云：“子谓《韶》‘尽美矣，又尽善也’；谓《武》，‘尽美矣，未尽善也’。”《武》乐尽美而未尽善，终逊一筹；《韶》乐尽美而又尽善，此所以凤凰来仪于九成，孔子忘味乎三月也。《荀子·乐论》篇云：“故乐行而志清，礼修而行成，耳目聪明，血气和平，移风易俗，天下皆宁：美善相乐。”人能涵泳于艺术之美中，久而志清，全其性天，遂亦臻道德之善境；人能徜徉于道德之善中，积而行成，发为文章，遂亦臻艺术之美域：此之谓“美善相乐”。又云：“故曰：‘乐者，乐也。’君子乐得其道，小人乐得其欲。以道制欲，则乐而不乱；以欲忘道，则惑而不乐。故乐者，所以道乐也；金石丝竹，所以道德也。乐行而民乡方矣，故乐者，治人之盛者也。”假彼以例此，则明思想之善，可以导引感情之真，而使文学之形式向于美也。又云：“且乐也者，和之不可变者也；礼也者，理之不可易者也。乐合同，礼别异，礼乐之统，管乎人心矣。穷本极变，乐之情也；著诚去伪，礼之经也。”艺术以美为依归，故穷本而极变。何以明其善，曰合同而和；何以即于真，曰著诚去伪。真善而美，至矣尽矣，蔑以加矣，艺术臻此，叹观止矣。

第十一章

中国文学之文质观

文学之形式与内容—“言志”与“载道”—“文质彬彬”—春秋战国华实并茂—汉赋与乐府—六朝因文害质—唐以诗鸣—唐宋古文家变易文章之形式—宋明理学家视文章为工具—宋元词曲—明末公安竟陵之革新—清代多整理少创造—康梁林严与文学之过渡—文学革命—异族侵入与文化综合—闭户造车与抽刀断水—“旧瓶盛新酒”—诗歌为艺文之帅—倒行逆施与舍本逐末

自来从事研究中国文学史者，多注目于文学之形式方面，诸如先秦《诗》《骚》，汉之辞赋，魏晋六朝之骈文，唐诗、宋词、元曲等等，虽取材各殊，而条贯不爽。似此者不过系统地介绍中国文学上之常识，以言彰往察来，为决定今日努力创作方向之资佐，完成其史的使命，则多未能也。间有觇及文学之内容方面者，如云我国文学实往复于“言志”与“载道”二者之域，立论似较深入，第揆诸中国文学史上之事实，知其亦不尽然，归纳未中肯要，仍属隔靴搔痒。且“言志”为文学上感情原素之表现，“载道”为文学上思想原素之发扬。创作者虽不免各有所长与所短，宗之者或因亦各持门户之见，然同一时代中，多仍此彼杂厕，专王之期盖暂。而文学不同之外形亦与不同之内质交互影响，虽趣舍不一，而联镳并进，故未宜截画时代，强为异同也。

往迹不彰，前途多歧。鼎革以渐，各体新文艺之创兴，或者由于尝试成功，或者终尚彷徨无主，事倍功半，将信乍诎，未能咸收水到渠成、倏然丕变之效者，坐此故也。

萧统《答湘东王书》云：“夫文典则累野，丽则伤浮。能丽而不浮，典而不野，文质彬彬，有君子之致，吾尝欲为之，但恨未遒耳。”我国文学自茁生迄于今日，其始也尚质，其继也趋于文，嗣则兼重文质，发皇鼎盛。后又文质各有偏倚，呈日昃月亏之象，偶能二者兼重，文学辄见起色。清尚朴学，民初仍之，问学之士，殚精于考据。倡行文学革命以来，已布复兴之种子。终今以还，其将复出于文质兼重之辙，否泰剥复，穷变而通欤？寻绎我国文学演进之迹，盖可察见其征象也。

殷商之世，初能运用文字，纪言纪事，有患辞之难达，不遑文之藻饰，宜尚质也。姬周代兴，郁郁乎文，而畴日朴实之风流未泯，形成文质兼重之局。代表北方文学之《风》《雅》，与代表南方文学之《南》《骚》，其感情之真挚，思想之高善，与夫形式之优美，不待论已。即如《孟子》之气势卷舒，《荀子》

之文章丽密，《墨子》之华辩，《韩子》之整赡，纵横家之审时度势，奇变诡伟，《南华经》之寓言什九，洸洋自恣，辄亦不以明理为既足，称华实之并茂。而文章体制，亦于焉大备，后世艺文体派渊源之所自，大抵此其滥觞也。

乃遭秦火，文籍荡轶。西汉儒生既不复遭值若春秋战国时代学术思想自由发展之环境，而典章文物踵事增华之源泉又已淤阏，其不绝者仅而如缕，乃不得不出于整理之一途，述多于作，蔓词繁衍。又以汉武好大喜功，对于铺张扬厉、堂皇侈靡之辞赋有所偏好，文学之士，因亦恣放想象之华，争炫形式之美，蕴思濡翰，称霸赋坛。近迫昭宣以后及东汉赋家不能不由模拟之门，远实亦为魏晋六朝绮靡骈俪之阶，恢诡广博，渺无涯涘，骛文去质，盖始作俑于兹时矣。惟两汉乐府与赋异趣，往往寄寓真挚之情感，保持淳厚之风度，可以上继楚《骚》，远承《风》《雅》。盖民间自有才智之士，不甘阿君上之所好，以干禄沽名，徜徉优游，随触兴感，选定谣歌之外形，以舒展其情思之内蕴。数百年中涅而不缁，延文学一脉之绪者，赖有此耳。

魏晋六朝之诗文，于文学形式之美，已曲尽其工。奇才俊士，或者抒其真情，或者鸣其逸响，运斤成风，斫垩无迹，信有其俦矣，什一而已；因文害质，慨其多也。洎其末流之渐，尤致繁枝伤本，甚者沦为格套，繁缛堆砌，如裁锦制花，都无生气。李格非尝论文曰：“诸葛孔明《出师表》，刘伶《酒德颂》，陶渊明《归去来辞》，李令伯《乞养亲表》，皆沛然如肺腑中流出，殊不见有斧凿痕。”欧阳永叔亦云：“晋无文章，惟陶渊明《归去来辞》而已。”岂非以此类文辞能不逐时尚而兼重文质耶？于以知文采与涵质必表里相济相成，然后文学创作可臻首选，偏倚偏废，其弊均也。

自沈、谢等俦创为四声八病之说，过于斤斤于形式，议者视之为文学之镣铐，盖有其宜矣。然亦因当时篇什之情辞表里，一于斫饰，伤其真美，乃致乖剌耳。至唐孕育融化以成律诗绝句，采其形式之文，注以情思之质，而声音格调之规律，转所以增助文学之美，则岂非兼资乃以相成耶？唐人既不专骛于形式，故或者诗材丰多，或者托诸比兴，不适于近体诗格者，辄不愿因辞以害意，或用背律之古风，或沿乐府之旧制。其于诗，既主情思之本，不作无病之呻吟，兼采形式之美，不祈适屦以削趾。用能从容达其内蕴，游于艺而不滞于艺，佳什涌沄，萃为大观，则唐代之以诗鸣，岂偶然哉！

至于骈骊之文，下逮唐初四杰，已如尾闾之泄，波澜不兴，返照之光，雯霞欲敛。韩、柳辈出，遂建文章复古之帜，脱骈拇枝指之赘，祛续凫截鹤之讥，东坡称举昌黎之所谓“文起八代之衰”，非无见已。第以韩、柳之文，固称古奥骏奇，雄深雅健，而致力者倚于摛藻谋篇，忽于情意之本，盖文有余而质不胜，参古法而遗古义者也。逮宋欧阳、三苏等踵武继兴，亦止于一仍旧贯。虽因当时以策论取士，颇亦影响文风，乃不过于文采之外，羼入委备或驰骋之理数而已，他仍无所发明也。故唐宋文章家之复古运动虽告成功，所变易者，文章之形式耳，东汉以降，向文背质之风，则未尝由是而尽革也。

周、程、张、朱厌苦汉唐之学，不愿更役心于文字，揭橥“文以载道”之说，视文章为宣传理学之工具。所谓“语录文学”，严格以求之，已与文学之旨趣无关。而一般文章，亦咸理胜其词。朱文公《观书有感》诗云：“半亩方塘一鉴开，天光云影共徘徊。问渠那得清如许？为有源头活水来。”此讲道之韵语耳，何必为诗？亦矫枉以过正矣。迨明王阳明诗格典正，不矜奇巧。后又断然舍去，以为“学如韩柳，不过文人；辞如李杜，不过诗人。惟志心性之学，以颜闵为期，乃人间第一等德业”，重质轻文，溢于言表。故宋明理学家之学术思想，虽极蓬勃昌明，几乎可以媲美于春秋战国时代，独以质而不文，繄亦瑕斯在璧。众尚所趋，其所影响于文学者亦自不少。如宋诗止注重意境之清新，无复若唐诗悲壮之情绪与豁荡之气魄，所谓“皮毛尽落，精神独存”者，非偃于灭文尚质之风者耶？

至于宋之倚声，元明之杂剧传奇，各能革旧生新，着繁花而结硕果，缘其外形之文式能切合其时宜，内蕴之真情可宣达于楮墨，文质兼备也。王静安《人间词话》云：“诗至唐中叶以后，殆为羔雁之具矣。故五代、北宋之诗，佳者绝少，而词则为极盛时代。即诗词兼擅如永叔、少游者，词胜于诗远甚，以其写之于诗者不若写之于词者之真也。至南宋以后，词亦为羔雁之具，而词亦替矣。此亦文学升降之一关键也。”夫唱酬和韵，窘步相寻，以丧诗词之真趣，虽未必为其衰落之唯一原因，然以宋代词人既不复寄其真情于诗，而别注于诗余，则诗止余躯壳。文存而质亡，宜不能久。词衰而曲代兴，一例观已。

宋之诗文，既见因袭，下逮元明，尤不过演唐宋之余绪。邯郸学步，宜失故行；优孟衣冠，已丧真质。明末公安袁氏昆弟虽能扫荡王、李摹拟藻饰之作风，轻俊清新，自由恣放，一新当时作家之耳目，振作死灰槁木之文坛，然止不过为文学形式上局部之改革，建立殊鲜。惟其无本，故不旋踵而有竟陵钟、谭，革为幽深孤峭，蹄涔扬波，其亡也忽焉，未能启后世之文风，止于若昙花之一现。今人或以匹拟民初文学革命运动，是以爝火敌日月之光也，未见其可。

满清之世，初因明季遗臣若侯朝宗、魏叔子、顾亭林、黄梨洲等皆不就征召，闭户读书。汉学宋学，黄、顾奠其基；唐宋古文，侯、魏持其绪。遂祭三百年文章学术之先河。康、雍、乾三朝大兴文字之狱，钳制束缚汉人言论思想之自由，一面更提倡学术，奖劝文教，轨范人之才智于古书旧籍之中。因是考据之学，日臻昌盛，文学亦如老干之茁新枝。余风所被，终清之祀不衰。独以政治之力量足以约束学术之故，方其鼎盛之时，已不免糅入迂拘陈腐之渣滓，末流之渐，乃尽暴破碎空疏之面目。有清一代学术之价值，平心以衡量之，终觉发扬整理之功多，而翻新创造之力小。复以力学之士，辄因专精而偏骛，难免阂此而闳彼。汉、宋两家，互相诋娸，不待言矣。主才或识或学三者，咸不能兼擅，而交讯无已。桐城姚氏虽倡义理、考据、词章三者不可阙一之说，仍以文章为致力之鹄。曾文正公尝欲合文道而为一，集桐城派之大成，然而亦未底于金声而玉振之也。

至于诗词，自清初钱牧斋、吴梅村、朱竹垞等各成大家，衣被词人，才士蔚起。王阮亭标“神韵”之说，能领一时之风气；袁简斋主“性灵”，沈归愚主“格调”，亦各蒙盛誉于当日。而纳兰容若之《饮水》《侧帽》，几可为南唐之亚。若此伦辈，所造岂其不高，独惜寄其性情风格于陈旧之形式中，未能另辟蹊径，遂不免仍落于昔人之窠臼，局促如辕下之驹，无以展其骥足也。

夫重文者轻质，重质者轻文，无质则流失其源，无文则行而不远。清代文学昌盛，于其所善已各臻极诣矣，美中不足者，仍在未能兼融文质也。

光绪以后，国事日非。学士大夫蒿目时艰，竞相诽议。康有为、梁启超所倡导之新闻文学遂应运而兴。任公之文，气象蓬勃，议论激昂，对于当时青年影响之巨，莫之与京。尝于所著《清代学术概论》中自评其文云：“自是启超复专以宣传为业，为《新民丛报》《新小说》等诸杂志，畅其旨义，国人竞喜读之。清廷虽严禁，不能遏，每一册出，内地翻刻本辄十数，二十年来学子之思想颇蒙其影响。启超夙不喜桐城派古文，幼年为文，学晚汉、魏、晋，颇尚矜炼。至是自解放，务为平易畅达，时杂以俚语、韵语及外国语法，纵笔所至，不加检束。学者竞效之，号新文体。老辈则痛恨，诋为野狐。然其文条理明晰，笔端常带情感，对于读者别有一种魔力焉。”是其于文章之内容与形式已有兼资并重之了解，于过去文章之弊病亦有改进充实之表现。所以能称霸中国文坛垂三十年者非以此欤？

自清末海禁大开，国人已知西洋文明之不可忽视，译述西书之业渐兴。及严又陵、林琴南出，始以古文迻译哲理与文艺之著作。沟通文化，厥功既伟，而译述文学对于中国文学本质与外形之改革，实又具浸淫启发之作用，并康梁之新闻文学，咸为中国新旧文学过渡期间之津梁也。

民国初年，北京大学教授创刊《新青年》杂志，胡适之、陈独秀先生等树文学革命之大纛。“五四”运动以后，新文学运动已风靡全国，海内响然并臻。盖一由于千余年白话文学之演进，已达成熟时期，再则由于感受西洋语体文学之影响，故能一唱众和，迅告成功也。各体文艺之创作、介绍与批评，二十余年来有若雨后春笋，茁发不穷。一种蓬勃之生机，郁郁然有中国文学复兴之气象，致足喜也。

间尝论之，以为我国自汉武罢黜百家、独尊孔氏以渐，直至清季海禁未开以前，其间汉族君权最盛，天下升平之朝代，如汉、唐、宋、明，多为儒家思想所牢笼，文学之演进，亦循纵的系统，缘根干而生枝叶。于横的方面虽亦有各种不同之主张，尚可以严守门户，自求发展，尤以古今有一贯之脉络，源流秩然，彼此相出入者，不过细微之节目，或一时习尚见仁见智之不同，叩其终极，往往异趋而同归，所谓大同小异者是已。在中国文学史上显见较大之变化，辄必与异族文化之侵入或相融合有关。姬周之世，各种民族文化初期汇流，孕育以成春秋战国时代之奇葩。浮屠之说传入中国后，对于文学亦曾发生极大之影响，如思想之改变，梵语之引用，声韵之发明等，均因以变易文学之形质。余若五胡乱华，寖渐以成民间文学之繁兴，蒙古入主，酝酿而有歌曲杂剧之创作，皆其例也。满清崇汉之学以制汉，寓限制于奖劝之中，文人拘牵于时，因循于事，乃未能自辟涂辙，多依草而附木也。海禁既开，欧西文化灌注于我国，国人惩于国势之贫弱，科学之落伍，因以低估本国文化之价值，遽革严辨夏夷妄自尊大之风，转为菲薄己身俯仰随人之习。新文学运动已能应时势之需要，改革文学之体制，藉以抒我之情思，已可进退自如，蔚为一代之奇采矣。乃进而有主张“全盘欧化”者，将并文学之形质，一概舍己而傍人。此实骛奇以过正，盖变革之世所不能免耳。

夫生今之时，仍墨守古今文学相沿之成规，不旁察中外文化交融之反应，则止可以因袭与守阙，必不能为谋承先与启后，所谓闭户不可造车也。然若必艳羡外族文化既成之果，蔑视本国文学已种之因，则只宜于介绍与摹仿，亦不足语于融会与创作，所谓抽刀不能断水也。今日“死的文学”已成尸居余气，乃仍有人试“以旧瓶盛新酒”，迷恋骸骨，冀幸其复生。不知过去文学已开灿烂之花，结硕大之果，今既时迁世异，文学之形式与内容均有革新之要求，谁经见春风暂起，落叶重返故柯耶？虽然，新的创作自又非整个袭取异域文学之形质所能济也。盖一种民族自有其文学本质上独特之性格，一种语文亦自有其形式上个别之运用。与异族文化综合之后，信可以影响文学，促其革进；然必不可夺胎换骨，强不同以为同也。今时各体新文艺之创兴，以小说与散文为能沟通中外，兼采厥长，体制既经确立，成就允亦较多。戏剧则亚之，而诗歌为劣。其症结之所在，夫人而知归咎于髦士之通今昧古，力不能贯通所致，则盍反其本矣。

艺文之品类，当推诗歌为最上；文学之革新，亦以诗歌为最难。昔人以炊米为饭喻文，酿黍为酒喻诗，甚为贴切，既以状诗之醇美醉人，亦以见其难能而可贵也。缘诗之文字以少寓多，情思以多炼少，又必资以辞采声音之美，发自风格情韵之真，其为精纯，冠绝艺术。肆蓄功力者可以为文人，未必可以为诗人，所谓“诗有别才别趣”也。至于其形其质，几乎历代皆有显著之迁变；其昌其蹶，虽有高才，不能违时以废兴。举凡《风》《雅》、乐府、古诗、近体，至于词曲，方其盛时，天下趋之若骛，创作者莫不殚精而毕虑，其发达自必登峰而造极。流传最广，感人独深，百世千秋，不可磨灭，宜其为艺文之帅也。而其时既逝，奇才莫追，创者既工，而因者难巧矣。王弇州云：“《三百篇》亡，而后有骚、赋；骚、赋难入乐，而后有古乐府；古乐府不入俗，而后以唐绝句为乐府；绝句少宛转，而后有词；词不快北耳，而后有北曲；北[1]曲不谐南耳，而后有南曲。”历代必有大天才者就时地之宜，以变革诗歌之体制，而风靡于天下也。清廷三百年中，既多因袭而少创造，诗歌一道，名存实亡。此声华情思最适表现，人群灵性藉以交感之文学，慨久湮矣。新文学倡兴以来，综合文质，曙光久现，独惜致力于新体诗者为数虽夥，而成就尚遥。以是小说散文接近成熟，已感发展之畸形，戏剧依傍小说而编演，亦虞偏陂而索莫。诗歌之创作，倚其艺术价值之卓越，将永远表率群伦，为附丽文质之极则，有志于文学创作者，亟宜执锐而攻坚。创作新诗者，必其既富文学之天才，有诗歌之涵养，纵之能详按我国文学演进之原委，将泳海而泳河，以培育其质；横之能博采各邦文学名著之菁英，习酿酒于酿蜜，以梳织为文。然后创为体制，发为篇什，当可以睥睨一世，振铄千古矣。若仍偏枯偏骛，恐终不免若夔之一足，跉踔而行，伤其终于无所就也。

诗歌之体式已定，戏剧可以参校诗歌而编排矣，小说可以易戏剧之衣冠为文学描写矣，散文可以脱小说之樊篱而自由抒其情思矣，此文学之正轨，乃今方倒行而逆施也；诗歌之神髓已充，戏剧家可就以摄取魂魄矣，小说家可就以酝酿感兴矣，散文家可就以涵泳性灵矣，此文学之源泉，惜今犹舍本而逐末

[1] 北　底本脱，据《历代曲话汇编·明代编》第1集（P. 511）补。

也。文学革命以来，文则已脱却过去死的形式之桎梏，质则已充以今时美的情思为题材。方幸文质[1]之兼修，乃竟南辕而北辙。矫正时弊者，必整辔勒，调骥足，计程途，辨方向，凌越此横阻之关隘，然后达康庄矣。

[1] 质　底本作“资”，据文意酌改。

本次整理征引文献

毛亨传，郑玄笺，孔颖达等正义：《毛诗正义》，阮元校刻《十三经注疏》，中华书局1980年版。
赵岐注，孙奭疏：《孟子注疏》，阮元校刻《十三经注疏》，中华书局1980年版。
郑玄注，孔颖达等正义：《礼记正义·乐记》，阮元校刻《十三经注疏》，中华书局1980年版。
司马迁：《史记》，线装书局2006年版。
班固著，赵一生点校：《汉书》，浙江古籍出版社2000年版。
范晔著，李贤等编：《后汉书》，中华书局2005年版。
李延寿：《南史》，中华书局 1975年版。
令狐德棻：《周书》，中华书局1971年版。
刘知几：《史通》，上海古籍出版社2008年版。
董仲舒：《春秋繁露》，上海古籍出版社1989年版。
汪荣宝撰，陈仲夫点校：《法言义疏》，中华书局1987年版。
葛洪：《抱朴子》，上海古籍出版社1990年版。
王充著，陈蒲清点校：《论衡》，岳麓书社1991年版。
王通著，阮逸注：《中说》，中华书局1985年版。
顾炎武著，黄汝成集释，栾保群、吕宗力点校：《日知录集释》，上海古籍出版社2014年版。

佘斯大选注:《建安七子》，岳麓书社1998年版。

陆机撰，张少康集释:《文赋集释》，上海古籍出版社1984年版。

萧绎著，许逸民校笺:《金楼子校笺》，中华书局2011年版。

萧纲著，肖占鹏、董志广校注:《梁简文帝集校注》，南开大学出版社2015年版。

刘勰著，范文澜注:《文心雕龙注》，人民文学出版社1978年版。

刘勰著，纪晓岚评点:《文心雕龙十卷》，清道光十三年(1833)两广节署本。

黄侃:《文心雕龙札记》，上海古籍出版社2000年版。

颜之推撰，王利器集解:《颜氏家训集解》，上海古籍出版社1980年版。

钟嵘:《诗品》，中华书局1991年版。

徐陵编，吴兆宜注:《玉台新咏》，上海书店出版社 1988年版。

严可均辑:《全晋文》，商务印书馆 1999年版。

严可均辑，许少峰、史建桥审订:《全齐文·全陈文》，商务印书馆1999年版。

郁沅、张明高编选:《魏晋南北朝文论选》，人民文学出版社1996年版。

司空图:《二十四诗品》，浙江古籍出版社2013年版。

李翱:《李文公集》，上海古籍出版社1993年版。

郭绍虞:《杜甫戏为六绝句集解·元好问论诗三十首小笺》，人民文学出版社1978年版。

《元稹集》，中华书局1982年版。

《白居易集》，中华书局1979年版。

韩愈撰，马其昶校注:《韩昌黎文集校注》，上海古籍出版社 1986年版。

《欧阳修全集》，中华书局2001年版。

苏洵著，林纾选评:《嘉祐集》，商务印书馆1924年版。

《苏轼文集》，中华书局 1986年版。

陈杏珍等点校:《曾巩集》，中华书局 1984年版。

李逸安等点校:《张耒集》，中华书局 1990年版。
《黄庭坚全集》，四川大学出版社2001年版。
朱熹:《诗集传》，上海古籍出版社1986年版。
严羽著，郭绍虞校释:《沧浪诗话校释》，人民文学出版社1961年版。
张炎:《词源》，中华书局1991年版。
钟惺著，刘良明选注:《钟伯敬小品》，文化艺术出版社1996年版。
李东阳:《怀麓堂诗话校释》，人民文学出版社2009年版。
王世贞:《艺苑卮言》，凤凰出版社2009年版。
陈书录等选注评点:《王世贞文选》，苏州大学出版社 2001年版。
唐顺之:《荆川先生文集》，四部丛刊初编本。
陈广宏、侯荣川编校:《稀见明人诗话十六种》，上海古籍出版社 2014年版。
赵伯陶编选:《袁宏道集》，凤凰出版社2009年版。
黄宗羲著，陈乃乾编:《黄梨洲文集》，中华书局1959年版。
钱谦益:《钱牧斋全集》，上海古籍出版社2003年版。
魏禧著，胡守仁等点校:《魏叔子文集》，中华书局2003年版。
朱凤起选注:《侯方域文》，商务印书馆 1930年版。
王士祯撰，湛之点校:《香祖笔记》，上海古籍出版社1982年版。
阮元:《揅经室集》，中华书局1993年版。
程廷祚撰，宋效永点校:《青溪集》，黄山书社2004年版。
王英志主编:《袁枚全集》第2集，江苏古籍出版社1993年版。
刘季高点校:《方苞集》，上海古籍出版社 1983年版。
姚鼐著，刘季高标校:《惜抱轩诗文集》，上海古籍出版社1992年版。
钱大昕撰，吕友仁点校:《潜研堂集》，上海古籍出版社1989年版。
刘开:《刘孟涂集》，清道光六年姚氏檗山草堂刻本。
《曾国藩全集》第20册，岳麓书社2011年版。

叶燮、薛雪、沈德潜著，霍松林、杜维沫校注:《原诗·一瓢诗话·说诗晬语》，人民文学出版社2006年版。

陈廷焯:《白雨斋词话》，人民文学出版社1959年版。

章学诚著，刘公纯标点:《文史通义》，古籍出版社 1956年版。

永瑢等:《四库全书总目》，中华书局1965年版。

纪昀等:《四库全书总目提要》，河北人民出版社2000年版。

邹汉勋:《五韵论》，顾廷龙主编《续修四库全书》第248册，上海古籍出版社1996年版。

陈启源:《毛诗稽古编》，光绪九年(1883)石卯本。

俞为民、孙蓉蓉编:《历代曲话汇编》，黄山书社2009年版。

陈寅恪:《金明馆丛稿初编》，上海古籍出版社 1980年版。

刘师培:《中国中古文学史讲义》，凤凰出版社2011年版。

冯友兰:《新理学》，北京大学出版社2014年版。

章太炎:《国故论衡》，上海古籍出版社2006年版。

王国维著，彭玉平评注:《人间词话》，中华书局2010年版。

唐圭璋编:《词话丛编》，中华书局1986年版。

王焕镳:《中国文学批评论文集》，正中书局1991年版。

钱基博:《现代中国文学史》，上海古籍出版社 2011年版。

肖岩先生遗事

文章憎命达，魑魅喜人过。—— 杜甫

1946年由商务印书馆出版的《中国文学批评通论》是先父的第二部著作。自陈斠玄（中凡）先生1927年撰《中国文学批评史》之后，陆续有罗雨亭（根泽）、郭绍虞、朱东润、方孝岳诸先生的文学批评史著作面世。这些著作因其体例，都注重纵向的批评史的梳理与叙述，尚不多及文学批评理论横向的比较与分析。先父因撰《通论》以补其阙，成为中国文学批评研究领域的别开生面之作。今年先父已辞世三十又三年，新版《通论》出版在即，抚卷长思，感慨万千，兹撰此篇《遗事》，附于卷末，藉为知人论世之资。

先祖陟岩公，讳良弼，又讳良彬。光绪六年（1880）生于奉天府承德县中路烟台村（今沈阳市苏家屯区红菱镇烟台村），二十岁时考取秀才。1903年，官费派赴日本留学于东京宏文学院（原名弘文学院，以避前清讳改宏文）师范专业（鲁迅于前一年入宏文学院日语速成班），后由早稻田大学卒业。1906年归国后执教于辽阳启化学堂，1907—1913年，任启化学堂监督（即校长）。清末举优贡（见《辽阳县志》卷一〇“选举志”、《奉天通志》卷一五八“选举志”俱作“宣统己酉科”）。1912年任辽阳教育会会长（见《辽阳县志》卷一九“教育志”，《辽阳文史资料》第13辑）。1914—1915年，在东丰县任小学教员。1916年，转赴吉林，执教于省立第一中学及省立师范学校。1922年，转任吉林省公署教育科科员，旋又回沈阳，任奉天财政厅总务科科员，后兼股长（1923—1929）。1930年，先祖启化学堂的学生邵文凯（袁世凯之婿，娶袁第十女袁琮祯）出任东北宪兵副司令兼北平警备司令，随张学良驻北平，请先祖任北平警备司令部秘书长（中校军衔）（见《辽阳文史资料》第1辑）。1932年冬，先祖在北平逝世，年五十二。生前曾出版一部《公文程式》（由北平警备司令部政治训练部代印）。

先祖是晚清科举出身，因此对先父幼年在诗词属对、习字作文等方面的培养，就格外措意。每有朋友来访相聚，时常即兴出联语对句等命家里的孩子们粘对，对得好的，有赏。先父六岁时，先祖出题《孟母三迁》命族中子弟作文，先父破题儿写道：

> 孟母之所以一迁再迁而三迁者，惧子之不立也……

以八股出身的先祖阅后大悦，批曰："以六龄提童，出此文章，吾家千里驹也。"奖赏有加。先父生前不止一次提及此事，可见对他的勖励不小。

三十岁之前，先父的兴趣还在文艺创作上；之后，逐渐转向古典文学的研究。在他看来，苏老泉二十七岁始发奋读书，已经是悔在晚学了，何况自己三十而后才立志以学。不过，早年他醉心于创作，倒是使他有了创作甘苦的经验，对后来的研究也有不小的助益，形成他独特的风格。且读他在东北大学预科读书时创作的小说《赵大》开篇的一段：

赵大每天都喝酒，酒似乎就是他的贤妻了。

辣汁汁的注到嘴里，舌面和舌根便觉得刺痒与甘甜，一股酒香扑进喉头……仿佛面前的白铅酒壶，是一个婷婷伫立的美女，小瓷锺儿，是美女的口，经他亲嘴后，她的唾液流到他的嘴里……的确，酒似乎就是他的贤妻了。

他替人家工作，很出力的，只要在工作之先，让他喝些白酒。在苦苦的做工时，还可以听到他那悠闲的歌声，足证他是不以为苦的；这或者也是他的"贤妻"所给予他的安慰吧？

冷静而阴沉的一座古庙，明月作灯，砖瓦作枕，破朽的神案子作床，一条破絮被围身，"住"是苦了；残羹冷饭，"食"是苦了；冬夏长青的一条夹裤，一件棉袄，都破烂的不堪，穿在身上，“衣”也是苦了；但是他——赵大——却很安适与快乐：只要在饭前，临睡时，喝一些儿白酒，便觉得古庙是天堂，残羹是鱼肉了；寒天里荡上一壶，热煦煦的装在肚里，身体也像驾轻裘般的温暖了。

赵大的命运太好了，因为他有一个善烹调、缝纫……的贤妻常伴着他。……（发表于1928年《夜航》第4期）

他那时还是十八岁的少年，写底层力工苦中作乐令人心酸的生活，竟也活现。创作中心思细密的揣摩，描摹入微的刻画，对他日后文章风格的养成，不能没有影响。

记得少年初蒙，先父常对我说：“东北文化落后，学人很难在学术界占有一席之地，不比江浙，人才辈出。”我家念书，自我先曾祖峻峰公[1]始，到我这代，也只是第四代。先父又尝提及先祖陟岩公有言：学问必三代而后成。意谓先曾祖为第一代，先祖自为第二代，到先父是第三代，应该有所成就。不过先父晚年，每慨叹悔在晚学，发奋已迟，兼以时事羁绊，“不克尽日力以学文为深恨耳”。又说：学问之道，曰积曰一，积者，集腋成裘；一者，吾道一以贯之。三代不够，大约要五代而后

[1] 峻峰公讳宗山，生于咸丰五年（1855），1922年病逝于沈阳，时东北名流孙其昌先生挽联有云：“仰清芬久播辽阳，子弟尽长才，多士倾心敬乔梓；与哲嗣偕游海外，天涯追旧话，十年回首感沧桑。”先高祖天有公亦通文墨，但却是半路出家，并非自幼专事读书。

成。临终之前，于病榻之侧，曾有诗道：

童蒙早羡百花场，辽海为家阻凤翔。晚识长安山共水，怜他明秀启康庄。

近世论诗崇盛唐，深研李杜渐知方。痴心欲访峨眉老，乞取儿孙五世昌。

字迹歪斜，而深情弥殷。然而，环境移人，他的孙子，早已改学它业，对于他祖父的期望，已经不甚了了了。

先父1910年10月27日（逊清宣统二年庚戌，旧历九月廿五日）生于奉天辽阳。号肖岩，行二，胞兄讳谊生。另有堂弟讳甲生、安生等。先父履历略如次：

1916—1922年　吉林永吉，吉林省立模范小学校就读。

1923年2月—1926年8月　沈阳，辽宁省立第三中学就读。

1926年9月—1928年8月　沈阳，东北大学预科就读。

1928年9月—1930年1月　沈阳，东北大学哲学系就读。

1930年2月—1931年2月　哈尔滨教育厅第二科科员。

1930年2月—1930年12月　哈尔滨，法政大学经济系就读。

1931年2月—1931年8月　北平补习功课。

1931年9月　沈阳，东北大学国文系就读。

1931年9月—1934年8月　北平，北京大学国文系就读。

1933年5月—1935年5月　北平，民友书局编辑（兼职）。

1933年9月—1937年7月　北平弘达学院教员。

1936年5月—1936年7月　天津市政改进委员会调查员（兼职）。

1937年4月—1937年7月　北平，教育部东北青年教育救济处第二组组长（兼职）。

1937年10月—1939年4月　武昌，湖北省政府教育厅秘书。

1939年5月—1941年8月　重庆，东北协会第一组主任干事。

1941年9月—1943年12月　四川三台，东北大学校长秘书、副教授。

1944年2月—1945年8月　四川金堂，铭贤学院教员。

1945年9月—1946年10月　成都，华西大学副教授、教授。

1946年10月—1947年7月　北平，北京大学国文系教员。

1947年10月—1948年4月　沈阳，东北中正大学教授，兼东北女子文理学院教授、辽东文法学院教授。

1947年10月—1948年4月　沈阳，益华公司总务部经理（兼职）。

1948年4月—1984年10月　西安，西北大学教授。

他的一生，颇受旧时代思想的浸染与熏陶，特别重视师生授受间的诚款。他的晚年，虽已经过了“文革”的磨难，还痴心未改，曾撰《科研教学五十年》一稿（未完稿），在“缘起”一节中写道：

我国教育界的传统，一向重视师生授受之间的诚款，尽心竭力，摒除私心，无所保留的。《孟子·尽心》云：“君子有三乐，而王天下不与存焉。父母俱存，兄弟无故，一乐也；仰不愧于人，俯不怍于人，二乐也；得天下英才而教育之，三乐也。君子有三乐而王天下不与存焉。”把教育英才都提举到王天下之上了，可见推挹之重。

忆在1927年，我考入东北大学国文系预科不久时，黄季刚（侃）和林公铎（损）两位先生同时离开北京大学，改应东大之聘。我当时还只是十七岁的青少年，因颇受黄、林二先生的青睐，一年间躬承亲炙，获益良多。翌年，黄、林二先生即返北大。1931年，“九一八”事变后，日寇强占我东北四省，卵翼伪满，我在北大中文系二年级寄读，32年暑假后投考三年级转学为正式生，直到34年毕业，课内外诸承林先生教导，以“亲学生”目之（黄先生已转应武汉大学之聘），后闻林先生受北大文学院长胡适的排挤，不得已转到陕西武功农学院任教，不久即病卒。黄先生曾经对我说过："著书立说的人往往'悔其少作'，我在五十岁前决不从事著述。"当时仅出版过一本《文心雕龙札记》，尽管质量很高，但却是笔记性质的书。不幸年未五十，即因病逝世。其子黄（？）及其婿潘重规字石禅（1941年后，和我同在东北大学任教）分别留存黄先生的遗著原稿，终亦未见整理付梓。三十年代，林公铎先生在北大任教时，曾交北大出版组代印过一本《政理古微》，学宗其乡先辈宋叶水心先生（适），雅以经济自负，40年逝世后，教育部曾在报刊上表扬林先生为永嘉学派最后一人。

晚年他曾给我讲过不少在北大求学的往事，他也认真的说：因为那时年少，不晓得用功，上学期间，没有学到太多的学问，但是终究得窥学问之域，领略了不少大师的风范，一生受用无穷。他一生的学问，还是可以看出师生启承的渊源的。黄季刚和范文澜两位先生，都从事过《文心雕龙》的研究，他的早年，也着力于文学批评的研究。冯文炳（废名）先生，在杜甫研究上，曾下过工夫，他的晚年也以研究杜甫为业。他在北大曾听过俞平伯先生讲《浮生六记》，他的一生都对这部书有极大的偏好（1944年曾撰《读〈浮生六记〉后记》一稿）。薪火相传的信念，在他的心底从来没有泯灭过。

这师生授受的诚款，果然动人。抗战时期，就读于国立第十八中学，后来成为法律界权威的张思之先生，曾撰文回忆先父当年授课时讲授李清照《声声慢》的情形："这是六十二年前我的高中老师傅肖岩先生一节课的开篇。生动传神，诗意浓浓，阐发精微，听后豁然开朗，为之迷醉。先生指导初学者该用什么样的态度和方法精研佳作使我终生受益，真的是何其难得！"[1]明儒所谓："除了中字，再无道理；除了敬字，再无学问。"信乎斯言。敬出之于诚，诚为一切学问及做人的根本。因而《大学》才从"格物、致知、诚意"说起。

40年代初，先父经余冠英先生介绍与叶圣陶先生通信往来，《中国文学欣赏举隅》即于1943年由叶先生主持在开明书店出版；但直到1945年，他赴成都才与叶先生谋面，叶先生日记尝记其事，八月卅日星期四：

> 傅肖岩自金堂来，通信已久，初次识面。其人不到四十岁，颇有清介之气。(《叶圣陶集》第二十卷《西行日记下》，江苏教育出版社1994年版)

叶先生果然久历翰墨场、善于识人，这"清介"二字，堪称先父一生秉性的评。先父晚年也曾对我讲过，叶先生送客出门，

[1]《过去的中学》，长江文艺出版社2006年版。

必行鞠躬礼而后别，其谦恭礼让之德，令人肃然。那是一个犹存礼乐之风的时代。

因在北大学习期间，正是林公铎先生和胡适先生争执最激烈的时期，受林先生的影响，先父对胡适先生有些敬而远之。曾对我说："胡适之先生学问很好，只是做人不免羼杂些江湖习气。"那时大约不少的文人对胡适先生都有类似的看法。近年始见有整理《林损集》出版，乃识公铎先生为"深学问"，胡适之先生只能誉为"真学问"。胡氏学问如华屋美裘，珠玉琳琅；林氏学问似老干龙髓，精强顽艳。

先父在五十年代初所撰《自述》里曾写道：

> 在西大任教后，因为和一些青年学生常在一起打交道，为了悔恨自己的蹉跎落伍，并且热爱他们，常常鼓励着同学们面向着光明，把自己的情思也尝试着拓向宽广的境界去。

他在《国文教学识小篇》一文中，曾论及教与学的推诚相接，说：

> 人类和禽兽不同的地方，就在前一代能把经验传授给后一代。教与学是多么伟大、神圣的事！这真善美的大门，只有相接以诚才能敲打得开。你下帷读书，要做到《荀子》所说的"致好"的地步，"目好之五色，耳好之五声，口好

之五味，心利之有天下”，不欺人，不自欺，掬出这一点诚心，方能有些成就，不负你十载寒窗的坐守。你设帐为师，要秉持《学记》上载着的“待问”的态度：“善待问者如撞钟，叩之以小者则小鸣，叩之以大者则大鸣。待其从容，然后尽其声。”不傲，不嘳，本着这一点诚心，尽先知先学的职责，才能辅成百年树人的大计。

他的一生都秉持着这一份虔诚，和君子固穷的厮守；而时代的变化，如之何令他错愕不已。

自50年代以来，他便时常成为校内抨击批判的目标。历次运动，虽有不同的主题，却总能将他纳入其中。他的《杜甫诗论》出版后（上海文艺联合出版社1954年版），中文系即组织人员以“杜诗研究小组”“柯剑岐”等署名，撰写文章，从“政治”的高度对《诗论》进行多番的批判。他发表《说唐诗的醇美》（1962年2月25日《光明日报》），即又有“文四野”（取“文艺第四野战军”之义）撰专文《应该正确引导读者赏鉴古代诗歌》，给予批判。真是如影随形，无微不至。

1958年学术思想批判，他成了系内重点批判的对象。他的学生对他的回馈，使他愈加的无法理解。这里抄录批判文章《批判傅庚生先生的“灵感”说》（署名中文系学术批判第二战斗队）之一节，以见一斑：

我们知道，反动文人由于其反动，是绝对不可能客观地认识世界，更谈不到把握事物发展的规律性，因而他们都是最愚蠢的。当然蠢不等于傻瓜，他们在维护本阶级的利益上是十分有“办法”的，因而反动作家越是有经验，越是能紧张地工作，越是有他“高贵”的，万能的“灵感”，写出来的东西就越是反动，对人民的危害性就越大。

傅先生凭着万能的“灵感”曾经写过不少书，就《中国文学欣赏举隅》来说吧，该是集灵感之大成的巨著了，在国民党时期曾经连印九版，万能的灵感帮助傅先生红极一时。可是今天打开来一看，傅先生要是没有感冒的话，一定也闻得到它的熏天臭气了。那么万能的灵感怎么不“能”了呢？“法宝”怎么不灵了呢？问题很简单，在傻瓜中间，会说话的傻瓜是能人，在聪明人——劳动人民——面前，傻瓜毕竟是傻瓜，万能的灵感不过是白天的梦呓而已。这一点傅先生也明白，万能的灵感是属于“高贵”的人。（《西北大学学报》1958年第4期）

通篇的侮辱与谩骂，可见他施教所用的“明诚”“端志”“修辞立其诚”，在这里毫无效用。教育传统的溃败，自此展开。自学术思想批判后，他的文章风格有了明显的改变，情采收敛了，笔触却愈加凝重些。统观他一生的著述，便可以见出这转变。

在学术上，他是较早的锐意打破因长期政治压迫而形成的清代考据一统天下的局面的，他说：

> 自有清一代迄于今，世尚朴学，探讨文学者亦几乎以考据为本，若就文以论文，辄必震骇群目，甚至腾笑众口；本末之所在，久其曚然，买椟而还珠者，宜不少矣。

不承想，世事难料，时事几乎又要逼着他走向回头路去。他的研究，欣赏的成分越来越少，越来越多的转而析疑了。好在陶渊明诗“奇文共欣赏，疑义相与析”一直是他学问上的起始点。欣赏也好，析疑也罢，侧重点不同，出之以至诚、动之以深情却是始终贯穿如一的。只是那些推心置腹的热忱，那种诗思灵动的笔触，逐渐的不再在他的篇章中闪现了。

这不算是对他严重的打击。1958年学术思想批判算是很“温和”的了，1966年6月，“文化大革命”甫一开始，即被作为“资产阶级反动学术权威”揪出、打倒，“文革”加之于他身上的，从我这个四五岁的孩子眼中所看到的，那是丧心病狂、惨绝人寰的一幕幕。

先父去世前，1982年陕西人民出版社计划再版《中国文学欣赏举隅》，时先父在病中，即着我整理。同时先父还曾对我说过，他对早年所撰《举隅》《通论》并不十分满意，自己思忖下来，仍觉得英气有余而沉郁不足，有些地方不免失之片面，有些地方又不够深入，也寓有自悔少作之意。两年后，先父过世。

先父临终，索水欲饮，才饮即止，溘然长逝。览《宋史·文苑传》载秦少游："徽宗立，复宣德郎，放还。至藤州，出游华光亭，为客道梦中长短句。索水欲饮，水至，笑视之而卒。"生死去来，如此飘然！虽千载下，今古恍然同一。张綖论少游："孝友出于天性，行义孚于朋友。守正不挠，乃至谪死穷荒，没齿无怨。中之所存，有过人者。"

傅　光

岁次丁酉玄月记于长安望云楼

此次北京文化艺术出版社再版本书，承潘华先生作导读，并对全书引文资料逐一校核，取便读者；潘华先生，夙未谋面，劳心劳力，至足钦佩。另，责任编辑韩路民先生，亦不辞僻远，勤辛联络，方使本书得与读者见面。以上诸位，殷殷厚情，所不能忘，均此申谢。

有关《通论》一书，略有一二言请陈：

《通论》出版于1946年，翌年再版，而后绝版，港台等地偶有翻印本行世。何以此书问世后，至鲜为人知。余以为《通论》之难有二：其作也难，弥纶群言，合一炉而冶，难免治丝而棼，亦知者弗为，故踵其事者卒尠已。其读也难，必先有文学批评之基本素养，而后能读，又兼以其书引据纷繁，仍用文言，故号为难读。近年来，以学术眼界渐趋扩大，中外古今之沟通已日见寻常，故学术视野有更深更广之要求，《通论》乃渐为世重者以此。

傅 光

2017年年末阅清样讫

又记于长安城南之望云楼